PERFORMANCE DU SYSTÈME D'INFORMATION

Analyse de la valeur, organisation et management

Neuf scènes de la vie quotidienne d'un DSI

PERFORMANCE DU SYSTÈME D'INFORMATION

Analyse de la valeur, organisation et management

Neuf scènes de la vie quotidienne d'un DSI

Yves Caseau

Membre de l'Académie des Technologies

Préfaces de

Jean-Pierre Corniou et de Pierre Haren

01 INFORMATIQUE

DUNOD

Photographie de couverture :
Parc national de Krka, Croatie / Guillaume Clapeau

ISBN 978-2-10-050596-8

Table des matières

Deuxième partie – Système d'information et organisation

Annexes – Système d'information et modélisation

Préface

Yves Caseau est un de nos plus brillants informaticiens, à la fois théoricien et praticien de l'informatique, acteur engagé, mais surtout modélisateur. Il ne peut exercer une activité sans en faire un modèle, pour comprendre le présent, et pour prédire l'avenir. Il en a les capacités mathématiques, et la direction informatique de Bouygues Telecom lui a fourni un grand nombre de thèmes de réflexion et d'anecdotes que l'on retrouve dans *Performance du système d'information*. Yves a su en tirer un ensemble extrêmement divers de leçons sur la gestion de l'informatique d'une grande entreprise : les hommes, leur savoir, les logiciels, le matériel, et surtout, le système, c'est-à-dire cette dynamique permanente dont résulte la circulation de l'information entre les clients, les collaborateurs, les machines, au service des objectifs de l'entreprise.

Notre monde souffre de plus en plus d'un manque de respect pour sa complexité. En politique, ce sont les « ya qu'à », « faut qu'on » ; en informatique, ce sont les critiques acerbes sur les pannes, sans jamais s'émerveiller des résultats lorsque les systèmes marchent. Nous sommes passés de la civilisation de la peine à la civilisation de la panne sans trop chercher à comprendre les théories et les hommes qui sous-tendent le fonctionnement de nos systèmes complexes.

Ce livre ne tombe pas dans cet écueil. Yves connaît la théorie de la complexité, et s'attache à aider son lecteur à rentrer graduellement dans celle-ci, y compris au moyen de références innombrables à une excellente bibliographie. Mais comment cet homme trouve-t-il le temps de lire autant ?

L'ouvrage est avant tout une initiation poussée à la théorie du système d'information d'une entreprise, dans toutes ses composantes : la dynamique des hommes qui y travaillent, sujet rarement abordé, la compréhension des coûts d'un tel système, des choix permanents entre l'existant et les nouveaux projets, des surcoûts liés à des décisions prises par les utilisateurs métier, des relations entre informaticiens et départements fonctionnels, de l'importance croissante des processus et de leur possible automatisation.

La gestion des processus métiers devient la chaîne de production de la nouvelle révolution industrielle : le traitement des données s'industrialise, et les entreprises qui sauront les premières modéliser et maîtriser leurs processus métier pourront bénéficier les premières des formidables gains de productivité engendrés. Dans cette bataille, l'Occident fasciné par les produits perd pied vis-à-vis de l'Asie, notamment la Chine, le Japon et l'Inde, beaucoup plus attentifs à l'amélioration des processus que nous ne le sommes. L'ouvrage d'Yves Caseau est un appel au sursaut en la matière.

Cet ouvrage peut autant intéresser une direction des ressources humaines qui cherche à trouver une théorie de la pyramide des âges idéale de son entreprise, qu'un département qualité pris de court devant les concepts étonnants de fiabilité informatique, qu'un PDG qui hésite devant l'ampleur des investissements que requiert un nouveau système, et bien sûr que toutes les divisions fonctionnelles qui cherchent à comprendre leur direction informatique mais n'ont jamais disposé d'une cartographie des problèmes et des solutions de cette ampleur.

De fait, *Performance du système d'information* sera essentiel pour les fournisseurs informatiques, qu'ils s'agissent de fournisseurs externes de logiciels ou de prestations de service, ou des départements informatiques des grands groupes, parce qu'il leur offre un outil essentiel de la compréhension des problèmes que doit surmonter un Directeur des Systèmes d'Information (DSI) moderne. Nul doute qu'il éveillera aussi parmi ses lecteurs plus jeunes quelques vocations pour les systèmes d'information que l'on comprend mieux après cette lecture.

Enfin, il fera certainement sourire les DSI qui reconnaîtront de nombreuses situations qu'ils auront vécues dans l'exercice de leur métier. Ce livre est un hymne intellectuel et amusant à leur sacerdoce, et l'explorateur Yves Caseau ne saurait être suffisamment remercié pour cet effort cartographique !

Pierre Haren

IPC, Ph.D
PDG de la société ILOG

Préface

Parmi les talentueux DSI de sa génération, Yves Caseau s'illustre par son acharnement à répondre avec talent à cette question lancinante : pourquoi, encore aujourd'hui, malgré l'éclatant succès mondial des outils numériques, le système d'information reste-il un des objets de management les plus méconnus ?

Il y a là un mystère que les sciences du management n'ont pas encore élucidé. Les ouvrages qui traitent avec précision du système d'information ne sont pas rares, et de nombreuses grandes écoles et universités ont ouvert des cycles de formation destinés non plus aux informaticiens mais aux managers. Toutefois l'ignorance persiste et conduit nombre d'entreprises à ne pas traiter leur système d'information avec la pertinence requise pour prendre les meilleures décisions. Dès lors, il est facile de s'en tenir à la surface des choses et aux idées à la mode, en ignorant le caractère rigoureux et scientifique de la maîtrise du système d'information.

Le titre choisi par l'auteur résume, par lui-même, le programme d'action que devrait adopter tout DSI mais qui devrait être également celui de tout dirigeant : *la performance* du système d'information est le vecteur de *la création de valeur* et ne s'obtient que par *une organisation* agile et *un management* éclairé.

En effet le système d'information mobilise certes des ressources importantes, identifiées ou dissimulées, et des talents rares, mais permet surtout de soutenir l'efficacité opérationnelle et conditionne de plus en plus la croissance des entreprises. Centre de coût comme vecteur de création de valeur, la DSI qui pilote le système d'information joue un rôle critique dans l'évolution de l'entreprise. Les enjeux ne sont plus seulement techniques mais couvrent désormais la totalité du champ de responsabilité des directions. C'est un motif majeur pour s'occuper sérieusement du système d'information ! Cette maîtrise doit se déployer tant à l'intérieur de la DSI par un renouvellement des méthodes de management, qu'au niveau de la direction générale et du conseil d'administration, par une prise en compte méthodique des intérêts de l'entreprise.

Yves Caseau, pour nous en convaincre, nous entraîne dans un itinéraire dont il souhaite que chaque lecteur sorte transformé. Il le fait avec méthode et rigueur à travers ce texte dense où il déploie une remarquable capacité pédagogique et un sens de l'écriture rare au sein de la famille informatique. Il utilise des sotties pour introduire son propos, scènes où chacun peut se reconnaître. Le DSI s'y projettera sans difficulté en souvenir de pénibles séances de mise en accusation pour les coûts de l'informatique et son absence de rentabilité, pour la longueur des projets ou la fiabilité des systèmes. Il s'amusera des joutes oratoires sur le bon usage du benchmarking. Il retrouvera les idées toutes faites sur l'informatique qu'il fait bon échanger autour de la machine à café. Le directeur opérationnel soucieux de s'appuyer sur une informatique efficace pour atteindre ses objectifs y trouvera également les échos de ses questionnements… Il s'agit nullement de caricaturer les positions de chacun, mais de faire émerger une véritable analyse des problèmes pour construire un diagnostic partagé et au-delà une vision commune des solutions. Cette approche scénarisée avec talent des mille questions qui entourent le système d'information, parfois avec un intérêt réel, parfois de façon inutilement agressive et caricaturale, donne à la « conversation autour du SI » un caractère réaliste et percutant qui permet à l'analyse rationnelle qui en découle de trouver toute son efficacité.

Ces scènes de la vie ordinaire sont prétexte à poser les questions clefs que tout dirigeant doit être capable d'aborder sans inhibition quand il s'agit de système d'information et d'en décortiquer les composants.

La principale ligne de conduite qui émerge de cet ouvrage est que la mesure du système d'information doit faire l'objet d'un consensus au sein de l'entreprise. Comment en effet prendre des décisions sérieuses sur un sujet aussi majeur si personne n'en a la même vision quantitative ? Or les acteurs de l'entreprise ont besoin de partager la même conception du système d'information pour assumer les décisions nécessaires. Lancer un nouveau projet, le cantonner à des fonctionnalités utiles, le déployer en profondeur avec toutes ses conséquences sur les processus et les comportements entraînent des décisions qui impliquent tous les acteurs et non pas la seule DSI. Pour créer cette solidarité dans l'action il faut comprendre la nature des décisions et donc partager un vocabulaire commun.

La seconde leçon de cet ouvrage est que le système d'information n'est pas compliqué mais complexe. Ce n'est pas une discipline exogène s'appliquant à un champ d'observation pur. Le système d'information est un système humain où cohabitent des composants techniques, des systèmes managériaux, des logiques économiques mais aussi des comportements individuels dont les motivations sont aussi variées que le spectre des personnes. Le renforcement des compétences dans la société numérique est d'ailleurs traité avec soin dans un chapitre entier. Les informaticiens ne sont plus les seuls à pouvoir comprendre et faire bouger l'entreprise désormais numérisée. Chacun peut et doit contribuer à cette transformation, ce qui implique une maîtrise des outils et une capacité d'initiative largement distribuées et encouragées par un management rénové et éclairé.

Enfin, le dernier message d'Yves Caseau est qu'il faut définitivement dissocier le traitement managérial de couche technique du système d'information, essentielle mais couvrant des disciplines spécialisées qui sont le champ d'action des professionnels, de la problématique de la création de valeur, qui est un sujet central de management. À la technique de l'usine de services informatiques il consacre des analyses précises et bienvenues, comme la gestion de la qualité et de la fiabilité, l'ingénierie logicielle, le pilotage industriel des projets. La création de valeur par le système d'information est le produit de la convergence de décisions pertinentes et d'une exécution sans faille. C'est parce que les choix sont avisés et portés au plus haut niveau de l'entreprise que la cohérence de l'allocation des ressources permet de mobiliser les moyens et de révéler l'intelligence collective de l'entreprise. À ce titre, le processus de sélection des projets et la gestion du portefeuille applicatif ne sont pas des décisions techniques, mais bien un élément central de la gouvernance.

Cet ouvrage n'est pas un ouvrage pour spécialistes. Il doit figurer dans toute bibliothèque de tout manager et dirigeant qui veut définitivement comprendre ce qu'apporte l'informatique à l'entreprise… sans avoir jamais osé le demander à son DSI ! Quant aux informaticiens, ils s'y retrouveront avec plaisir car ce livre leur parle avec intelligence et sensibilité de leur métier, dans toutes ses dimensions, avec sa grandeur comme avec ses servitudes.

Bref un bon livre, un grand livre, un livre nécessaire…

Jean-Pierre Corniou

Remerciements

Ce livre est issu d'un très grand nombre de conversations et a été enrichi par les idées de nombreuses personnes. Il est donc difficile de savoir par où commencer en termes de remerciements, ou de le faire sans commettre quelques oublis. Ce préalable étant posé,

- Mes remerciements vont en premier lieu à Pierre Haren et Jean-Pierre Corniou qui ont été, chacun dans leur domaine, une source d'inspiration et qui m'ont fait l'amitié d'écrire une préface.
- Je tiens à remercier Gilles Pélisson. Ce livre doit beaucoup aux discussions passionnantes dans son bureau qui ont alimenté et enrichi mes réflexions. Ce livre est un livre sur le management, et il reflète donc forcément ce que j'ai appris de mes différents managers. En particulier, je souhaite remercier Michael Lesk, Stuart Feldman, Al Aho, Alain Pouyat, Frédéric Zimer, Pierre Marfaing et Nonce Paolini.
- Je suis particulièrement reconnaissant pour tout ce que les managers de la DSI de Bouygues Telecom m'ont apporté, qui va bien au-delà de ce qui est écrit ici. Parmi eux, je tiens à remercier tout spécialement Michel Cordival, François Darbandi, Della Miret et Alain Moustard.
- Ce livre n'existerait pas sans un réseau qu'il est impossible de décrire de façon complète. Ce réseau est un réseau de support et d'encouragement, sans lequel je ne serai pas allé au bout de mon effort, et également un réseau de réflexion qui m'a permis d'enrichir et d'affiner mes idées. Parmi une longue liste, je tiens à remercier Yoram Bosc-Haddad, Paul Caseau, César Douady, Anne-Marie Gauthier, François Laburthe, Claude Le Pape, Olivier Pujo, Benoît Rottembourg, Pierre Schaller.
- Ce réseau de support inclus également des groupes, qu'il s'agisse du e-Lab du Groupe Bouygues, avec lequel j'ai collaboré sur les aspects de modélisation, ou du Club Galilée, qui reconnaîtra dans mes propos les sujets de longues conversations animées et passionnantes.

- Je remercie mes relecteurs, pour leur aide précieuse, et en particulier mes parents, Béatrice Roche, Aymeric Le Page, François Darbandi et Didier Ott.
- Je terminerai en témoignant ma gratitude à Béatrice, Laure-Hélène, Anne-Cécile et Claire-Marie Caseau pour leur soutien, leur patience durant cet été 2006 et leur rôle actif dans l'élaboration des fictions qui introduisent chaque chapitre.

Les vues présentées dans ce livre n'engagent que l'auteur, et ne reflètent pas nécessairement l'opinion de Bouygues Telecom ni des personnes précédemment citées.

Introduction

PRÉAMBULE

L'encyclopédie Wikipedia définit un « système d'information » comme « *un ensemble organisé de ressources (personnel, données, procédures, matériel, logiciel, ...) permettant d'acquérir, de stocker, de structurer et de communiquer des informations sous forme de textes, images, sons, ou de données codées dans des organisations* ». Nous allons nous intéresser au système d'information (SI) de l'entreprise, pris au sens large, selon cette définition qui intègre aussi bien le système informatique (les machines et les logiciels) et son utilisation (les hommes, les procédures, les processus). Ce livre n'est pas un livre d'informatique, et nous ne ferons donc qu'observer le système informatique de « l'extérieur »[1]. En revanche, nous nous intéresserons aux différents points de vue des « acteurs du système d'information » (toujours au sens large, qu'il s'agisse d'utilisateurs, de décideurs, de réalisateurs ...) et aux principales questions qu'ils se posent, en termes de valeur, de performance mais aussi de coûts et de fiabilité.

Ce livre est avant tout un guide pratique à l'usage des managers qui travaillent sur les systèmes d'information (clients ou managers de la Direction des Systèmes d'Information, DSI en abrégé). Fondé sur l'expérience et l'analyse de l'auteur, il est enrichi au moyen de modèles. La modélisation permet de mieux comprendre certaines situations difficiles, et surtout de mieux communiquer. Les éléments d'analyse et de modélisation présentés correspondent à des cas concrets et sont illustrés à travers des « mises en situation ». Cette introduction expose les motivations, définit l'auditoire cible et présente le plan de l'ouvrage.

1. Pour une introduction au « système informatique » de l'entreprise, lire *Systèmes d'information et management des organisations* de Robert Reix (pour un lecteur non-informaticien). Contrairement à ce livre qui s'intéresse aux aspects relationnels et politiques, le livre de Robert Reix « rentre dans le détail » du système d'information. Le lecteur qui cherche une référence sur les systèmes d'information se reportera à *Ingérierie et intégration des systèmes* de Jean-Pierre Ménadier.

MOTIVATIONS

En 2003, un excellent livre est paru : *Software Ecosystem – Understanding an Indispensable Technology and Industry*. Son objectif était d'expliquer, de façon claire mais complète, l'ensemble des acteurs de l'industrie du logiciel, leurs relations (l'écosystème) et les propriétés principales des objets produits et manipulés par cette industrie, les logiciels. Les auteurs, D. Messerschmitt et C. Szyperski, des universitaires de renom mondial dans le domaine du génie logiciel, se sont donnés pour but d'expliquer « au reste de la planète », c'est-à-dire aux managers, mais aussi aux politiques, aux législateurs ou aux avocats, les caractéristiques propres des logiciels, en termes de production, de copie, de coût, de fiabilité, etc. L'exposé est un travail de vulgarisation au sens noble, qui s'appuie sur la compétence remarquable des auteurs pour proposer un discours simple, utile et efficace pour un public large. Le postulat qui fonde leur démarche est que le logiciel est partout présent, et qu'un grand nombre d'acteurs de la vie publique sont amenés à prendre des décisions, ou des positions, par rapport à un objet qui est difficile à comprendre pour un non-informaticien.

Ce postulat me semble remarquablement pertinent. Il suffit de se promener dans les entreprises pour savoir que l'informatique est effectivement partout présente, et qu'elle joue une part de plus en plus essentielle dans l'ensemble des processus. Il est également « de notoriété publique » que l'informatique apparaît comme une discipline obscure à ceux qui y sont étrangers. De nombreuses contradictions apparaissent lors d'une première prise de contact : des objets chers mais virtuels qui se copient aisément, des investissements énormes en ergonomie, pour une utilisation qui semble difficile, des technologies de production lourdes pour une fiabilité qui semble criminellement faible, une discipline d'ingénieurs qui produit des objets incapables d'inter-opérer, une avalanche de normes et standards pour des produits qui semblent tous différents et non-compatibles d'une génération sur l'autre. Le livre de D. Messerschmitt et C. Szyperski est précisément une réponse à une partie de ces questions, avec des développements brillants sur les aspects économiques et les questions de propriété intellectuelle.

Ce livre est l'aboutissement d'une démarche similaire, pour expliquer quelques propriétés du système d'information (SI) aux managers qui sont confrontés au SI dans leur vie quotidienne. De la même façon que des juristes ou des législateurs sont amenés à réfléchir sur l'utilisation des logiciels sans savoir forcément les caractériser, la plupart des managers d'aujourd'hui sont conduits à prendre des décisions concernant le système d'information de leur entreprise. Ce livre est néanmoins très différent de celui que nous avons cité pour deux raisons :

1. Il traite de systèmes d'information et non de logiciels. Un système d'information est un assemblage de logiciels qui produisent des services pour exécuter ou assister des processus. La construction ou l'exploitation d'un système d'information n'est pas celle d'un logiciel. Il y a bien sûr quelques points communs, quelques propriétés qui « passent à l'échelle », mais il s'agit véritablement d'une industrie et d'une ingénierie différente. Il ne s'agit pas d'une

différence de complexité : dans l'assemblage, il est forcément fait abstraction d'une partie de la complexité des éléments. Aussi, il n'est pas obligatoire d'être un spécialiste du logiciel pour comprendre les systèmes d'information. Cette différence est importante, car beaucoup de managers appliquent ce qu'ils connaissent ou comprennent de l'informatique, au sens logiciel, au système d'information.

2. Il ne s'agit pas d'un ouvrage s'adressant à tout « honnête homme », mais d'un livre pour des managers ou des lecteurs désireux d'approfondir leurs connaissances. Il y a deux raisons pour cela : d'une part, je n'ai pas le talent de vulgarisation de D. Messerschmitt et C. Szyperski, et d'autre part, le sujet du SI en tant qu'objet d'étude est plus récent que celui du logiciel, de sorte qu'il est difficile d'avoir le recul nécessaire pour un travail de vulgarisation efficace. Je me suis donc limité au public que je connais en tant que DSI : celui des managers de l'entreprise. De même, ce livre n'a aucunement vocation à être exhaustif : je vais traiter d'un certain nombre de questions ou d'interrogations que les managers se posent de façon pratique, parce qu'elles sont récurrentes et que la compréhension que nous avons aujourd'hui du fonctionnement des systèmes d'information permet de leur apporter des éléments de réponse.

Différents chapitres du livre ont recours à la modélisation pour l'analyse ou l'explication. Le terme de « modélisation » peut surprendre ou inquiéter. Disons tout de suite qu'il ne s'agit pas de mettre le système d'information en équations. Ceci est fait ailleurs, et nous en parlerons dans les annexes. Il s'agit de produire des analyses *efficaces* correspondant à des questions ou situations concrètes. Pour que l'analyse soit efficace, il faut qu'elle soit répétable et communicable. Le recours à la modélisation est donc un parti-pris personnel pour obtenir cette efficacité. Les modèles dont il s'agit sont des modèles simples, qui s'expriment en termes de grandeurs dimensionnantes, de schémas ou de diagrammes. Ce qui importe n'est pas d'utiliser ces modèles pour calculer, mais de comprendre leurs principes comme des analogies du fonctionnement du système d'information. Nous essaierons, chaque fois que c'est possible, d'utiliser des métaphores concrètes de ces modèles, pour que le lecteur puisse se les approprier dans sa propre communication.

Ce livre est organisé en neuf chapitres, qui correspondent aux questions/interrogations qui peuvent être entendues dans les couloirs d'une entreprise, et dont voici quelques exemples :

- Pourquoi le système d'information coûte-t-il si cher ?
- Quelle est la valeur produite par l'informatique ?
- Comment interpréter les résultats du benchmark de notre DSI ?
- Faut-il réorganiser la DSI pour l'aligner sur les processus de l'entreprise ?
- Pourquoi dépenser autant dans des outils bureautiques trop complexes ?
- Faut-il arrêter les embauches si tous les développements sont faits en Inde ?
- Combien coûte une application qui est toujours disponible ?

- Pourquoi le budget disponible pour les nouveaux projets est-il en baisse continue ?
- Pourquoi la DSI demande 300k€ pour faire ce qu'une start-up fait pour 30k€ ?

Chaque chapitre est similaire : il commence par une mise en situation, sous la forme d'une courte anecdote. Il se poursuit avec une analyse des questions ou contradictions soulevées par cette saynète. Cette analyse repose le plus souvent sur un ou plusieurs modèles. Il ne s'agit pas de répondre à une vision caricaturale par une « vérité » non moins caricaturale, « au secours » de la DSI, mais de donner au lecteur les outils pour se faire sa propre opinion. Pour être fidèle à la vocation d'efficacité du livre, chaque chapitre se termine par un résumé des points clés.

Le recours à la fantaisie d'une historiette inventée est librement inspiré de la lecture des « *case studies* » de la *Harvard Business Review*. Cette méthode a le double avantage de rendre la lecture plus plaisante et de permettre une vision plus globale des sujets, tandis qu'une démarche analytique commence tout de suite à « disséquer » les questions de façon un peu artificielle. Ce choix fera également penser à l'ouvrage d'Olivier Séhiaud : *DSI.con*. Il y a une grande similarité dans l'objectif général du livre : faire comprendre le métier du système d'information par l'exemple. En revanche, il y a deux différences importantes : d'une part le parti-pris de dérision et d'ironie est remplacé par la modélisation et la pédagogie (à chaque auteur ses talents), et, d'autre part, nous nous intéressons implicitement au système d'information complexe d'une grande entreprise.

Le livre se termine par des annexes qui expliquent avec plus de détails les modèles utilisés dans le corps de l'ouvrage. Ces annexes s'adressent aux lecteurs qui souhaiteraient utiliser ces modèles de façon quantitative, qu'ils soient académiques (étudiants et chercheurs) ou spécialistes de l'entreprise (informaticiens ou contrôleurs de gestion). Le modèle le plus abouti concerne les coûts du système d'information. Il permet de répondre à des questions de coûts, de pilotage et de comparaison. L'annexe contient également certains modèles classiques, utiles pour le pilotage des ressources humaines sur le long terme, ainsi qu'un certain nombre de méthodes pour étudier des questions d'organisation.

À QUI S'ADRESSE CE LIVRE ?

Ce livre est écrit pour un public large, de non-spécialistes, mais qui ont néanmoins un intérêt pour le système d'information et une expérience concrète de son utilisation dans l'entreprise. Pour atteindre cet objectif, j'ai pris le parti d'un style imagé et direct, qui favorise la lisibilité plutôt que la précision. Les points techniques sont reportés dans les notes et dans les annexes. De façon plus précise, l'ouvrage peut intéresser quatre groupes types de lecteurs :

1. Les managers généralistes (non informaticiens) vont trouver dans ce livre un premier niveau de réponse aux questions qu'ils se posent, un ensemble de

métaphores et de concepts pour mieux comprendre le fonctionnement du système d'information, et, pour finir, une méthode pour négocier avec leurs interlocuteurs informaticiens de façon plus pertinente et plus productive. Les questions difficiles des coûts, de la fiabilité, de la flexibilité sont abordées avec franchise et simplicité. L'insistance sur les aspects de pilotage global et macroscopique du système d'information est destinée en particulier aux directions générales.

2. Les managers informaticiens vont trouver en premier lieu une boîte à outils pour la communication vers leurs clients et leur direction générale. Le point de vue qui est pris au départ est le plus souvent un point de vue extérieur au SI. Les questions soulevées dans le livre sont également posées un jour ou l'autre au manager informaticien. Ce livre n'a pas la prétention d'apprendre son métier au DSI ou au directeur d'un service informatique. C'est, en revanche, une source d'inspiration en termes de communication, puisque les analyses et méthodes proposées ont pour vocation d'être facilement assimilables.
3. Les étudiants de second cycle vont trouver un ouvrage qui combine une lecture relativement facile avec une reconstruction méthodique et « en profondeur » de la nature du système d'information dans l'entreprise. L'originalité de ce livre tient précisément dans le fait de traiter le sujet en « profondeur » du point de vue de l'observateur (répondre précisément aux questions difficiles en allant au bout de leurs logiques) sans rentrer « en profondeur » dans les entrailles du système d'information.
4. Les professionnels du pilotage du système d'information (les contrôleurs de gestion en charge de l'informatique, les planificateurs, les responsables de programmes, les chercheurs qui étudient l'économie du système d'information, ...) trouveront, plutôt dans les annexes, des contributions utiles et originales pour alimenter leur propre réflexion. En particulier, la description des éléments de modélisation leur est destinée. En revanche, le corps de l'ouvrage est non moins intéressant pour eux, même s'il n'est pas forcément original de leur point de vue (cf. la discussion du paragraphe suivant), car il s'agit d'une abstraction de la perception qu'ont les autres acteurs de l'entreprise.

Il existe de très nombreux ouvrages sur le management du système d'information, pourquoi donc en ajouter un de plus ? Au-delà des motivations exprimées en introduction, il me semble que ce livre remplit un vide dans la cartographie des publications existantes. Pour simplifier, les livres sur le management du système d'information peuvent être classés en quatre catégories :

1. Les ouvrages « sérieux » qui ne sont pas accessibles au non-spécialiste, et dont la bibliographie de chaque chapitre donne des exemples. Il existe une littérature spécialisée sur l'ensemble des questions abordées dans les neuf chapitres, en particulier en ce qui concerne les coûts. Elle est beaucoup moins abondante lorsqu'on s'intéresse au système d'information que lorsqu'on parle de logiciel, ou même de projet informatique. Le domaine de la recherche sur les

systèmes d'information existe, mais il est relativement récent, et il n'existe pas, à ma connaissance de synthèse accessible à un lecteur généraliste[1].

2. Les ouvrages de « management » qui parlent de façon intéressante et pertinente de systèmes d'information, mais qui s'appuient de façon implicite sur un pré-requis important de connaissances. Ces ouvrages sont moins « affûtés » en termes d'informatique, et traitent en partie des questions d'économie du SI, mais ils sont difficiles à lire. Ce livre pourrait être une clé de lecture pour de tels ouvrages.
3. Les livres, brillants et accessibles, qui traitent du SI d'un point de vue extérieur et d'un point de vue économique, mais qui ne sont pas pertinents, à mon sens, car ils idéalisent le SI et masquent les difficultés.
4. Les livres d'études de cas, qui sont pertinents et accessibles, mais dont il est difficile de tirer des éléments réutilisables. Il s'agit le plus souvent du dilemme inverse de celui qui vient d'être évoqué, trop d'informations rend le message diffus.

Ce livre peut se lire de façon continue, d'une seule traite, en particulier parce que les chapitres sont rythmés par les études de cas. Il a également vocation à devenir un manuel pratique (plus qu'un ouvrage de référence), à utiliser chapitre par chapitre. Le lecteur praticien ou professionnel n'aura aucun mal à lire les chapitres dans l'ordre qu'il souhaite, tandis que je recommande au lecteur extérieur au monde du SI de lire le livre « par partie » en respectant la progressivité de chacune.

PLAN

1ère Partie : Systèmes d'information et analyse de la valeur

La première partie traite de la performance économique du système d'information. C'est un sujet éminemment difficile, et il ne peut être traité que de façon partielle dans un ouvrage de vulgarisation. En revanche, toutes les questions ne sont pas du même degré de difficulté. Si, comme cela sera abordé au chapitre deux, la question de la valeur produite par le système d'information reste intrinsèquement complexe, la mesure et la compréhension des coûts, ainsi que la mesure de l'efficience sont des sujets qu'il est possible d'aborder de façon simple.

1. Pour une introduction au système d'information en tant que sujet de recherche scientifique, lire l'ouvrage collectif édité par Frantz Rowe : *Faire de la recherche en système d'information*. La première partie est une contribution essentielle à l'épistémologie du SI (mais à réserver aux spécialistes), tandis que les parties IV et VI sont recommandées pour approfondir les thèmes qui seront développés dans ce livre.

1. Les coûts du système d'information

Le premier chapitre est consacré à la question « pourquoi le système d'information coûte-t-il si cher ? ». Notre objectif n'est pas de justifier des coûts unitaires par une analyse sociologique, historique ou économique de l'industrie du SI, mais bien d'offrir au lecteur des clés de lecture et des leviers concernant la structure des coûts du système d'information. En clair, il ne s'agit pas d'un « pourquoi » de justification, mais d'explication. Le point de départ est bien sûr la constatation que le système d'information est produit par la sédimentation des projets informatiques. L'analyse de ce simple modèle permet déjà de comprendre quelques évidences et d'éviter des pièges communs. Mais, en introduisant quelques grandeurs de dimensionnement, et en prenant le cycle de vie du système d'information en compte, il est possible de comprendre la structure des coûts de façon plus précise et d'agir efficacement en termes de stratégie. Comme une application logicielle, un système d'information est un objet « vivant », qui se renouvelle de façon continue. L'objectif de ce chapitre est d'offrir au lecteur des repères pour situer le SI « dans le temps et dans l'espace ». De ces considérations simples et générales, il est possible de déduire des règles sur la réduction des coûts, sur ce qu'il faut faire, ce qui est possible et ce qui relève de la fantaisie.

2. Le SI produit-il de la valeur ?

Ce deuxième chapitre s'intéresse au paradoxe suivant : la valeur créée de façon récurrente par l'exploitation du SI n'est pas perçue. Si le SI peut être défini comme l'« intégrale » des projets des années précédentes, il semble que la sédimentation détruise ou fasse disparaître les arguments économiques des raisonnements de retour sur investissement (ROI) qui ont justifié les projets en question. Le DSI à qui il est demandé de mesurer la rentabilité sur capitaux investis de l'informatique se retrouve devant un difficile exercice d'analyse de la valeur. Une question difficile, mais à laquelle il faut pourtant bien répondre pour savoir si le SI correspond au « juste périmètre » de l'activité économique concernée. En clair, le SI est-il déjà trop gros, ou faudrait-il encore investir ? Ce chapitre présente quelques éléments simples de réflexion, permettant de s'approprier la question de la création de valeur. Il ne permet pas d'évaluer cette création de valeur, cela reste la responsabilité de chaque dirigeant d'entreprise, et les situations de chaque entreprise sont trop différentes pour pouvoir proposer des règles. En revanche, nous déduisons de cette question stratégique quelques règles de « bonne gouvernance » pour l'instruction et la sélection des projets. Le pilotage de la valeur créée par le SI, même s'il s'agit d'une notion abstraite, est également une excellente approche pour entretenir, nettoyer et optimiser le fonctionnement du système d'information.

3. Mesurer la performance du système d'information

Le troisième chapitre traite de l'efficience du système d'information, en particulier d'un point de vue comparatif au travers de la notion de *benchmarking*. Si la conclusion du chapitre précédent est que la détermination du « juste périmètre du système d'information » est une question stratégique difficile à traiter avec une « méthode », il est néanmoins légitime et pertinent de se poser la question de l'optimisation, et donc l'évaluation, des coûts informatiques à périmètre fixé. Cette notion de périmètre est, bien sûr, étroitement liée à celle du dimensionnement. Pour pouvoir apprécier un benchmark, il faut connaître l'ensemble des paramètres qui dimensionnent le parc applicatif et matériel, ne serait-ce que de façon macroscopique. Une analyse simple du cycle de production et d'exploitation du SI, telle que celle qui est faite dans le premier chapitre, permet de mettre en valeur l'importance de facteurs tels que les exigences de qualité de service, de réactivité, de volume transactionnel sur la copie présentée lors d'un *benchmarking*. Il faut donc être particulièrement vigilant lors d'un benchmark « multi-industrie », et même lorsque des entreprises du même secteur industriel sont comparées. Ce chapitre a pour but d'affûter l'esprit critique du lecteur, en proposant une « *checklist* » de validation, afin d'éviter de tirer des conclusions trop hâtives. Bien utilisé, le *benchmarking* reste un outil incomparable pour l'optimisation de l'efficience du système d'information.

2ème Partie : Systèmes d'information et organisation

La deuxième partie porte sur des thèmes qui sont à l'intersection de l'informatique et de l'organisation de l'entreprise. Elle est influencée par des questions d'actualité sociétale qui ont un impact direct sur l'organisation de l'entreprise et son système d'information. On peut penser, par exemple, à l'évolution rapide des technologies de communication qui conduit progressivement à un effacement des repères, dans le temps et dans l'espace, en termes de travail et de communication. On peut également penser à l'inversion démographique, suite au départ en retraite de la génération du « baby boom », ainsi qu'à l'allongement prévisible des carrières. Les chapitres 4, 5 et 6 s'intéressent au transfert des flux d'information, à l'efficacité personnelle, et à l'organisation du partage des connaissances.

4. Organisation et flux d'information

Ce chapitre traite de l'organisation de l'entreprise et de ses flux d'informations. Le lien avec le SI n'est pas direct, même si nous verrons que le SI est doublement concerné, au titre du pilotage mais aussi en tant qu'outil de communication. Le point de départ est une réflexion sur l'organisation de la DSI et son alignement sur les processus métiers de l'entreprise. Quelques éléments de réflexions sont proposés au sujet de la nature matricielle de l'organisation de l'entreprise, qui mélange des lignes horizontales liées aux processus et des lignes verticales liées aux fonctions. Il y a une tension naturelle, et donc un compromis à trouver, entre les objectifs de spécialisation (au risque d'une certaine complexité) et ceux de simplification et de flexibilité. La question de l'agilité du système d'information et de la flexibilité et réactivité de la DSI est particulièrement intéressante précisément parce que l'agilité, la capacité d'apprentissage organisationnel, l'anticipation sont contradictoires avec l'optimisation extrême des effectifs, des ressources et des processus. Un autre sujet que nous abordons dans ce chapitre est l'organisation du transfert d'information, en particulier du « système » des réunions programmées. Dans une continuité avec le chapitre suivant, nous nous intéressons aux forces et faiblesses des différents canaux de communication et étudions différentes approches, telles que l'aplatissement des hiérarchies pour raccourcir les chaînes de contrôle. Il existe de nombreuses règles en termes d'organisation qui ont précisément des impacts sur la structure de transfert d'information au sein de l'entreprise. Une des thèses de ce chapitre est qu'il n'y a pas de règle absolue, que l'efficacité de chaque règle dépend du contexte et doit être appréciée précisément par rapport à la situation existante en termes de pilotage de flux d'information et de contrôle. Même si son rôle n'est que marginal, le SI participe à cette optimisation des flux et peut jouer un rôle déterminant dans la quantification et l'objectivisation des décisions d'organisation.

5. Système d'information et efficacité personnelle

Le cinquième chapitre traite de l'utilisation du système d'information pour améliorer l'efficacité des collaborateurs de l'entreprise, en particulier au moyen des outils bureautiques. La révolution, qui a commencé il y a vingt ans avec l'introduction des « ordinateurs personnels » dans les bureaux, continue à bouleverser les habitudes de travail, ou accompagne des bouleversements qui dépassent le cadre de l'informatique. En revanche, la richesse et la complexité sans cesse croissante des outils nécessitent, d'une part, une course à la puissance des postes de travail et, d'autre part, un accompagnement du changement, ce qui crée des tensions, voire des incompréhensions. Nous entrons dans une phase où la distinction entre communication, collaboration et accès à l'information est en train de s'estomper, et cette conduite du changement est plus que jamais nécessaire. Au-delà de la formation classique des utilisateurs, c'est bien d'un projet d'entreprise qu'il s'agit : il faut que les outils bureautiques soient au service d'une « philosophie » du travail collaboratif, au risque de noyer les collaborateurs sous un flux d'applications et de fonctionnalités nouvelles. L'évolution parallèle de la société, puisque les mêmes outils se déploient dans le « grand public », force les entreprises à s'adapter si elles veulent rester attractives pour les nouvelles générations. Cette adaptation passe par une appropriation et une maîtrise des nouveaux outils, et en particulier par la mesure. Un des paradoxes de l'informatique « personnelle » est que la mesure de son efficacité est fort peu développée. Par exemple, l'intérêt d'une nouvelle version de Windows reste une question subjective d'appréciation personnelle. Un des thèmes centraux de cette deuxième partie du livre est le besoin d'objectiver et de quantifier (en un mot de modéliser) la gestion et l'optimisation du temps et des flux d'information dans l'entreprise.

6. Ressources humaines

Cette réflexion sur l'organisation conduit naturellement au chapitre 6 qui traite du management des ressources humaines. Ce chapitre s'adresse aux DSI en tant que managers, et par extension, compte tenu de la généralité des propos, à l'ensemble des managers de l'entreprise. Le thème central du chapitre est la pyramide des âges, des qualifications et des compétences. Ces « pyramides » sont des abstractions intéressantes car elles ont un impact direct sur l'organisation et l'efficacité de l'entreprise, tout en faisant apparaître un horizon temporel qui dépasse le cadre de la plupart des actions de management. L'optimisation de la gestion des compétences, de la politique de recrutement ou de la gestion des carrières ne peut se faire que sur des longues périodes, de trois à dix ans. La réflexion en amont et la modélisation sont indispensables pour suivre des actions sur une telle durée. Ce sujet fort général est rattrapé par l'actualité suite au « choc démographique 2006 », pour reprendre le titre de l'excellent ouvrage de Michel Godet. L'inversion démographique liée au « papy-boom » crée une situation intéressante mais difficile pour les managers, en particulier les DSI. La fidélisation des collaborateurs, la sécurisation des compétences clés, dans une industrie où la répartition des rôles évolue sans cesse, ne serait-ce qu'à cause de la montée de l'offshore, deviennent des sujets stratégiques. Ce besoin de fidéliser les informaticiens conduit à repenser la notion de « carrière », en valorisant la polyvalence, l'expérience transverse, mais aussi l'expertise et le rôle de transmission des connaissances. L'allongement de la durée de la vie, et donc des carrières dans l'entreprise, pose la question de l'« employabilité des seniors », tandis que les contraintes de changement rapide et continu des technologies et opportunités exigent une formation permanente, un apprentissage collectif et un partage efficace des connaissances. Une des propositions de ce chapitre est de combiner ces sujets pour construire des réponses globales, en s'appuyant sur cette modification des carrières plutôt qu'en la combattant.

3ème Partie : Management du système d'information

La dernière partie s'intéresse au pilotage du système d'information. Pour simplifier, nous dirons que la conduite du système d'information comporte deux aspects. Premièrement, l'exploitation du système d'information produit des services (informatiques). Ces services participent au déroulement des processus de l'entreprise, de façon directe ou en support. La production de ces services est la raison d'être du SI. Deuxièmement, de même que l'entreprise et ses processus évoluent, le système d'information doit évoluer pour rester « aligné » sur la stratégie opérationnelle de l'entreprise. Cette évolution se fait en termes de projets (informatiques). Cette dernière partie s'intéresse aux principales questions qui peuvent se poser en termes de services et de projets informatiques.

7. Fiabilité du système d'information

Le chapitre 7 porte sur la fiabilité et la disponibilité du système d'information. C'est un sujet qui a fait couler beaucoup d'encre, et donné lieu à beaucoup de prises de positions diamétralement opposées, allant de l'excès de confiance dans la nature industrielle et maîtrisée de l'informatique, jusqu'à la méfiance instinctive face à une activité qui semble relever de la « magie noire », avec des références abondantes à des « occurrences de pannes qui étaient impossibles ». Le premier objectif de ce chapitre est de donner au lecteur des repères en termes d'incidents, matériels et logiciels, et de complexité du système d'information. Il ne s'agit pas de comprendre cette complexité, ce qui est la responsabilité des spécialistes, mais de l'appréhender pour pouvoir vivre en sa compagnie sans crainte, mais aussi sans illusions. Il s'agit également de replacer le sujet de la fiabilité et de la disponibilité sur un terrain plus familier à l'entreprise, en termes d'analyse de risque et de pilotage des investissements.

Si, comme cela est souvent répété, le « risque zéro » n'existe pas, les méthodes de réduction de risque existent, jusqu'à des niveaux très faibles, mais avec des coûts importants. Il est important d'en comprendre les principes, ne serait-ce que pour s'assurer que la mise en œuvre est faite de façon cohérente, mais il est encore plus important d'en comprendre les enjeux. La mise en place d'un plan de continuité d'activité, par exemple, est un enjeu de management métier pour lequel l'aspect technologique et informatique est subordonné à l'évaluation économique des impacts. De la même façon, l'optimisation continue de la qualité de service prend tout son sens si elle est pilotée par le retour sur investissement.

8. Comment piloter le budget de la DSI ?

Ce chapitre approfondit la question sur les coûts du système d'information en se concentrant en premier lieu sur la partie récurrente, sur ce que Renault appelle le « Tel Que Construit » ou que Bouygues Telecom appelle le « Socle ». Une des angoisses des directions générales est de voir cette dépense récurrente augmenter, et de voir réduire, dans l'hypothèse d'un budget constant, la part des projets, laquelle est censée être source de création de valeur. La maîtrise du parc applicatif, et en particulier la discipline du nettoyage applicatif, est le meilleur levier pour améliorer ce ratio projet/socle. Les gains en termes de coûts unitaires logiciels existent, mais ils sont lents et difficiles à obtenir. En revanche, la technologie matérielle progresse rapidement, par exemple selon la fameuse « loi de Moore » sur les processeurs. Il existe d'autres lois équivalentes sur d'autres technologies, qui poussent les coûts unitaires à la baisse. Les progrès en termes de standardisation et de concentration permettent d'escompter des gains de productivité significatifs, dès lors que le parc matériel est régulièrement renouvelé. Au contraire, un système d'information qui ne fait que grossir par ajout de nouveaux systèmes et qui conserve des vieux systèmes (*legacy*) sur des durées trop longues ne présente que des gains de productivité très faibles.

Ce chapitre traite également de la gouvernance des projets informatiques, un vaste sujet, sous l'angle plus précis du partage des rôles entre la DSI et les directions clientes du système d'information. Il ne traite pas du sujet de la sélection et constitution d'un portefeuille de projets clients, mais plutôt du délicat arbitrage entre les besoins contenus dans ce portefeuille et les contraintes portées par la DSI. Par exemple, la DSI va imposer des contraintes de « refonte », en expliquant que telle ou telle application est en « fin de vie ». Un deuxième exemple est le financement de l'infrastructure d'intégration, ou de toute autre ressource informatique mutualisée, qui n'est souvent jugée acceptable que si elle apporte un « retour sur investissement » aussi immédiat que celui des projets clients. Puisque le sujet est complexe, ce chapitre se contente de donner un cadre général sur l'allocation de ressources pour les évolutions du système d'information. Cela nous permet de re-situer les débats entre dépenses de maintenance et dépenses de rupture, entre une vision globale et des visions locales, entre les dépenses prévisibles et celles qui sont exceptionnelles. Ce cadre nous conduit au principe du pilotage du patrimoine applicatif par les directions clientes, avec l'assistance de la DSI.

9. Systèmes d'information et ingénierie logicielle

Ce dernier chapitre est également un approfondissement du premier chapitre sur les coûts du SI, mais en approfondissant cette fois la notion de coût complet des projets. Ce coût complet est souvent mystérieux, et par conséquent excessif, pour les directions clientes. C'est particulièrement le cas lorsque les coûts d'une DSI sont comparés avec ceux d'un développement fait en propre par le client. Le même type d'incompréhension survient en comparant les mêmes coûts avec ceux d'une prestation complètement externalisée. Une fois de plus, ces comparaisons sont légitimes et les différences qui apparaissent peuvent être des indicateurs d'une faible efficacité. En revanche, dans la majorité des cas, on s'aperçoit, si l'on regarde de près, qu'on ne compare pas les mêmes choses. Le coût complet d'un projet d'évolution du système d'information est grevé par un certain nombre d'obligations légitimes, que ne portent ni le projet « local » ni le projet « externalisé ». Ce chapitre a pour but de permettre de faire une comparaison pertinente, en séparant les facteurs exogènes. Parmi ceux-ci, nous allons trouver des exigences de sécurisation (accès, intrusions,...), de plan de secours, de continuité de l'exploitation, de disponibilité, etc. Il est également important de juger du niveau d'intégration souhaité dans le reste du système d'information, qui joue un rôle déterminant dans les coûts, notamment en ce qui concerne les tests. Il ne faut pas se tromper et faire réaliser par la DSI des systèmes industriels et intégrés lorsqu'une application jetable et isolée pourrait faire l'affaire. A contrario, la DSI se doit de pouvoir produire une « analyse de la valeur » de ses applicatifs pour expliquer à ces clients la part des coûts qui est liée aux exigences fonctionnelles et celle qui est liée aux exigences opérationnelles.

AVERTISSEMENT

Les scènes qui illustrent les chapitres sont, à dessein, des caricatures qui permettent de forcer le trait et de mettre en valeur les questions qui seront analysées par la suite. En particulier, il n'y a aucun rapport entre Bouygues Telecom et l'entreprise fictive qui y est décrite. Précisément, j'ai pris un soin particulier à modifier chaque histoire lorsqu'il y aurait pu exister un rapprochement entre la fiction et mon expérience personnelle. En conséquence, chercher des analogies ne serait pas simplement une erreur, mais un véritable contresens. Ajoutons pour conclure que ma posture, en tant qu'auteur de ce livre, relève plus de celle de consultant, qui est gentiment caricaturée dans ces épisodes. Il faut donc savoir prendre les conseils et les idées avec du recul, en conservant une bonne dose d'esprit critique.

PREMIÈRE PARTIE

Système d'information et analyse de la valeur

1

Les coûts du système d'information

1.1 ILLUSTRATION : « POURQUOI LE SI COÛTE SI CHER ? »

Cette journée avait pourtant bien commencé pour Caroline. La belle lumière du mois de Juin lui faisait particulièrement apprécier le plaisir de déposer ses deux filles à l'école, un bâtiment clair et moderne au fond d'une allée d'érables. Ce rituel, inscrit dans l'agenda deux jours par semaine, lui permettait de débuter la journée pleine d'énergie, captée sur les sourires de ses petites « têtes blondes », pas si petites que cela d'ailleurs. Le comité exécutif de 14 heures ne donnait pas lieu à s'inquiéter, avec une matinée pour préparer ses sujets et s'assurer qu'elle connaissait « par cœur » l'état des systèmes et la chronologie des incidents en cours avec leurs explications et plannings de restauration associés. De plus, le sujet principal était « la productivité de la fonction marketing chez MonEpargne.com ». On pouvait donc penser que pour une fois, l'informatique ne serait pas sur la sellette. Le sujet serait présenté par Antoine, le jeune loup de la stratégie, et Caroline avait bien senti la tension monter entre Antoine et Ravi, le directeur « Marketing et Clientèle », mais à chacun ses soucis …

MonEpargne.com, la société dont Caroline Raissac est le DSI, est une filiale d'une grande banque de détail, lancée en 2000, qui propose des produits d'épargne et des services de gestion sur Internet. Le produit phare est le portail client, qui permet d'agréger des produits proposés par la banque, par quelques banques partenaires au niveau européen, et des outils de gestion fournis par des « partenaires de services », des *start-up* du monde Internet. Ces outils permettent de manipuler, comparer, analyser ses comptes de trente-six façons possibles ; Caroline n'est toujours pas persuadée de l'intérêt réel, mais cela crée du trafic, et MonEpargne.com en profite pour vendre des produits financiers avec une belle efficacité. Ce nom évoque l'époque de la bulle Internet, et est devenu quelque peu désuet. Mais c'est le problème de la directrice de la marque ... et en attendant, en interne, tout le monde l'a abrégé en « MonEp ».

Deux heures moins dix, Caroline entre dans la salle du conseil. Elle fait partie du comité exécutif depuis la création de l'entreprise, un des privilèges associés au fait de travailler dans une entreprise pour laquelle l'informatique est l'outil de production, l'usine au cœur du métier. Tout le monde n'est pas encore arrivé, mais Caroline a horreur de se faire remarquer, et préfère observer.

Antoine Viener, un jeune polytechnicien de 34 ans dont le grand front est accentué par un crane dégarni, prend la parole. Caroline l'écoute avec curiosité : après tout, le marketing, comme l'informatique, est une direction pour laquelle il est difficile de définir de façon quantitative ce qui y est produit. Il s'agit de fonctions intellectuelles, dans cette « société de la connaissance et de l'information », et dont l'efficacité sur le terrain est associée à un écosystème externe d'acteurs et d'évènements. Il lui semble donc difficile de quantifier le travail de ces directions, et encore plus de lui associer une performance. L'exposé d'Antoine devient vite technique, et parle de coût de contact, de puissance et de fréquence ... Caroline se souvient de ses cours de statistiques à l'ENSIMAG.

« Il n'est pas possible de considérer la productivité de la fonction Marketing sans évoquer l'ensemble des fonctions supports ». La voix claire d'Antoine Viener a sorti Caroline de sa posture d'écoute passive. « En particulier, la direction Marketing et Clientèle s'appuie fortement sur les outils informatiques mis à disposition par la DSI ».

Caroline s'est redressée sur son siège, cet excès de zèle d'Antoine ne présage rien de bon.

« Je me suis livré à une analyse des projets livrés par la DSI aux services Marketing sur les cinq dernières années. Les résultats sont alarmants. Les coûts augmentent de façon régulière, ainsi que les délais de réalisation, ce qui est logique par ailleurs. Etant donnée l'importance des outils informatiques dans la définition et la gestion des campagnes, nous avons une situation inquiétante, qui, en toute objectivité, rend difficile l'optimisation de la performance économique des fonctions marketing. Et je ne parle pas du décisionnel, dont l'activité repose à 100% sur les services associés au *datawarehouse*.

– Mais la DSI n'est pas responsable de la taille des projets, réplique Caroline, ce sont les expressions de besoin qui sont devenues plus complexes ...

– Allons donc, intervient Ravi Mutatsuru, directeur du Marketing, nous sommes sur des activités régulières et récurrentes. Lisez donc le Kotler, vous verrez : le marketing est une discipline mûre, nous innovons à l'intérieur de processus bien établis et standardisés. Je ne crois pas que la définition d'une campagne ou la validation d'un produit ait radicalement changé en cinq ans.

– Il ne s'agit pas de cela, au fur et à mesure des années, nous avons développé un parc applicatif complexe et interconnecté, les nouveaux outils ou projets d'évolutions doivent tenir compte de cet existant. Nous avons des coûts d'intégration qui augmentent, c'est normal. » Les mots de Caroline s'accélèrent sous l'effet de la tension.

Antoine Viener reprend la parole, après s'être assuré qu'il a maintenant l'attention complète de la présidente.

« J'ai pris un exemple concret – le petit rusé se souvient que la présidente adore se reposer sur des cas concrets pense Caroline – celui du projet de définition des groupes d'usages. Vous vous souvenez, il s'agissait simplement de faire ce que tout le monde fait, par exemple *Amazon.com*, c'est-à-dire proposer des services de gestion des comptes en fonction de l'appartenance à un groupe semblable en termes de contacts et d'opérations sur notre site. Le projet a coûté cinq millions d'euros ! De quoi payer cinquante personnes sur une année. Je n'arrive pas à comprendre pourquoi il faut cinquante personnes pour programmer une simple analyse statistique … et d'ailleurs avec cinquante agents commerciaux faisant des appels sortants, on pourrait sûrement générer plus de chiffre d'affaire qu'avec cette modification de notre portail.

– C'est vrai, au début de l'entreprise, on faisait plein de petits projets informatiques sympathiques, maintenant les coûts et les délais sont devenus impossibles ». Ravi a décidé de se joindre à Antoine, la diversion sur ses problèmes d'effectifs arrive à point nommé.

« Pas étonnant que tout le monde externalise, le modèle des DSI en France arrive à sa limite. Les DSI ne sont que des intermédiaires qui font travailler des sous-traitants en prenant des marges surprenantes, qui utilisent des matériels hors de prix, et même des PC facturés 1500€ par an alors qu'ils valent 500€ à la FNAC. En fait les DSI françaises ne sont pas capables de faire les mêmes gains en productivité que les sociétés en Inde, qui ont acquis un niveau de maturité supérieure, c'est même Caroline qui l'a reconnu il y a un mois lorsque nous avions parlé de CMMI ». Cette charge vient d'être portée par Julie Tavelle, une grande brune qui s'occupe de la relation client sous l'autorité de Ravi, et se fait un devoir d'énoncer des vérités stratégico-géo-politiques depuis qu'elle est revenue de son MBA à l'INSEAD.

« Ne confondons pas tout, plaide Caroline qui est maintenant sous stress, nous pourrons revenir sur le niveau CMMI ou sur la différence entre un PC nu et un PC installé et maintenu, mais ce qui explique la montée des coûts du hardware c'est que nous avons augmenté les exigences de qualité de service alors même que notre nombre de clients augmentait. Je vous ai montré l'amélioration sensible des courbes de disponibilité il y a deux mois.

– Tout le monde sait que la qualité réduit les coûts d'opération, intervient Armand Pujol, le directeur du *business development*. Compte tenu du poids des opérations manuelles dans la structure des coûts, vous deviez constater des gains, et non pas une détérioration.

– Je vous rappelle que nous avons effectué un *benchmarking* sur les coûts d'opération par client il y a deux ans, et que nous étions bien positionnés…

– Antoine, avez-vous mesuré également l'évolution des coûts de la plate-forme d'envoi de SMS en masse ? » Ludovic Niège a décidé de venir en aide à Caroline. Cette plate-forme a été « outsourcée » à un grand intégrateur, la DSI étant en sous-capacité, et le projet a connu de nombreux incidents. Le dernier en date est l'augmentation de la maintenance par le fournisseur qui se plaint que les constantes demandes d'évolution rendent toute mutualisation impossible. Ludovic est le directeur financier, c'est un camarade de prépa de la présidente, il n'est pas facile d'ignorer ses remarques.

« Nous avons dépassé l'heure et ce sujet n'était pas à l'ordre du jour ». La voix glaciale de la présidente sonne comme le gong qui annonce la fin du premier round. « En revanche, il est clair que ce sujet est préoccupant et que la DSI doit travailler avec la direction de la stratégie pour exposer son plan de contribution à la productivité de l'entreprise ». Laurence de V. sait terminer une réunion, personne n'insiste et chacun replie ses classeurs. « En synthèse, nous avons construit une informatique chère, ce dont vous êtes tous responsables », Laurence de V. prend son temps en regardant l'ensemble des membres du comité exécutif, « et il est de notre devoir de savoir nous remettre en question. Je remercie Antoine de nous avoir conduit à cette prise de conscience ».

Caroline sort mal à l'aise. Elle sait que le sujet du coût de l'informatique est « vieux comme le monde (informatique) », elle sent confusément le piège et regrette de ne pas l'avoir vu venir. Elle n'a pas été à la hauteur, en cette époque où tout le monde ne parle que d'offshore et d'une « *commodity IT* », elle devrait avoir un dossier sous le coude en permanence pour défendre le bilan économique de la DSI.

1.2 COMMENTAIRE ET ANALYSE

Le système d'information coûte-t-il trop cher ? Cette question est très ancienne[1], qu'il s'agisse de logiciel ou de système d'information. Dans son livre, *Why Does Software Cost So Much ?*, Tom DeMarco prend le contre-pied, sur le thème « en fait, le logiciel est incroyablement bon marché compte tenu de ce qu'il produit et de

1. Il existe une abondante littérature sur le sujet des coûts du logiciel et du système d'information. Nous allons ici proposer quelques titres, mais cette liste n'a aucune prétention d'exhaustivité. Le livre de P. W. Keene *Shaping The Future* est un grand classique sur le système d'information. Les deux premiers chapitres posent les questions auxquelles nous essaierons de répondre, le chapitre 6 est la meilleure introduction au sujet des coûts du SI que je connaisse, même si l'âge du livre (1991) fait que les ratios économiques ont évolué. Le parallèle entre ces deux livres est évident, et je ferai de nombreuses références à Keene. Le spécialiste français des coûts du SI est Jean-Louis Paucelle. Parmi ses différents ouvrages, on peut recommander *Informatique rentable et mesure des gains*. Le livre de A. Fustec et B. Ghenassia que nous utiliserons dans le prochain chapitre est un très bon ouvrage qui couvre le périmètre de la première partie. Je recommande également l'introduction de *Five Core Metrics* de L. Putnam et W. Myers ainsi que le archi-classique-mais-toujours-pertinent *The Mythical Man-Month* de F. Brooke, (l'auteur célèbre de « No Silver Bullet », un article sur les gains de productivité qui n'a pas pris une ride).

la façon dont il est construit ». Ce parti-pris de contradiction cherche à mettre en évidence le fait qu'il n'existerait pas de référence qui permette à l'utilisateur de fonder un jugement lapidaire. En fait, ce n'est pas nécessairement vrai : il existe de nombreuses références, en particulier dans le grand public, où le logiciel est soit vraiment bon marché (exemple : Microsoft Word™ représente un très grand nombre de fonctions pour quelques centaines d'euros), soit gratuit. Cet état de fait crée une tension, puisque des logiciels sophistiqués peuvent être acquis pour des coûts très faibles et que, réciproquement, il faut quelque fois payer des sommes importantes pour des logiciels qui semblent rudimentaires d'un point de vue fonctionnel. La question reste donc ouverte, et peut tout de suite être scindée en deux parties:

- pourquoi les logiciels métiers (utilisés par l'entreprise) coûtent-ils si cher ?
- pourquoi leur intégration en un ensemble, le système d'information, produit-il des coûts encore plus élevés ?

D'une certaine façon, il va nous falloir l'ensemble de ce livre pour essayer de traiter le sujet de façon précise, car la question du coût du SI est multiple. L'objectif de ce premier chapitre est d'essayer de comprendre la structure de coût du SI et les différents leviers pour faire réduire ces coûts.

Un système d'information peut être vu comme une usine à produire des services informatiques, ce qui est illustré dans la figure suivante. Cette usine s'appuie sur deux types de ressources : un parc applicatif qui représente l'ensemble des logiciels installés pour produire les services dont l'entreprise a besoin, et un parc matériel qui est nécessaire pour l'exécution des logiciels. Pour l'instant, nous pouvons rester à un haut niveau d'abstraction et considérer que ces ressources matérielles sont de la puissance de calcul et de la capacité de stockage. Nous allons voir dans la section suivante comment mesurer ces capacités. Cette usine est vivante, les ressources sont modifiées de façon constante : des projets informatiques ont pour but de changer le parc applicatif, le parc matériel est également renouvelé pour s'ajuster aux besoins de croissance. À l'inverse, la flèche de « nettoyage » (figure 1.1) représente le flux nécessaire de nettoyage applicatif et de suppression des machines trop anciennes.

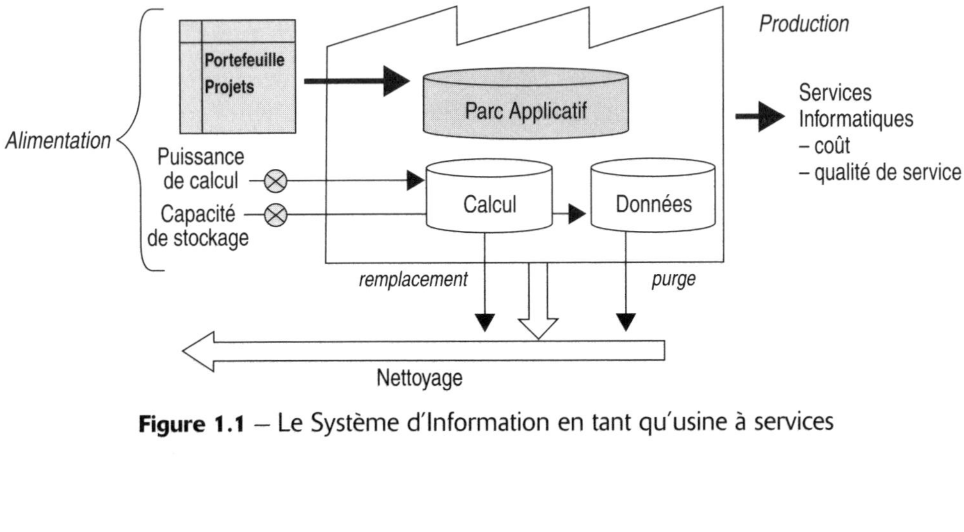

Figure 1.1 – Le Système d'Information en tant qu'usine à services

La première réponse, la plus simple, est souvent la plus juste : si le système d'information coûte cher (ou plus cher qu'on pourrait le penser), c'est qu'il est « gros ». Nous allons traiter la question du dimensionnement, c'est-à-dire comment qualifier cette affirmation, dans la section suivante (1.3). C'est probablement la question la plus fondamentale, avant d'avoir une opinion sur le coût, encore faut-il savoir de quoi l'on parle. L'expérience montre que tout le monde sous-estime la taille du parc applicatif dans une entreprise, et en particulier les informaticiens !

La deuxième question qui se pose de façon évidente est « qu'est-ce qui est cher ? de quel coût parle-t-on ? ». La section 1.4 traite des coûts de possession du système d'information. Différentes étapes du cycle de vie du SI et des logiciels qui le composent produisent des coûts de nature différente. Dans l'histoire que nous venons de relater, Caroline est attaquée sur l'évolution de ses coûts de projet informatique. Nous verrons par la suite que l'évolution des coûts de maintenance (entretien) est encore plus souvent perçue comme insupportable.

Nous allons nous appuyer dans ce premier chapitre sur un modèle simple des coûts du SI, qui est présenté en annexe. Ce modèle propose des unités d'œuvre simples qui permettent d'objectiver le débat dans lequel se situe MonEpargne.com. En revanche, il ne permet pas de répondre à la question sur les progrès (ou leur absence) en matière de productivité informatique. La section 1.5 propose un point rapide sur cette question, en constituant un premier « kit de survie » qui aurait pu servir à Caroline.

1.3 DIMENSIONNEMENT

1.3.1 Mesurer le système d'information

Un système d'information est, de façon conceptuelle, la combinaison d'un système informatique et de la façon de s'en servir[1]. Dans ce chapitre, nous nous intéressons plus particulièrement au SI en tant que système informatique.

- Le SI sert à exécuter ou piloter les processus de l'entreprise. Un processus est composé de tâches, qui sont soit exécutées sur le SI, soit pilotées avec le SI.
- Le SI est composé d'éléments, des systèmes techniques (ST) qui hébergent des applications qui rendent des services (pour l'exécution ou le pilotage des tâches).

Cette décomposition est représentée par la figure suivante :

1. Sur la distinction entre système d'information et système informatique, voir le livre de G. Jean *Urbanisation du Business et des SI*. L'école française d'*urbanisme* du système d'information a produit de nombreux ouvrages sur ce thème.

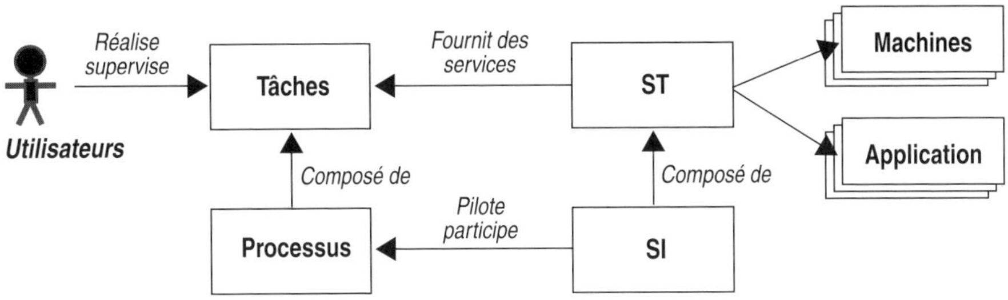

Figure 1.2 – Le Système d'Information en tant qu'assemblage

Un système technique est composé de ressources matérielles (un ensemble de machines) et de ressources logicielles (un ensemble d'applications). Il y a souvent une mutualisation : une application rend des services pour des tâches qui « appartiennent » à des clients et à des processus différents.

Une application est composée de trois parties : un environnement logiciel (bases de données, « middleware », etc.), un code (des lignes de programmes) et des composants logiciels (un programme exécutable et non modifiable). Selon qu'il s'agit d'un progiciel ou d'un développement spécifique, le poids relatif du code et des composants varie.

Mesurer le système d'information consiste à définir des unités d'œuvre (UO). Cela permettra alors de construire le coût du SI comme une somme de produits « nombre d'UO x coût de l'UO ». Cette définition d'unités d'œuvre est fondamentale, parce qu'en premier lieu, les responsabilités sont différentes :

- la DSI est responsable du coût des UO. Bien sûr, nous verrons par la suite que la collaboration entre la DSI et les directions métiers est nécessaire pour optimiser ces coûts, mais, par défaut, il appartient au DSI de tout mettre en œuvre pour réduire ses coûts unitaires. C'est la contribution de la DSI à la productivité de l'entreprise, ce que l'on est en droit d'attendre, compte tenu de la capacité de l'ensemble des industries à dégager ce type de gains.
- L'ensemble de l'entreprise – en particulier les directions métiers qui utilisent les services – est responsable du nombre d'unités d'œuvre (nous reviendrons dans le chapitre 8 sur l'utilité et les limites de la refacturation interne).

Cette notion de responsabilité patrimoniale des directions métiers sur le système d'information est un des fils rouges de cet ouvrage, et nous y reviendrons. Cette absence de sensibilisation produit une grande partie des incompréhensions que nous allons observer chez MonEp.

Est-il possible de réduire le système d'information à un ensemble d'unités d'oeuvre, sans perte de généralité ? Il y a en fait plusieurs obstacles à ce type de modélisation :

- les « boîtes du SI » ne sont pas homogènes. La « réduction » à des UO est forcément simplificatrice, elle ne tient pas compte des technologies, de l'histoire, des cultures propres à chaque système d'information.

- la complexité de l'assemblage résiste à la modélisation simple. Un SI est, en première approximation, une collection de systèmes techniques comme expliqué sur la figure précédente. Les coûts dépendent du nombre de ST mais également de la complexité de l'interconnexion[1].

Par expérience, je pense que les défauts de cette approche sont de « second ordre », ce qui signifie que ce type de modélisation permet de comprendre et de calculer des ordres de grandeur relativement précis, en particulier en termes d'évolution des coûts.

Cette séparation induite par l'introduction des UO va nous permettre également de creuser deux questions sous-jacentes dans les chapitres suivants. Le chapitre 2 traitera de la question de la « bonne taille » du système d'information (une responsabilité partagée), tandis que le chapitre 3 traitera de la mesure des coûts unitaires et de leur évaluation par « *benchmarking* » (pour « apprécier la performance » de la DSI).

1.3.2 Mesurer le parc applicatif

S'il n'y avait qu'une idée à retenir de ce chapitre, ce serait qu'il est fondamental de mesurer le parc applicatif. La première ligne de défense de Caroline serait de mettre en évidence, de façon non contestable, la croissance du parc de MonEp. Or les entreprises qui mesurent leur parc applicatif de façon rigoureuse sont rares. Ce n'est pas un hasard, c'est un sujet difficile. A priori, il y a plusieurs façons de mesurer du logiciel applicatif : nous pouvons utiliser le coût d'acquisition, le nombre de lignes de code[2], ou bien encore des grandeurs intermédiaires, telles que le nombre de bases, d'interfaces homme-machine (IHM), d'interfaces inter-applicatives.

En revanche, chacune de ces approches pose des problèmes. La mesure financière est rapidement un piège, dès lors qu'il y a suspicion sur les coûts d'acquisition. La mesure de la taille du programme source (lorsqu'il est disponible) est trop dépendante des technologies et des périodes (chaque époque informatique introduit ses technologies propres). La mesure de quantités informatiques (IHM, bases...) est difficilement comparable d'une DSI à l'autre, ce qui rend l'objectivité difficile. En fait, le marché est en train de converger depuis une dizaine d'années, sur l'utilisation des points de fonction (PF), mais cette convergence est lente et la pratique de la mesure

1. On retrouve précisément la notion d'urbanisation du système d'information, qui consiste à introduire une structure et une normalisation de ces interconnexions pour maîtriser la complexité, diminuer le nombre de liens ainsi que les coûts. Nous y ferons une brève référence dans le dernier chapitre mais les lecteurs soucieux d'approfondir pourront consulter mon précédent livre *Urbanisation et BPM*.

2. Toute application informatique est construite à partir d'une liste d'instructions organisées sous la forme d'un « programme ». Les programmes sont écrits avec des langages (de programmation) sous la forme de fichiers (que l'on appelle le « code » ou le « source » de l'application). Le nombre de lignes dans ces fichiers est une mesure simple de la taille de l'application (on parle de SLOC = *Single Line of Code* en anglais).

totale est encore rare[1]. Le point de fonction est une abstraction des « fonctionnalités rendues par un programme ». Il existe plusieurs façons de calculer le nombre de PF associés à un logiciel, qui sont plus ou moins liés à l'implémentation. On peut partir du texte du programme et appliquer des règles de transformation (transformer des lignes de code en points de fonction) ou partir de la structure fonctionnelle et appliquer une méthode qui mesure cette complexité fonctionnelle (chaque procédure reçoit un poids qui dépend, par exemple, du nombre d'arguments de son interface).

Le comptage en points de fonction a un certain nombre d'avantages déterminants, même s'ils ne sont qu'approximatifs :

- la mesure est liée à une caractéristique fonctionnelle du logiciel,
- c'est une mesure, dans le sens où la mesure d'une somme de composants est bien la somme des mesures,
- cette mesure est relativement indépendante des technologies,
- cette mesure est normalisée, ce qui permet la comparaison entre différentes entreprises. C'est également un standard en cours d'émergence en termes de gouvernance informatique[2].

Ce qui est important, c'est que la mesure soit comprise et partagée. Cela ne signifie pas forcément que l'ensemble de l'entreprise a suivi un cours sur les points de fonction, il est possible d'« apprendre par l'exemple et par analogie ». En clair, si l'habitude est prise de mesurer les applicatifs et de faire connaître ces résultats dans l'entreprise, l'ensemble des acteurs acquiert rapidement une culture appliquée de la métrologie logicielle, et est capable de comprendre ce que signifie un ordre de grandeur (par exemple : 50kPF pour un système de réservation aérien, 5kPF pour le système de saisie d'un agent d'assurance)[3].

1. La pratique la plus courante il y a quelques années consistait à mesurer les développements en euros, ou en jours-hommes. Commençons par réaffirmer qu'il vaut mieux mesurer avec une unité discutable que ne pas mesurer du tout ! Le défaut évident de la mesure en euros est qu'elle rend impossible la définition de la performance économique. Lorsqu'un logiciel est cher, est-ce par ce qu'il est « gros » ou parce que le fournisseur applique une marge trop forte ? La mesure en jours-hommes est plus pertinente, mais elle est fortement dépendante de la technologie employée, et constitue une mesure du processus (de développement) et non du résultat.
2. La notion de la gouvernance est très à la mode (à juste titre, mais introduire la notion de « gouvernance » requiert un passage à l'abstraction – une sortie du cadre – qui nous ferait rentrer dans un discours de « spécialistes »). Nous ferons, comme Monsieur Jourdain, de la gouvernance sans le savoir tout au long de cet ouvrage. Le lecteur intéressé pourra se référer à *IT Gouvernance* de F. Georgel, ou au site de l'ITGI (www.itgi.org) dont la déclinaison française est l'AFAI.
3. Sur ce sujet, la « bible » est le livre de C. Jones *Applied Software Metrics*, qui contient une excellente introduction pratique à la notion de point de fonction, ainsi que de nombreux exemples et statistiques permettant de rapporter les coûts aux points de fonction des applications. Le chapitre 3 mérite d'être ajouté à la liste précédente des références sur le coût des logiciels. À titre d'exemple, on y trouve des tables pour convertir une mesure en ligne de code en points de fonction (1pf = 50 lignes de code C++).

La mesure du parc applicatif n'est pas un exercice statique, mais une pratique régulière adaptée à une situation dynamique. Le SI est un « organisme vivant », ce qui sera l'objet de la section suivante, qui doit être suivi et analysé. Plus précisément, l'ajout et le retrait constants d'éléments applicatifs imposent :

- de faire des mesures de façon régulière, soit pour chaque projet informatique qui modifie, supprime ou ajoute une application, soit sous la forme d'un audit du parc applicatif (annuel par exemple),
- de faire le travail d'analyse qui permet de comprendre l'évolution d'une mesure sur l'autre. Combien de points de fonctions ont été ajoutés, combien ont été supprimés ?

Pour finir, il est important de séparer, lors de cette mesure, le logiciel acquis (les progiciels) du logiciel construit de façon spécifique pour l'entreprise. Le logiciel acquis doit être traité comme un investissement et mesuré en euros. La mesure de la complexité en points de fonction est intéressante, ne serait-ce que pour évaluer de façon rationnelle le choix « *make or buy* », qui sera traité dans le chapitre 9. En revanche, la taille ne suffit pas à expliquer ou prédire, ni le coût (il existe une valeur de marché) ni la maintenance associée à un progiciel. Le parc de progiciels doit donc être mesuré en valeur d'acquisition, ce qui est fait dans toutes les entreprises par le contrôle de gestion.

1.3.3 Mesurer le parc matériel

La mesure du parc matériel doit se faire avec des unités d'œuvre liées au service rendu. Le plus souvent, des inventaires se trouvent dans les entreprises sous forme de catalogues de technologies. Ce type d'inventaire historique est difficile à exploiter pour le pilotage du parc, et encore plus difficile à utiliser pour faire des comparaisons. Il est préférable de se concentrer sur les deux dimensions de calcul et de stockage du schéma de la figure 1.1 et d'utiliser des métriques standard. Le stockage se mesure simplement, sous forme de To (tera-octet)[1], mais le cas de la puissance de calcul est un peu plus complexe. Autrefois, il était d'usage de compter les « instructions par seconde », et de parler de MIPS, puis de GIPS. La notion d'instruction dépend de la technologie, et également du domaine d'application (on parle de FLOPS pour les opérations sur nombres flottants). Dans le monde de l'informatique de gestion, la notion de benchmark transactionnel a fourni une autre unité de mesure (le TPM : transactions par minute) qui remplace avantageusement les approches précédentes. Le nombre de TPM fournit une mesure de la performance globale d'une machine, à partir d'un jeu de données type. On distingue par exemple les transactions de type C, qui sont les plus représentatives d'une activité commerciale, ou les transactions de type H, qui sont utilisées pour des applications décisionnelles. Le nombre de TPM-

1. Un téraoctet vaut 10^{12} octets (un octet = huit informations binaires 0/1). À l'heure où les PC domestiques sont équipés de disques de plusieurs centaines de Go (Giga = 10^9), le To est devenu l'unité standard, en attendant l'arrivée du Po (péta-octet = 1000 To).

C est donc la solution de choix pour obtenir une mesure globale de la puissance de calcul déployée[1].

Cette mesure mono-dimensionnelle est très intéressante (facile à produire, à agréger et à comparer) mais elle ne suffit pas à caractériser le parc. Le nombre de serveurs, et le type de technologie (UNIX, Windows, nombre de processeurs, etc.) a également une influence sur les coûts d'achat de la TPM-C, ainsi que sur les coûts d'exploitation. Il est donc utile pour le DSI de continuer à faire des inventaires et des typologies. En revanche, cette typologie ne concerne pas les directions clientes. Il va donc falloir trouver une catégorisation des serveurs qui « fasse sens » pour les clients de la DSI et qui puisse expliquer les variations de coûts. Il faut répondre à la question implicite : « si le TPMC est moins cher sur un PC installé avec LINUX, pourquoi avez-vous encore des serveurs « *high-end* » ? Nous reviendrons sur ce sujet dans le chapitre 7, où nous introduirons la notion de classes de machines associées à des exigences de qualité de service. C'est clairement un des problèmes de Caroline Raissac qui a dû changer de type de serveur pour tenir ses engagements de qualité de service.

Parmi les autres facteurs qui caractérisent un parc matériel, nous retrouvons la notion d'âge moyen. L'âge moyen des serveurs (et autres équipements) est un facteur clé pour deux raisons : d'une part les coûts d'opérations augmentent fortement avec l'âge, et d'autre part, seul le renouvellement permet de profiter du progrès technologique constant, de la fameuse « loi de Moore »[2]. Ces deux points seront approfondis dans le chapitre 8, où seront évoqués les coûts récurrents des services. L'augmentation de la maintenance en fonction de la vétusté est un fait statistique avéré, qui est facile à comprendre en se plaçant du côté du fournisseur. Une génération ancienne de technologie possède une base client qui diminue (par définition, le fournisseur vend des nouvelles technologies aux nouveaux clients). Dans les coûts nécessaires pour maintenir une structure de maintenance, la partie fixe (par opposition à la partie variable qui dépend du nombre de clients) est importante. Donc, moins il y a de clients, plus la maintenance est chère.

La loi de Moore est également une vérité statistique, qui pousse bon nombre de dirigeants à attendre de leur DSI des coûts de parc matériel en diminution forte et constante. Cette attente est légitime si le parc se renouvelle, par croissance ou par

1. Si l'on souhaite une analyse fine, il faut combiner différents critères pour étalonner les serveurs. Par exemple, le Gartner Group utilise sa propre méthode et son unité : le GEM. C'est une méthode plus fine, mais dont l'utilité n'existe que si l'on dispose d'une base de référence avec une grande précision. Mon expérience est que l'analyse des coûts, au niveau global du SI de l'entreprise, est forcément un travail approximatif (et néanmoins pertinent). Le fait d'agréger des technologies très différentes fait que la précision est forcément diminuée.
2. La « loi de Moore » est une conjecture, due à Gordon Moore (Intel), veut que les performances gagnent un facteur 2 tous les 18 mois. Une loi similaire (Kryder's law) s'applique à l'évolution de la capacité de stockage. Cette loi est à la fois une observation statistique, et une conjecture qui s'est pour l'instant remarquablement vérifiée (bien que sa « fin » soit prédite comme imminente depuis 10 ans). En 2006, un certain optimisme est de mise en termes d'intégration de circuits et la Loi de Moore semble avoir encore une dizaine d'années devant elle.

remplacement. La mesure de l'âge moyen est donc fondamentale pour savoir s'il est raisonnable d'attendre des gains économiques liés à la technologie, et quelle en serait l'importance, par rapport à la loi de Moore[1].

La mesure d'un parc matériel exige une répartition en catégories :

- La « production » représente toutes les machines qui sont nécessaires à la production des services informatiques pour les directions métiers.
- Les machines de « test & pre-production » servent durant la phase de développement des projets pour valider la qualité des logiciels, avant la « mise en production ».
- Les machines de « secours » (il est d'usage aujourd'hui de parler de DRP – *Disaster Recovery Plan* – ou de PRA – Plan de Reprise d'Activité) sont les machines désignées pour héberger la production de services si les machines de production deviennent indisponibles suite à un sinistre. Ces machines sont quelque fois mutualisées avec les machines de pré-production.
- La composante de « gestion de stock & installation », c'est-à-dire les machines qui ont été livrées mais ne sont pas encore installées.

Nous allons revenir sur la notion de *benchmarking* dans le chapitre 3, mais il est frappant de constater que beaucoup d'entreprises ne disposent pas d'un inventaire précis sur l'ensemble de ces quatre catégories, ce qui rend l'analyse difficile voire périlleuse.

1.4 CYCLES DE VIE DANS LE SI

1.4.1 Le développement applicatif

Le SI évolue pour suivre l'évolution des processus métiers. Plus précisément, une évolution d'un processus va engendrer un ensemble d'évolutions des tâches associées, qu'il va falloir traduire en évolutions sur les systèmes techniques, qui sont composés majoritairement d'évolutions applicatives et d'évolutions matérielles. À côté de ces projets métiers, il existe également des projets techniques pour mettre à jour les applications, selon leurs propres cycles de vie : lorsque l'environnement logiciel doit changer parce qu'il devient trop vétuste (par exemple, remplacer une version de bases de données Oracle), ou lorsqu'il faut passer à une version plus récente du progiciel (par exemple, une nouvelle version de SAP). Ces évolutions sont qualifiées de *paliers* (maintenance technique) si les changements ont un impact mineur (iso-fonctionnel) et de *refontes* dans le cas contraire.

1. Cette notion de loi de Moore « amortie » sera évoquée dans le Chapitre 8 et étudiée avec plus de détails dans l'Annexe. Le progrès technologique se trouve pondéré par un coefficient de renouvellement, qui est lui-même fonction de la croissance et de l'âge moyen des serveurs.

Les évolutions sur les applications sont mutualisées sous forme de lots qui correspondent à des versions applicatives (un lot d'évolution fait passer d'une version à la suivante). Ce regroupement sert à réduire les coûts en mutualisant les tests et à assurer le maintien de la cohérence entre les différentes évolutions. De la même façon, la mise en production des évolutions de systèmes techniques est regroupée dans la notion de projet. Un projet est un ensemble de modifications (correspondant à un ou plusieurs changements sur les processus) pour lequel la mise en production et les tests sont mutualisés.

Un projet est le plus souvent décomposé en phases (expression de besoin et spécification, conception, réalisation, test et intégration). Nous reviendrons sur cette notion de phases, mais pour l'instant nous allons considérer le projet comme un tout.

Un projet informatique est mesuré en termes d'impact applicatif, en particulier en points de fonction. La taille du projet est, en première approximation liée aux points de fonction ajoutés et modifiés.

Par exemple, nous pouvons supposer que les coûts de développement de projet pour MonEpargne.com sont de l'ordre de 200 €/PF (choisi comme une médiane d'un intervalle qui va de 100€ pour des projets simples à 300€ pour des projets complexes)[1]. Les modèles statistiques montrent que le coût n'est pas linéaire en fonction de la taille du projet, mais varie de façon exponentielle (avec un exposant qui varie entre 1 et 1,5 selon le contexte). En revanche, pour une entreprise donnée, et pour raisonner de façon macroscopique, il n'est pas déraisonnable de linéariser et de s'appuyer sur un coût de projet ramené au point de fonction.

Par exemple, un projet important de 2000 points de fonction (représentant à peu près 60K lignes de code Java ou 100K lignes de C++) va coûter 150K€ de développement, pour un coût total de 400K€ (cf. section 3.3.1). Bien entendu, la taille n'est pas le seul facteur de coût. En particulier, nous pouvons noter :

- *La qualité de service désirée* : l'obtention de propriétés de haute disponibilité (cf. chapitre 7) augmente le prix du projet.
- *La complexité technique du projet*, en termes de volumétrie des données qui sont manipulées, ou des exigences de performance sur les services. La complexité technique peut imposer des technologies plus chères, moins éprouvées. Elle demande le plus souvent une phase de test et de mise au point plus longue, donc plus coûteuse.
- *La complexité d'intégration*, qui détermine le nombre d'interfaces nécessaires ainsi que le nombre de clients pour ces interfaces (d'autres applicatifs). La maîtrise de la complexité est une des tâches principales d'une DSI. Le terme

1. Il existe peu de sources publiées permettant de connaître le coût du point de fonction. J'ai donc utilisé deux types de sources : les sources connues telles que C. Jones, COCOMO, Printz, qui donnent des fourchettes de productivité et des sources privées : mon expérience dans deux entreprises que je connais bien et un rapport sur le *benchmarking* établi par KLC. La fourchette proposée a le mérite d'être raisonnablement compatible avec ces différentes sources.

d'urbanisation est souvent employé pour désigner le travail d'architecture qui sert à réorganiser le système d'information (nous y reviendrons dans le chapitre 9).

- *Des facteurs intrinsèques*, comme la maturité des équipes de développement ou la volonté de construire des logiciels réutilisables et mutualisables.

Il existe de nombreuses sources pour tenir compte de ces facteurs, en particulier la méthode COCOMO II[1].Cette méthode attribue des facteurs correctifs en fonction de chaque thème (la qualité de service va influer sur le coût complet du projet de +/- 25%, la complexité de +/- 30%). L'utilisation de ce type de méthode est indispensable pour chiffrer un projet, mais au niveau de la DSI, il y a un effet de « moyenne » qui fait que ces termes correcteurs varient lentement d'une année sur l'autre.

En fait, l'utilisation des points de fonctions pour estimer des coûts est d'autant plus précise qu'il s'agit de gros volumes, sur un portefeuille de projets. La productivité varie grandement suivant tous les facteurs que nous venons d'évoquer, et la précision du ratio PF/€ ou PF/j.h n'est pas très bonne à l'échelle d'un projet (surtout s'il est petit). En revanche, à l'échelle de la DSI, ce ratio est assez stable d'une année sur l'autre. Une autre façon de dire la même chose est que le ratio PF/€ pour une DSI tient compte du niveau de complexité, d'exigence, d'architecture moyen de cette DSI. L'utilisation de ce ratio pour l'évaluation est complexe et subtile, mais l'utilisation pour l'analyse macroscopique et pour la prévision est simple et fiable.

Le mode de raisonnement macroscopique, que nous allons privilégier dans ce livre, est intéressant pour comprendre et prévoir les coûts du SI. Il ne remplace pas les méthodologies de chiffrage de projet. Pour aller plus loin sur ces méthodologies, en particulier sur le bon usage des référentiels COCOMO (I et II), il est recommandé de consulter l'excellent ouvrage de J. Printz « Coût et durée des projets informatiques ». En revanche, mon expérience est que la plupart des erreurs et problèmes en termes de coût de projet peuvent être détectés par une analyse macroscopique, à la portée de n'importe quel bon manager (informaticien ou non).

1.4.2 Les opérations sur les applications

Si nous nous intéressons maintenant à une application donnée du système d'information, son cycle de vie peut être décrit par la figure suivante. L'axe horizontal représente le temps, le cycle de vie d'une application. L'axe vertical représente l'intensité de l'activité associée à l'application. Chaque phase de ce cycle de vie est décrite par un rectangle, dont la longueur représente la durée, et la hauteur l'effort

1. Le modèle de coût COCOMO (*Constructive Cost Model*) est dû à Barry Boehm. La version complète (COCOMO-II) est présentée dans le livre *Software Cost Estimation with* COCOMO *II*, que j'utilise plusieurs fois dans cet ouvrage. Il est possible de se familiariser avec une version simplifiée en ligne : http://www.jsc.nasa.gov/bu2/COCOMO.html. Pour une présentation détaillée et en français du modèle COCOMO (et de la notion de points de fonction), lire le livre de Printz, Deh, Mesdon et Trèves : *Coûts et durée des projets informatiques*.

associé. Le point saillant est le point de départ, lorsque commence le développement de l'application (au sens du projet complet). Une fois l'application mise en production, nous pouvons distinguer trois types d'opérations :

- L'exploitation est l'ensemble des activités nécessaires pour que l'application fonctionne sur les serveurs du parc matériel. Cela contient à la fois des tâches de planification (certains applicatifs fonctionnent à certaines heures), de supervision, de réglage et de paramétrage.
- La maintenance technique et corrective, qui consiste à faire les petites évolutions nécessaires pour que l'application fonctionne correctement. La maintenance corrective sert à corriger les erreurs qui apparaissent durant la vie de l'application. La maintenance technique sert à maintenir l'adéquation entre l'application et son environnement logiciel, qui évolue forcément au cours des années[1].
- La « maintenance évolutive fonctionnelle » (MEF), qui représente l'ensemble des petites évolutions qui sont apportées à une application pour qu'elle continue d'assurer des services pertinents pour les directions métiers.

Notons que nous avons représenté de façon symbolique sur cette figure que le coût de la maintenance augmente avec l'âge en fonction de la vétusté (c'est le même argument que celui que nous avons produit sur la maintenance matérielle : plus le logiciel vieillit, plus sa base client diminue, ce qui augmente le coût de maintenance par client). Cette figure permet également de représenter la « fin de vie applicative », avec la construction d'une nouvelle version, la migration des données depuis l'ancienne application vers la nouvelle et le nettoyage applicatif, c'est-à-dire le « débranchement » de l'application du SI.

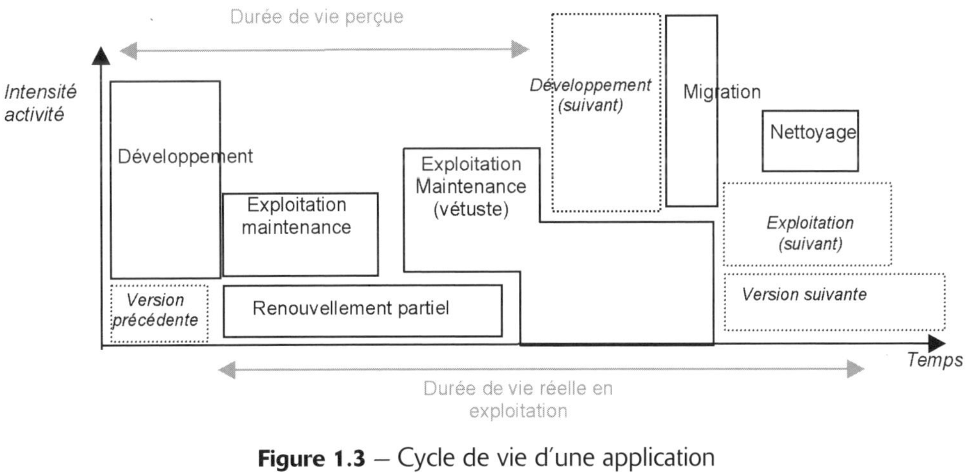

Figure 1.3 – Cycle de vie d'une application

1. L'environnement logiciel d'une application est l'ensemble des logiciels techniques installés sur la (ou les) machine(s) qui héberge l'application. On y retrouve le système d'exploitation, les logiciels de bases de données, et un ensemble d'outils de connexion applicative que l'on désigne souvent sous le nom de « middleware ».

Les coûts d'exploitation seront abordés plus en détail dans le chapitre 8. Nous reviendrons sur les unités d'œuvre associées aux coûts récurrents des services informatiques. Pour l'instant, et dans l'esprit des « macro-ratios » de ce chapitre, nous pouvons retenir le principe que l'exploitation d'une application coûte approximativement, chaque année, 15% du projet de développement applicatif (du coût complet, en incluant toutes les phases). Il s'agit véritablement d'un ordre de grandeur, qui est relativement pertinent dans le cas d'un développement propre (application spécifique), mais beaucoup moins pour un projet fondé sur un progiciel. Ce qui importe pour l'instant, et ce qu'il faut retenir, c'est que les coûts de production sont, au premier ordre, proportionnels à la taille du parc applicatif, qu'il soit spécifique ou non.

La maintenance est une activité à géométrie variable, selon que l'application est exploitée dans un environnement stable ou non. Cette stabilité est à la fois technique et fonctionnelle. Un environnement technique stable signifie que les composants ont un rythme de changement lent, ce qui dépend à la fois du rythme des versions et du caractère obligatoire de l'adoption d'une nouvelle version. L'environnement « *mainframe* » (le gros serveur IBM central des années 80) est réputé stable à juste titre. La stabilité fonctionnelle dépend à la fois du secteur d'activité, qui peut imposer un grand nombre d'ajustements permanents (réglementaires, par rapport à la concurrence, en fonction du volume du trafic client, ...), et de la culture d'entreprise. Pour continuer à fixer des ordres de grandeur, un chiffre moyen souvent constaté est un ratio de 10% pour la maintenance annuelle par rapport au projet initial. Cela correspond à une hypothèse moyenne, en particulier en ce qui concerne la stabilité fonctionnelle. Une application gérée de façon stricte sur un environnement stable peut se contenter de 5%, tandis qu'une application qui est soumise à un flux constant de demandes d'évolution peut consommer jusqu'à 20%.

Ce que nous pouvons néanmoins conclure est que l'ordre de grandeur des coûts récurrents d'un projet de développement applicatif est 25% (la somme des deux), ce qui signifie, comme le rapporte le cabinet KLC, qu'un projet de 400k€ coûte environ 1M€ sur 5 ans[1]. Contrairement à une idée répandue, la part mutualisable des coûts d'opération est faible et nous pouvons retenir que ces coûts sont, au premier ordre, proportionnels à la taille du parc applicatif (cf. chapitre 8).

1.4.3 L'évolution du parc applicatif

L'annexe contient un modèle des coûts du système d'information, ainsi que son application à l'entreprise MonEpargne.com. Le lecteur qui souhaite approfondir sa compréhension de l'analyse des coûts pourra facilement s'approprier cette modélisation pour l'appliquer à son propre contexte. Pour l'instant, nous allons nous contenter de comprendre le principe premier de ce modèle, qui est la caractérisation

1. Soit approximativement 100k€ par an pour l'exploitation et la maintenance. Ce ratio (coût sur 5 ans/ coût projet) est une amélioration par rapport au facteur 4 constaté par P. Keene en 1990, qui s'explique par les progrès technologiques (partie exploitation et surtout maintenance, évalué à 40% du coût complet dans « *Shaping the Future* »).

de l'évolution du parc applicatif. Nous utiliserons le terme « applicatif » comme abréviation de « système applicatif », qui correspond à un logiciel associé à une ou plusieurs applications.

Il ressort en effet de ce que nous avons vu jusque-là que le parc applicatif est le premier facteur de coût du SI, ce qui est parfaitement logique. En conséquence, pour prévoir les coûts il faut prévoir l'évolution de ce parc, et pour comprendre l'évolution des coûts, il faut pouvoir analyser l'évolution du parc applicatif. C'est d'autant plus important que, dans une entreprise qui possède une bonne « gouvernance du SI », le DSI n'est pas responsable de l'évolution du parc. Un DSI qui contrôle l'évolution du parc applicatif est rapidement vu comme un « tyran ». Par ailleurs, il n'est pas efficace car il ne connaît pas suffisamment les leviers qui font du SI un outil de transformation et de création de valeur pour l'entreprise.

L'analyse du parc applicatif que l'entreprise doit mener à bien va consister à comprendre l'évolution de la mesure du parc en points de fonction. Cette analyse est au cœur du modèle proposé en annexe. Les projets sont décomposés en quatre types :

- nouveautés : il s'agit d'ajouter un applicatif, donc une augmentation des points de fonction . Les projets « nouveaux » accroissent le périmètre informatique ; ils sont fréquents lorsque l'entreprise est en croissance, mais doivent être maîtrisés dans une entreprise stable.
- amélioration : il s'agit d'entretenir et d'améliorer un applicatif existant.
- refonte : il s'agit de remplacer un applicatif ancien par un neuf. Le nombre de points de fonction n'augmente pas (si la refonte est à « iso-périmètre ») mais le parc est « rajeuni ». Nous verrons par la suite[1] que l'âge moyen du parc est un facteur déterminant dans l'économie du SI.
- nettoyage : le projet est un projet de nettoyage applicatif, c'est-à-dire la suppression d'une application. Le non-nettoyage est l'une des causes principales de l'augmentation des coûts du SI, ce qui sera abordé en détail dans le chapitre 8.

L'analyse des évolutions de la répartition des projets selon ces catégories est utile pour la DSI car elle permet de prévoir de façon macroscopique l'évolution du parc applicatif.

Cette classification doit être partagée avec la direction de l'entreprise car l'allocation des ressources entre les différentes catégories est du ressort de la gouvernance d'entreprise et ne relève pas de la seule compétence du DSI[2]. Tous les projets ne sont pas égaux en termes d'impact sur l'évolution du parc, il est important que la DSI donne aux directions métiers les éléments d'analyse qui leur permettent de com-

1. Ce sujet est traité en détail dans le chapitre 8 (et dans le 7), ainsi que dans l'annexe du point de vue de la modélisation.
2. Par conséquent, le DSI ne peut pas porter seul la responsabilité d'un parc trop vieux, qui croît trop vite par rapport aux ressources de l'entreprise.

prendre l'évolution de leur parc. Sinon, il se produit ce qui se passe à MonEpargne.com, l'augmentation des coûts récurrents arrive un jour comme une « surprise ».

C'est l'expérience classique des jeunes entreprises, dont le parc applicatif croît rapidement. Par construction, la gouvernance informatique porte son attention sur les projets parce que :

- les nouveaux projets portent la stratégie de croissance,
- la part projet du budget informatique est importante par rapport aux coûts récurrents (c'est une conséquence mécanique, qui est expliquée dans le chapitre 8, et qui sera reprise en détail dans l'Annexe).

Lorsque l'entreprise atteint une phase de maturité et décide de ralentir son investissement en termes de projets, elle découvre que la partie « socle » de son budget informatique n'est pas compressible de la même façon, et que le parc qui a été construit représente une partie majoritaire de ses coûts informatiques[1].

De la même façon, le nettoyage applicatif est une responsabilité collective, qui est difficile à répartir, en termes d'enjeux, de ressources et de compétences. Le plus souvent, ceux qui savent ce qu'il faudrait faire n'ont pas les moyens d'action, ceux qui pourraient décider n'y ont pas intérêt (à court terme) et ceux qui pourraient faire sont sous contrainte de ressources. L'expérience permet d'affirmer que l'entreprise doit trouver un mécanisme de partage des responsabilités (risques et récompenses) entre les trois acteurs suivants qui sont les parties prenantes :

- celui qui bénéficie de nouveaux projets,
- celui qui exploite le système d'information,
- celui qui réalise les projets (de création ou de nettoyage).

Nous reviendrons sur les sujets de la gouvernance des projets et du nettoyage dans le chapitre 8.

1.5 LA RECHERCHE DE LA PRODUCTIVITÉ

1.5.1 Gains de productivité sur les développements

Nous allons terminer ce chapitre en construisant une première réponse pour Caroline Raissac sur le thème des gains de productivité dans le système d'information. Le sujet est complexe et c'est l'ensemble de ce livre qui constitue véritablement une réponse. Nous nous contenterons de cartographier les points les plus importants et d'indiquer les chapitres dans lesquels ils sont traités avec plus de détails. Pour ce

1. Les dépenses projets sont, dans leur majorité, « électives », c'est-à-dire qu'on peut les supprimer si besoin. Au contraire, la réduction des coûts récurrents est plus complexe et prend plus de temps : on ne peut pas, sauf exception, les supprimer par une simple décision de management.

premier survol, nous allons distinguer l'aspect projet, traité dans cette section, et l'aspect opérations, dans la section suivante. La décomposition peut ensuite être poursuivie en distinguant trois axes : la technologie, l'industrie et l'architecture.

Depuis que l'informatique existe, chaque année voit arriver des technologies qui promettent des gains spectaculaires de productivité[1]. Dans le passé, on a parlé de langages de programmation de haut niveau d'abstraction, d'intelligence artificielle, de conception assistée sous la forme d'assemblage graphique, de synthèse et de vérification automatique de programmes, etc. Aujourd'hui, la littérature parle de métaprogrammation, d'architecture de services, d'assemblage de composants, pour n'en citer que quelques-uns. Nous reviendrons sur ces technologies et leurs promesses dans le chapitre 9. Il existe bien un progrès, en termes de point de fonction par dollar et en termes de point de fonction par jour-homme, mais il est (très) lent. S'il fallait se risquer à donner un ordre de grandeur, fondé sur l'analyse comparative des chiffres de productivité de la fin des années 80 et de ceux qui peuvent être trouvés aujourd'hui, je dirais que nous avons gagné un facteur 2 en 20 ans[2]. Il s'agit ici de la productivité globale (sur le périmètre du projet), selon l'axe technique (en PF/ jour-homme). L'aspect économique est différent, car l'industrie informatique a considérablement évolué.

L'industrie du logiciel et de l'intégration de systèmes apporte des gains structurels de productivité en fonction des facteurs suivants :

- la mondialisation, qui permet de déplacer une partie de la production dans des pays où les coûts de main d'œuvre sont inférieurs. Cette délocalisation produit un avantage économique substantiel, lorsqu'elle est pertinente, en particulier pour des besoins stables. Nous y reviendrons dans le chapitre 9.
- La mutualisation des besoins, qui fait qu'émergent en continu des progiciels qui capitalisent sur les besoins communs des différentes entreprises. Les gains associés peuvent être importants au niveau d'un projet mais sont modérés au niveau de la moyenne de la DSI.
- La maturation et la professionnalisation des pratiques du développement, liées au développement d'outils. La formalisation et l'optimisation continue des processus de développement, en s'appuyant sur des référentiels normalisés[3], est une bonne pratique indispensable pour une DSI et ses fournisseurs.

1. Nous avons déjà fait référence à l'article « *No Silver Bullet : Essence and Accidents of Software* Engineering » de F. Brooks qui examine les difficultés intrinsèques en matière de productivité logicielle. On peut lire cet article dans *Software State-of-the-art* de T. DeMarco et T. Lister, qui contient une sélection des meilleurs articles de la fin des années 80.

2. Cette évaluation est un ratio moyen qui masque une grande variabilité suivant le type de problèmes à traiter. Nous verrons plus clair lorsque des résultats de benchmarking inter-entreprises seront publiés chaque année.

3. Le référentiel qui devient progressivement le standard de développement de projet informatique est CMMI (*Capability Maturity Model Integration*). Sur CMMI, lire la première partie du livre de M.B. Chrissis, M. Konrad et S. Shrum CMMI – *Guidelines for Process Integration and Product Improvement*. On trouve également de nombreuses ressources en ligne, dont celles du SEI (*Software Engineering Institute*).

Ces facteurs de productivité peuvent avoir des effets plus importants que les facteurs technologiques, mais leur mise en œuvre n'est pas simple et demande du discernement en termes de périmètre d'application.

Le troisième axe de progrès est l'architecture du système d'information, que nous distinguons du volet des technologies, car il s'agit de ce que l'on appelle une « architecture d'entreprise », un sujet qui mêle les technologies d'information, les processus métiers et l'« alignement stratégique » du système d'information. L'urbanisation est une stratégie de maîtrise de la complexité, pour que les coûts d'intégration d'une nouvelle application n'augmentent pas de façon irrémédiable au fur et à mesure que le SI grandit. C'est le plus souvent une stratégie défensive, appelée lorsque précisément la complexité est telle que l'intégration devient la part prédominante des projets informatiques. En conséquence, l'effet constaté n'est pas « un miracle de productivité » mais le retour dans une « zone de confort » où les coûts d'intégration sont proportionnels à la complexité fonctionnelle de l'application.

La conclusion que nous pouvons établir à cette étape de l'analyse est qu'il existe de façon incontestable des facteurs de productivité en matière de développement du système d'information, mais que ceux-ci ne sont pas forcément simples à déployer, et que les gains réalisés restent mesurés. On pourrait même ajouter qu'il faut se méfier des vendeurs de promesses ...

La partie visible de ces gains est d'autant plus modeste qu'une autre partie est consommée par trois tendances lourdes de l'informatique d'entreprise[1] :

- *L'augmentation des exigences*, en termes de disponibilité, de sécurité, d'ergonomie, etc., qui induit des solutions informatiques plus complexes à périmètre fonctionnel équivalent.
- *Les exigences d'interopérabilité*, que ce soit en interne ou vis-à-vis d'entreprises partenaires. L'informatique d'entreprise vit une double révolution depuis 20 ans. D'une part, son périmètre fonctionnel s'est accru avec des exigences de connexions inter-applicatives (par opposition aux informatiques départementales des années 70-80). D'autre part, la notion d'entreprise étendue est apparue, c'est-à-dire la nécessité de connecter les systèmes d'information des entreprises qui collaborent sur des processus.
- *L'abstraction des fonctions logicielles* pour maîtriser la complexité. La maîtrise de la complexité conduit à la création de logiciels « en couches » correspondant à des niveaux d'abstraction différents, et qui permettent de les faire évoluer

1. Ce phénomène est connu de façon classique, en prospective des technologies, sous le nom d'« effet rebond ». Par exemple, la diminution du chauffage par m^2 est annulée par l'augmentation des m^2, les progrès de consommation des voitures ont profité au développement de l'usage, et non aux économies, etc. En informatique, c'est la « course à la complexité » qui absorbe une partie des gains, par effet rebond.

sans avoir à les appréhender dans leur intégralité[1]. Ces méthodes permettent de maîtriser des applicatifs très riches et complexes, mais engendrent un surcoût (la taille réelle est supérieure à la taille utile).

Tout utilisateur de logiciel « grand public », tels que des outils de suite bureautique, aura remarqué que les ressources nécessaires pour faire tourner son application favorite (par exemple, de traitement de texte) augmentent de façon continue au cours des années, en grande partie à cause de ces trois raisons.

1.5.2 Gains sur les opérations

Les gains en matière de productivité sur les opérations peuvent également être analysés selon trois axes : la technologie, l'industrie et les processus. Le sujet des coûts récurrents de production des services (ce que nous avons appelé le « socle ») est essentiel : c'est souvent la part la plus importante du budget et c'est aussi la part la plus obscure pour les utilisateurs (par opposition aux projets). Ce sujet est traité en détail dans le chapitre 8. Dans un premier temps, nous pouvons traiter les grandes lignes pour compléter notre première prise de contact avec « les coûts du système d'information ».

Les progrès constants de la technologie permettent de concentrer le parc matériel à périmètre fonctionnel équivalent. Comme nous l'avons vu dans la section 1.3.3., « la loi de Moore n'est utile que si l'on s'en sert », c'est-à-dire si le budget nécessaire au renouvellement régulier des machines est investi. Cet investissement possède une bonne rentabilité, mais encore faut-il le faire, et la difficulté n'est pas que financière, les migrations sont complexes et prennent du temps. Le deuxième facteur clé de productivité lié à la technologie est l'automatisation[2]. La promesse de l'automatisation des opérations est aussi ancienne que celle de la génération automatique de code à partir des spécifications. Il faut également conserver une certaine dose de prudence, voire de cynisme, mais il est indéniable que les progrès existent, et sont constants au cours des années. L'automatisation est un sujet clé pour deux raisons : 60% des coûts des opérations sont liés à des activités humaines, selon des analyses faites par IBM. C'est donc le premier levier de réduction des coûts. Deuxièmement, une grande partie des erreurs qui provoquent des baisses de qualité de service sont liées à des interventions humaines, qui sont fastidieuses sur des systèmes d'information de grande taille, car répétitives. L'automatisation permet d'aug-

1. Cette notion de « couches » est difficile à appréhender pour un non-informaticien. L'analogie avec la géologie est, en fait, assez pertinente : une stratification selon l'âge, avec un dépôt successif de « fonctions ». Par exemple, il m'est arrivé d'analyser de façon précise le code d'un grand éditeur américain sur des fonctions classiques dont les performances me semblaient décevantes. L'analyse sous le « debogueur » montre plusieurs empilements de « couches » construites au cours des différentes évolutions du logiciel (depuis un premier noyau efficace jusqu'à des interfaces génériques et multiples. Ce concept de « sédimentation » sera introduit dans la section 2.4.1.

2. Sur le sujet de la nécessaire automatisation, il faut lire l'article *The Dawning of the Autonomic Computing Era* de A.G. Ganek et T.A. Corbi, que l'on trouve facilement sur Internet. Il contient quelques exemples et statistiques fournis par IBM auxquels nous ferons référence.

menter la qualité de service, ce qui a un effet direct sur les coûts d'opération (l'argument d'Armand Pujol – de MonEp – selon lequel la qualité diminue les coûts d'exploitation n'est pas sans fondement, il oublie simplement qu'il faut d'abord investir avant de toucher les bénéfices d'une augmentation de la qualité de service).

La démarche d'infogérance sur les opérations est une tendance lourde de l'industrie du système d'information. Une société qui se spécialise dans la gestion des opérations de production pour le compte de tiers bénéficie de plusieurs avantages d'un point de vue économique. La mutualisation lui permet de répartir les coûts des compétences, en particulier les compétences rares. Dans le cas d'une infogérance hors-site[1], la mutualisation peut s'appliquer aux ressources matérielles, qu'il s'agisse de serveurs (ce qui reste rare) ou d'infrastructures de servitude (par exemple, les outils de sauvegardes ou tout simplement l'équipement climatique et électrique). L'effet d'échelle permet d'investir en termes de technologie, qu'il s'agisse de supervision ou d'automatisation, et d'augmenter la productivité. Enfin, dans le cas d'une infogérance hors-site, il est possible de déplacer les opérations vers un pays à faible coût de main d'œuvre. En revanche, il ne faut pas attendre des miracles, ni des gains forts et constants. Le passage à l'infogérance crée un gain important, mais dont une partie est absorbée par la migration du contrôle, qui coûte également cher. Par la suite, l'infogérant est capable de démontrer des gains continus (au travers de plus de mutualisation, d'automatisation, etc.) mais ces gains sont difficiles et forcément modérés.

Le dernier facteur de gain de productivité est lié à la professionnalisation et à l'optimisation continue des processus d'exploitation. Cette optimisation s'appuie sur le référentiel ITIL[2] qui est le pendant de CMMI pour la réalisation de projets. Le processus d'optimisation continu des opérations est un actif stratégique pour une DSI, car l'exploitation n'est pas un périmètre statique, pour lequel il serait possible d'atteindre progressivement une performance asymptotique. Il s'agit d'un périmètre dynamique, avec des technologies et des architectures qui évoluent constamment. Il faut donc « réinventer » et optimiser sa façon de travailler en continu. En matière de processus, il existe un autre facteur très significatif, celui de l'efficacité des tests. Comme nous l'avons déjà dit, la non-qualité des applicatifs est une des causes importantes des coûts d'opération. Tout gain réalisé sur la pertinence du processus de test a un effet induit important sur les opérations. En revanche, le test informatique est un sujet complexe et difficile (cf. chapitre 7), il ne faut donc pas en attendre des gains de productivité spectaculaires ou très rapides.

La conclusion que nous pouvons tirer de façon provisoire, en attendant de revenir plus en détail sur ce sujet dans la dernière partie, est qu'il existe des facteurs signi-

1. La terminologie anglo-saxonne distingue le « *insourcing* » lorsque la prestation est faite sur le site et l'« *outsourcing* » dans le cas d'une externalisation hors site.

2. ITIL (*Information Technology Infrastructure Library*) est un référentiel de « bonnes pratiques » en termes de production informatique. D'origine anglaise, il est en passe de devenir un standard de fait. Pour se familiariser on peut lire le livre *IT Gouvernance* de F. Georgel ou se référer au site de l'itSMF (www.itsmf.fr). Une description plus approfondie se trouve dans *ITIL et la gestion des services*, de T. Chamfrault et C. Durand.

ficatifs de gains de productivité en termes d'opérations. C'est même précisément ce qui permet à une DSI de supporter une partie de la croissance de ses parcs applicatifs et matériels sans afficher des hausses de coûts (des hausses de prix si refacturation interne). Nous pouvons en déduire un principe de développement durable d'une DSI : la croissance des unités d'œuvre applicatives doit être compensée par les gains de productivité.

Pour conclure ce chapitre, il convient de rappeler que le premier facteur de la maîtrise des coûts informatiques[1] est la bonne gouvernance du système d'information. Même s'il ne s'agit pas de gains de productivité, l'expérience montre que le premier facteur d'efficacité économique est la réduction des unités d'œuvre.

1.6 RÉSUMÉ

Nous allons, à la fin de chaque chapitre, fournir un résumé sous la forme d'une liste des idées principales qui ont été développées.

– La DSI ne peut pas et ne doit pas être le seul responsable de l'évolution du parc applicatif. Une informatique dont les coûts dérapent est le plus souvent une informatique mal pilotée, c'est-à-dire dont la gouvernance d'entreprise ne remplit pas son rôle. La responsabilité patrimoniale du système d'information repose sur l'ensemble des directions de l'entreprise, comme le rappelle la présidente de MonEpargne.com (1.3.1 ct 1.4.3).

– Il est fondamental de mesurer le parc applicatif, de façon régulière, objective et partagée. Cette mesure doit s'appuyer sur la notion de point de fonction, qui permet de s'affranchir des technologies et de faire des comparaisons, dans le temps et d'une entreprise à l'autre (1.3.2).

– Le système d'information est un « organisme vivant » qui subit des ajouts et des retraits de façon constante. Seule une analyse historique qui s'appuie sur la traçabilité des évolutions permet de comprendre le présent et de prévoir les évolutions futures. Il est impossible de faire un diagnostic sans connaître l'histoire d'un système d'information (1.3.2 et 1.3.3).

– Il faut mesurer la puissance du parc matériel (les serveurs) en TPM-C (transaction par minute de type C), qui est une unité métier dans le monde de l'informatique de gestion (1.3.3).

– Il faut mesurer, comprendre et surveiller l'âge moyen des ressources informatiques, matérielles et logicielles (1.3.3).

☞

1. Pour prolonger la lecture sur la réduction des coûts, lire *Comment réduire vos coûts informatiques* d'O. Brongniart.

☞

– Le coût de développement applicatif en points de fonction est une métrique utile à l'échelle d'une DSI, parce que les variations individuelles d'un projet à l'autre sont amorties sur l'ensemble du parc (1.4.1).

– Les coûts récurrents représentent 25% des coûts de réalisation d'un projet applicatif. Cet ordre de grandeur approché permet de comprendre implicitement que les coûts récurrents d'une DSI sont proportionnels à la taille du parc applicatif (1.4.2).

– Le premier levier de réduction des coûts d'une DSI est la suppression des applicatifs faiblement utiles. Le nettoyage applicatif est une responsabilité partagée dans l'entreprise (1.4.3).

– L'informatique consomme une partie des gains de productivité qu'elle engendre. Cela se traduit par des gains « non fonctionnels » (en termes d'ergonomie, d'interopérabilité, de gestion) mais qui ont un impact réel (1.5.1).

– Le développement durable du système d'information consiste à piloter l'accroissement du parc applicatif de telle sorte que les coûts complets, en tenant compte des gains de productivité, évoluent en harmonie avec les fondamentaux économiques de l'entreprise (par exemple, pour conserver un ratio « dépenses informatiques / chiffre d'affaire » constant) (1.5.2).

Pour faciliter la lecture des « épisodes suivants », voici l'organigramme simplifié de MonEpargne.com.

Laurence de V.	*Présidente*
— Ludovic Niège	*Finances*
— Ravi Mutatsuru	*Marketing & Relation client*
— — Julie Tavelle	*Relation client*
— — Nicholas Spencer	*Étude & Connaissance client*
— Antoine Viener	*Stratégie*
— Armand Pujol	*Business Development*
— Paul Bellon	*Opérations et Qualité*
— Caroline Raissac	*Systèmes d'Information*
— — Gilles Kupper	*Études Informatiques*
— Noémie Lagourd	*Ressources Humaines*

Figure 1.4 – Organigramme de MonEp

2

Le système d'information produit-il de la valeur ?

2.1 ILLUSTRATION : « LA VALEUR DU SOCLE »

« Connaissez-vous le livre de Nicholas Carr, *Does IT Matter* ? Un de mes amis me l'a offert pendant les vacances de Noël et je l'ai lu ce week-end. Il est très intéressant, surtout après notre débat lors du dernier comité exécutif. J'ai demandé à mon assistante de vous en faire parvenir une copie pour que nous puissions débattre de son applicabilité à MonEp. Il soutient que le plus grand risque en matière d'informatique, c'est de trop dépenser, une idée qui m'a paru particulièrement incisive ».

Ce mail de Laurence de V. ne surprend pas Caroline Raissac, assise devant son bureau pour son exercice matinal de lecture des e-mails. Le nom de Nicholas Carr est célèbre dans la profession informatique depuis la parution de son article dans la *Harvard Business Review*. Caroline n'a pas encore lu le livre, mais elle a conservé la copie de l'article sur lequel elle a ajouté ses notes personnelles, son point de vue de DSI. Cette confrontation, il faut bien appeler les choses par leur nom et Caroline n'est pas naïve, ne lui déplaît pas, cela sera l'occasion de revenir sur des points essentiels du débat précédent, et l'argumentation de N. Carr peut également lui fournir des points d'appui. Caroline reprend la lecture du mail de la présidente.

« Je voudrais avoir une réunion franche et constructive, donc en petit comité. J'ai demandé à Antoine de l'organiser la semaine prochaine, en y conviant également Ludovic, puisqu'il s'agit de mieux piloter les dépenses et Noémie Lagourd, au cas où nous devrions parler sérieusement d'*outsourcing*. » Cette référence au nom de famille de la DRH fait remarquer à Caroline qu'elle n'est pas la seule à avoir des difficultés de communication personnelle avec Noémie.

Mardi soir, 17 heures. Les cinq protagonistes sont tous installés dans la petite salle de conférence qui jouxte le bureau de la présidente. Caroline se sent prête, elle a placé des petits *post-it* sur les pages importantes, et elle a demandé à Gilles Kupper, le directeur des études informatiques, de lui faire une synthèse des principaux projets informatiques depuis cinq ans. À cause de la température estivale, elle est habillée avec des vêtements amples. Elle n'aime pas de toutes façons les regards sur son corps lorsqu'elle est sous stress – elle préfère le « *dress to fight* » au « *dress to kill* » de Julie Tavelle, la séduisante directrice de la relation client. Noémie Lagourd est habillée en noir, comme à son habitude, dans des vêtements trop serrés qui mettent ses formes généreuses en valeur.

Laurence introduit la réunion sans préambule, avec le style direct qui lui est propre.

« Vous avez lu ce livre. Le postulat de départ est une analyse économique incontestable. L'industrie informatique est devenue mature, la technologie se banalise et devient une « *commodity* ». Ce qui était un facteur de différentiation est devenu une « figure imposée » du pilotage d'une entreprise moderne, et la plupart des entreprises utilisent les mêmes solutions informatiques pour accomplir les mêmes fonctions. Les questions qui nous sont posées par Carr sont : comment éviter de sur-dépenser ? comment adopter une posture de suiveur et éviter les mirages technologiques ? comment exploiter cette « commoditisation » de l'informatique ? Antoine, avez-vous eu le temps d'y réfléchir ? »

Une question purement rhétorique, pense Antoine, le directeur de la stratégie, qui prend la parole après avoir distribué quatre copies d'un court mémo de deux pages.

« Ce qui me semble particulièrement intéressant dans ce livre – Caroline semble avoir détecté un sourire ironique sur les lèvres du directeur financier – c'est qu'il donne une ligne de conduite pour diviser par deux les coûts du « *legacy* » de MonEp. Le *legacy*, il se tourne vers Noémie, c'est la partie du système d'information déjà construite qui fonctionne très bien … la plupart du temps. Ce *legacy* nous coûte 20M€ par an, ce qui est quand même énorme, et un plan de réduction de 50% aurait un impact significatif sur les résultats. Il faut bien sûr réduire les évolutions au minimum, avec l'accord du marketing, migrer sur des architectures plus simples, utiliser des serveurs à base Intel, et renégocier notre contrat d'infogérance en les mettant en compétition avec une infogérance en Europe de l'Est.

– Cette simplification doit-elle se faire à qualité de service constante ? demande Caroline.

– On peut se donner un peu de marge, intervient Noémie Lagourd, et accepter une légère baisse, si cela permet de gagner 10M€. De toutes façons, les utilisateurs sont habitués. Caroline se raidit en entendant cette petite pique.

– Merci Noémie, je ne suis pas vraiment sûre que vous réalisiez les impacts qu'aurait un programme de « gel du socle » sur les directions métiers. Une partie importante de nos applications a besoin de suivre les attentes du public, et pas seulement pour maintenir le catalogue des offres à jour. Une dégradation de la qualité de service sur le portail peut coûter beaucoup plus cher que les gains apportés par la standardisation et la simplification des serveurs. Mais ce n'est pas le point essentiel. J'ai repris les 15 projets les plus importants depuis 5 ans, qui représentent aujourd'hui 60% des 20M€ dont parle Antoine, si j'en crois l'analyse des ROI que vous aviez fournis et validés avec Ludovic, et ces projets rapportent plus de 25M€ par an. Ces 20M€ ne sont pas un « boulet » – la moue de Caroline lorsqu'elle prononce ce mot trahit son ressentiment -, mais un patrimoine générateur de revenus.

– Le problème, Ludovic prend la parole, c'est que les hypothèses commerciales sur lesquelles sont construits les ROI ne sont pas suivies au cours du temps. Certains produits ne sont plus tellement utiles aujourd'hui.

– Il y a même des applications que les collaborateurs ne veulent pas utiliser, comme par exemple cet Intranet, où chacun devait enregistrer les ordres du jour et les comptes rendus des réunions, rajoute Noémie.

– Je suis parfaitement d'accord avec vous, conclut Caroline avec le sourire, la première chose à faire est de simplifier notre parc applicatif en faisant une analyse de la valeur. Le fond du sujet, Caroline se tourne vers Laurence de V., c'est que Nicholas Carr a raison en termes de technologies : les technologies informatiques se standardisent et s'uniformisent. Mais il va trop vite en besogne en termes de systèmes. La construction d'un système d'information aligné avec les objectifs opérationnels d'une entreprise n'est pas une discipline industrielle et mature, une prestation qu'on peut acheter sur un catalogue.

– Pourtant Nicholas Carr insiste sur le fait que même le logiciel devient une commodité, avec la prédominance des grands progiciels ; voire un service que l'on peut louer, avec des interfaces standardisées grâce aux « Web Services » – l'anglais impeccable de Laurence fait toujours l'admiration de Caroline.

– L'intégration applicative, même avec des technologies modernes et standardisées, reste un sujet difficile dès qu'il y a un grand nombre de clients exigeants. Si vous regardez les projets qui échouent et dont on parle dans la presse, ils utilisent les mêmes outils et les mêmes technologies que les projets dont nous sommes les plus fiers. Ce qui fait la réussite d'un projet aujourd'hui, ce sont les hommes, cela reste encore une question de compétences. Caroline se redresse sur sa chaise et réajuste mécaniquement son chemisier. Elle ne supporte pas l'idée d'un moindre pli pour pouvoir affronter sereinement le regard de sa présidente.

– Que pensez-vous de l'argument, page 120, comme quoi l'évolution vers une informatique dirigée par les coûts va nous permettre de faire des économies en achetant de façon plus efficace ? Caroline voit qu'Antoine est également un adepte du post-it.

– En matière de système d'information, l'achat n'est pas dirigé par les coûts. Lorsqu'on entreprend un projet informatique, on achète de la création de valeur par la transformation. Certains de nos projets ont des taux de rentabilité très élevés. Cette rentabilité est atteinte grâce à des caractéristiques subtiles d'ergonomie, de flexibilité ou d'exploitabilité, qui vont permettre l'appropriation et l'intégration dans les processus métiers. Ce ne sont pas les caractéristiques d'un marché de « commodité ».

– Caroline, tu ne crois pas que tu exagères dans ton opposition systématique ? Noémie Lagourd vient de se projeter dans la discussion avec sa posture de psychanalyste sur un plateau de télévision.

– Je ne suis pas en opposition systématique, Caroline a du mal à ne pas laisser percer son agacement vis-à-vis de Noémie, il y a beaucoup de choses très justes dans ce livre. Par exemple, page 130, il est conseillé de s'intéresser plus à la sécurisation du *legacy* qu'aux opportunités associées aux nouveaux projets. C'est exactement ce que je souhaite que nous fassions en maximisant la valeur de notre « socle », en termes de fiabilité et de sécurité. Le bon fonctionnement de ce qui existe peut créer plus de valeur qu'un nouveau projet, même si c'est moins excitant. Qui plus est, page 133, Carr insiste sur l'importance d'attirer et de fidéliser les meilleurs talents. Je ne suis donc pas la seule à penser qu'en matière de système d'information, la compétence reste une valeur clé.

– Cette discussion est très intéressante, Laurence de V. a repris le contrôle de la réunion. Je remercie Caroline pour la pertinence de ses analyses ; c'est visiblement le fruit d'une bonne préparation. Je trouve néanmoins que nous restons trop théoriques, il nous faudrait quelques points plus concrets. Je demande donc à Antoine de travailler avec Caroline et de reprendre contact avec la société *HeadStart* pour effectuer un *benchmarking* des coûts informatiques par rapport à nos concurrents. Faites quelque chose de simple, pour que nous puissions en discuter à la rentrée, au moment des budgets ».

« À chaque jour suffit sa peine, pense Caroline, j'ai gagné une bataille mais pas la guerre ». L'idée de travailler pendant la période des vacances avec Antoine et ses collaborateurs ne l'enchante pas, mais elle se dit qu'elle va déléguer le sujet à Gilles Kupper.

2.2 COMMENTAIRE

L'introduction du livre de N. Carr est un prétexte, la question centrale du débat est celui de la valeur créée par le « socle » des services informatiques. Dans de nombreuses entreprises, l'intérêt de tous se concentre sur ce qui est nouveau, sur les nouveaux projets. S'il est déjà difficile de construire un dossier de retour sur investissement pour un projet (le fameux ROI), il est encore plus complexe de piloter de façon continue la valeur produite par les applications informatiques.

La question de la création de valeur est également une « question classique » du management du système d'information. C'est une question duale de la question du chapitre précédent, il n'est pas possible de se poser la question des coûts sans se poser celle de la création de valeur. Cette question est une question « à tiroirs » :

- Qu'est-ce que la création de valeur ? la valeur représente-t-elle le présent ou le futur ? avec quelle méthode de dépréciation liée à l'incertitude ? Comment tenir compte de la « valeur immatérielle », qu'il s'agisse de marque, de réputation, de capital humain ? Ce sujet à lui tout seul a fait l'objet de nombreux ouvrages. Nous allons en parler brièvement dans la section suivante.

- Comment mesure-t-on cette création de valeur ? au niveau de l'entreprise ? pour une fonction déterminée ? pour un projet ? La mesure associée à un projet est « simple » dans le sens où il est possible de faire la différence entre deux scénarios virtuels : avec ou sans le projet. La répartition entre des processus ou des rôles dans l'entreprise est beaucoup plus difficile.
- Comment identifier la contribution du système d'information ? Il est d'usage de calculer un ROI en attribuant les bénéfices du projet au développement informatique, en s'appuyant sur le « business case », mais la réalité est forcément plus complexe. Il y a de multiples facteurs non-informatiques qui participent au succès du projet.

La thèse que nous allons défendre dans ce chapitre est qu'il faut accepter la nature subjective et difficile de cet exercice : l'attribution de valeur est un acte de management, tout comme l'est la validation d'un *business plan*. Nous retrouvons ici une idée fréquemment énoncée dans la littérature « *business* »: le rôle du management est de prendre des décisions sur des questions impossibles à résoudre[1]. Cette approche permet d'éviter les méthodes analytiques paradoxales, dans lesquelles la partie simple de l'analyse est développée à l'excès et la partie complexe est simplement laissée de côté. Si l'aspect subjectif est accepté, l'analyse de la valeur est une méthode d'aide à la réflexion et la décision, ce n'est plus un but en soi.

L'analyse que Caroline Raissac propose sur la création de valeur au travers d'un projet informatique est intéressante car elle montre qu'il n'y a pas d'aspects mécaniques ou linéaires : il est possible de créer beaucoup de valeur avec des petits projets bien adaptés et peu avec des grands projets mal déployés ou mal utilisés. Le livre de N. Carr est construit à partir d'une observation statistique connue sous le nom de *paradoxe de Solow* : il n'y a pas de corrélation entre l'investissement informatique (en proportion des revenus) et les gains de productivité[2]. La conséquence suggérée de cette absence de corrélation est que l'informatique ne participe pas aux gains de productivité. Cette thèse a été démontée par de nombreux auteurs, mais nous pourrions prendre le contre-pied et observer que ces statistiques montrent simplement qu'il ne suffit pas de dépenser en informatique pour créer de la valeur, et que précisément, comme l'explique Caroline, ce n'est pas un marché de « *commodity* ».

1. Et que l'on retrouve bien avant dans les ouvrages sur la théorie de l'action politique. Par exemple, Carl Schmidt, écrit en ouverture de son livre *Théologie Politique* (1922), « est souverain celui qui décide de l'état d'exception », et donc, celui qui décide que les règles habituelles ne suffisent plus.
2. Une liste des références sur le paradoxe de Robert Solow (postulé en 1987) serait trop longue à établir. Comme introduction, je recommande le chapitre 1 du livre *Mirages et miracles des technologies de l'information* de F. Meston, H. Nora et P. Rosé (cf. p. 43). Pour un développement plus complet, lire *The trouble with computers* de T. Landauer, ainsi, bien sûr, que le livre de N. Carr. La réfutation la plus brillante que je connaisse de la thèse de la « *commodity IT* » se trouve dans le livre (p. 52) de P. Keene, *Shaping the Future*, qui a été publié 10 ans avant le premier article de N. Carr.

La première question que nous allons approfondir porte sur la nature de la création de valeur. Nous allons faire un tour d'horizon de différentes approches et montrer pourquoi la simplicité est une vertu en matière d'analyse économique du système d'information. Plutôt que de voir l'exercice du ROI comme une démonstration comptable de l'intérêt économique d'un projet, nous allons le voir comme un contrat entre trois parties : la DSI, la DG et la direction opérationnelle (métier). Sous cette perspective, les contrats les plus faciles à faire vivre sont les plus simples.

Nous allons ensuite, dans la section 2.4, nous tourner vers la proposition faite par Caroline Raissac d'utiliser ce pilotage de la valeur pour gérer le patrimoine applicatif. Comme ce pilotage est fait à partir des données élémentaires des contrats projets, nous nous intéresserons à certains aspects de la valeur immatérielle du SI dans la section 2.5.

2.3 ANALYSE DES PROJETS ET CRÉATION DE VALEUR

2.3.1 Quelle valeur ?

Cette première section va tenter de décortiquer le sujet de « haut-en-bas » (top-down), pour poser le problème et établir le plan de ce chapitre. La première distinction est la séparation entre la valeur marginale/incrémentale et la valeur globale :

- La valeur incrémentale est la valeur que nous pouvons associer à la modification du système d'information, autrement dit à un projet. L'aspect incrémental simplifie l'analyse puisque nous pouvons faire la différence entre avant et après.
- La valeur globale est celle qui est associée à l'ensemble du système d'information, c'est-à-dire la valeur produite par les services informatiques.

Le deuxième axe d'investigation est la séparation entre valeur financière et valeur immatérielle.

- La valeur financière est ce qui est mesurable par le contrôle de gestion de l'entreprise, qu'il s'agisse d'un accroissement des revenus ou de réduction des dépenses. La valeur financière est déduite des « hypothèses financières » du projet, c'est-à-dire la liste des gains (positifs et négatifs) qui sont prévus pour chaque période de temps.
- La valeur immatérielle est, par opposition, ce qui ne participe pas à la valeur nette comptable[1] mais qui contribue néanmoins à la « valeur de marché de

1. Pour approfondir le sujet de l'analyse de la valeur et son application à l'informatique, lire le livre de J. Michel *Pratique du Management de l'information : Analyse de la valeur et résolution de problèmes*. Sur la notion de valeur immatérielle par rapport à la valeur « financière », voir le livre de A. Fustec & B. Ghenassia *Votre informatique est-elle rentable ?*. Pour approfondir le sujet de la valeur immatérielle du « capital intellectuel », lire le livre de A. Bounfour *Intellectual Capital for Communities*.

l'entreprise ». C'est ce qui est appelé communément le « *goodwill* ». Dans cette catégorie, se trouvent la valorisation du capital humain de l'entreprise, la valorisation de l'image de l'entreprise et de la satisfaction de ses clients, etc. Cette séparation n'est pas une séparation claire et indiscutable : il est souvent possible de mettre une évaluation financière sur un actif immatériel, mais les méthodes proposées sont, par contre, discutables.

De nombreux livres ont été consacrés à la mesure de la valeur financière associée à un projet. Notre thèse, qui sera développée dans la section suivante, est que ce n'est pas le sujet central de la valorisation du SI. De manière très simplifiée, il est possible de distinguer les méthodes suivantes, par degré de sophistication :

- Le calcul du « *pay-back* », c'est-à-dire le moment où les gains cumulés dépassent les dépenses cumulées.
- Le calcul du ROI, du retour sur investissement, qui se fait sur une période donnée, et synthétise l'ensemble des gains par rapport aux dépenses en tant que taux de rentabilité de l'argent investi sur cette période.
- Le ROCE (*Return on Capital Employed)*, rentabilité économique en français, évalue la rentabilité du projet en tant que fraction du résultat d'exploitation du projet par rapport aux capitaux employés pour le projet. Le calcul du ROCE traite différemment les dépenses (OPEX) et les investissements (CAPEX) et est donc plus sophistiqué que celui du ROI.
- La VAN (Valeur Actuelle Nette)[1] ou DCF (*Discounted Cash Flow*), consiste à introduire le coût du capital sous forme de dépréciation qui est appliquée à la série temporelle des gains du compte d'exploitation du projet.
- L'EVA (*Economic Value Added*), est obtenue à partir du ROCE en prenant en compte le coût du capital pour l'entreprise (WACC : *Weighted Average Cost of Capital*)

Il n'est pas nécessaire d'utiliser des méthodes sophistiquées pour progresser sur le sujet de la création de valeur, l'utilisation du « ROI » est largement suffisante[2]. Il est parfaitement acceptable de laisser le sujet du coût du capital et du seuil de rentabilité cible des projets à la direction financière de l'entreprise. Nous allons revenir sur le sujet du ROI dans le chapitre 9, mais pour résumer, nous dirons que le minimum nécessaire contient :

1. Voir l'excellent ouvrage de Jean-Louis Peaucelle, *Informatique rentable et mesure des gains* , au chapitre 4. Sur le ROCE et l'EVA, voir le livre de A. Fustec et B. Ghenassia de la note précédente.

2. Cela ne signifie pas que les entreprises qui pratiquent le calcul des ROCE, DCF ou des EVA ont tort : ces méthodes sont en effet plus précises et plus pertinentes. Cela signifie qu'il ne faut pas se tromper de cible, l'enjeu est beaucoup plus dans le suivi et le partage des hypothèses du « business plan » que dans le degré de précision du dossier. En particulier, il ne faut pas faire de la mesure de la valeur un dogme hermétique et imposer un vocabulaire et des concepts trop abstraits. Comme nous le verrons dans la section 2.4, l'enjeu principal est de construire un contrat entre les parties prenantes, ce qui suppose une véritable appropriation.

- L'établissement du compte d'exploitation du projet sur cinq ans. Il faut travailler sur un horizon de temps suffisamment long pour se poser les bonnes questions en termes de pérennité, de remplacement, de nettoyage.
- L'analyse et l'objectivation des coûts complets, sous forme d'unités d'œuvre (nous y reviendrons).
- Le calcul du ROI sur trois ans (la pratique du *payback* n'est pas suffisante), avec une qualification du niveau d'incertitude (le risque du projet). Sauf exception, un projet qui n'est pas rentable en trois ans doit être ignoré.

La mesure de la valeur « immatérielle » doit être faite de façon séparée[1]. Nous allons traiter ce sujet dans la section 2.5. L'analyse de cette valeur fait partie du dossier d'engagement d'un projet, mais son appréciation est un acte de management, pas le résultat d'un tri sur un tableur[2].

Nous pouvons maintenant revenir sur la question de la valeur globale. En première approximation, il existe une réponse simple : la valeur d'un socle informatique est la somme des valeurs créées par les projets qui ont servi à le constituer. Il y a deux limites à cette méthode :

- Les conditions métiers changent en permanence et les hypothèses financières qui ont permis d'établir les ROI des projets doivent être revues. C'est précisément le sujet de la discussion entre Ludovic Niège et Caroline Raissac. Nous allons l'aborder dans la section 2.3.3
- Un système d'information n'est pas une somme de projets : l'accumulation des transformations produit des mutations qui compliquent la traçabilité entre les services (qui produisent les gains) et les applicatifs (qui engendrent les coûts).

Néanmoins, construire l'analyse de la valeur du SI à partir des dossiers d'engagement des projets a l'immense mérite de partir de données partagées et connues de tous.

2.3.2 Les différentes approches et leurs limites

Une petite recherche bibliographique sur le sujet de l'analyse de la valeur du système d'information va produire de nombreuses méthodes ... et de nombreuses controverses. Alan Fustec et Bruno Ghenassia parlent à juste titre de « positions religieuses »[3]. Face au courant des méthodes analytiques complexes, un courant non

1. La même remarque s'applique : il existe de nombreuses méthodes sophistiquées pour ré-introduire la partie immatérielle dans l'équation financière, mais leur complexité est contraire à l'objectif de partage et de transparence.
2. Il y a ici un message subliminal : attention aux méthodes qui remplacent la réflexion par l'utilisation mécaniques de critères. Ce message est développé avec talent dans un article en ligne de E. Monnoyer et P. Wilmott *What IT Leaders do – Companies that rely on IT gouvernance systems alone will come up short* (The McKinsey Quarterly, August 2005).
3. L'introduction de leur livre pose la question de la rentabilité de l'investissement informatique en distinguant les croyants, les athées et les agnostiques. Cette utilisation du vocabulaire de la sphère du « religieux » peut surprendre, mais elle illustre l'importance de la croyance (et de son pendant, le doute) dans un domaine aussi complexe en termes d'analyse.

moins fort de sceptiques existe, qui déclarent que l'analyse de la valeur du SI est une voie sans issue. Comme nous l'avons dit en introduction, l'analyse de la valeur est un sujet très complexe si des mesures précises et indiscutables sont souhaitées, et cela indépendamment de la notion de système d'information. Mon opinion personnelle est qu'il est vain de chercher une méthode de pilotage (prise de décision) dans l'analyse de la valeur créée par le système d'information, et qu'il s'agit avant tout d'un outil d'aide à la réflexion. Parmi les méthodes qui sont proposées aujourd'hui, il est possible de distinguer quatre familles:

1. L'analyse de la valeur de marché de la DSI : comment mesurer de façon objective la valeur créée par la DSI par rapport au marché de la prestation en système d'information[1]. Le principe est de comparer l'activité de la DSI à celle d'une SSII virtuelle, dont la capacité de création de valeur est établie de façon statistique. Cet étalonnage s'effectue à partir d'indices de performance et de maturité, en s'appuyant sur des référentiels de type COBIT/CMMI/ITIL. Il s'agit d'une approche très intéressante, mais qui relève plus du *benchmarking*, dont nous parlerons dans le chapitre prochain, que dans la mesure de création de valeur propre au système d'information. En effet, il est possible de créer beaucoup de valeur avec des projets informatiques réalisés de façon exécrable en termes de maturité, tandis que des projets exemplaires, du point de vue de leur réalisation, peuvent s'avérer inutiles.
2. Les méthodes « financières » qui s'appuient sur le patrimoine des analyses de valeur d'entreprise pour étendre les méthodes d'évaluation de projet. Elles font appel aux concepts préalablement cités de ROCE, DCF ou EVA. Elles s'appuient également sur des techniques de valorisation du risque (en particulier dans des méthodes de gestion de portefeuille de projets). Il peut s'agir d'un risque positif : le projet repose sur des gains qualifiés par des probabilités de succès ou le projet permet d'éliminer des risques, faibles, de sinistres conduisant à des pertes. Le risque peut également être négatif, comme par exemple l'augmentation de la probabilité d'une perte ou la diminution de la valeur attendue d'un revenu.
3. Les méthodes de *scoring* de projet, qui cherchent à réintroduire des éléments « immatériels » pour ajouter une dimension « stratégique » à l'analyse purement « comptable ». Ces méthodes sont toutes basées sur des questionnaires, avec un jeu subtil de coefficient et d'évaluation qualitative[2]. Le reproche évident qui est fait par les pragmatiques à ce type de méthode est leur subjectivité (rien ne démontre la stabilité ou l'universalité du choix des critères ou des coefficients).

1. Cette méthode fait partie des méthodes appliquées par un groupe de travail du CIGREF, sous la conduite d'A. Bounfour (méthode IC-dVal). Voir, par exemple, son article « *The IC-dVal approach* » dans le « *Journal of Intellectual Capital* », vol. 4, n. 3, 2003, ou le chapitre 7 du livre précédemment cité.
2. cf. le chapitre 3 du livre d'A. Fustec & B. Ghenassia.

4. L'analyse de valeur par processus, en calculant la contribution informatique à la chaîne de valeur. Cette approche est directement inspirée des concepts introduits par M. Porter[1] : la chaîne de valeur reconstruit l'entreprise à partir de son (ses) client(s) et de la façon dont on lui apporte de la valeur. Les processus de l'entreprise sont les « brins » de cette chaîne de valeur. L'analyse de la valeur consiste à décortiquer le processus étape par étape, et à assigner une partie de la valeur globale à chaque étape. Ce travail est difficile, et souvent subjectif, surtout si l'on cherche à attribuer en même temps une contribution du système d'information. La méthode la plus couramment utilisée est l'approche par scénarios « *what-if* » (que se passerait-il sans cette étape, sans ce système d'information, etc. ?). Il est possible d'attribuer un ordre de grandeur de la valeur produite, processus par processus, par le système d'information, mais cette évaluation ne peut être qu'un élément de réflexion, elle est difficile à justifier de façon indiscutable.

La plupart de ces approches restent des approches « théoriques »[2]. Pour sortir du débat « religieux », il me semble important de distinguer deux niveaux d'analyse :

- L'analyse partagée dans l'entreprise, qui est forcément construite sur une méthode simple, claire et mesurable. C'est pour cela que je préconise le « simple suivi » des ROI des projets.
- L'aide à la décision d'un des acteurs (par exemple, la DSI ou la Direction financière), qui est une démarche de spécialiste. Chacun est libre de choisir la méthode de son choix en comprenant que, par construction, c'est la démarche qui importe et non le résultat.

Ce dernier point est très important : dès lors qu'une méthode complexe est choisie, il est illusoire de souhaiter convaincre les autres acteurs à partir des résultats produits par la méthode. Ce qui compte, ce n'est pas la destination (les résultats) mais le voyage (la démarche) et les questions qu'elle amène à se poser. Pour résumer, l'analyse globale de la valeur du système d'information est un outil pour réfléchir.

2.3.3 Le suivi dynamique des ROI

Dans chaque entreprise, comme c'est le cas de MonEp, les conditions d'utilisation et d'application des logiciels mis en place par les projets informatiques évoluent. Les paramètres économiques du projet (taux d'utilisation, montant moyen des transac-

1. M. Porter est le père du concept de « chaîne de valeur ». Son livre *Competitive Strategy : Techniques for Analyzing Industries and Competitors* est la référence du domaine. Sur la pratique de l'analyse de la valeur, on peut se référer au livre de J. Michel précédemment cité. Pour un lecteur qui souhaite passer de la théorie à la pratique de la mesure de la valeur, je recommande *Design for Six Sigma for Service* de Kai Yang, en particulier les chapitre 3 et 7.
2. Pour un aperçu d'une partie des travaux théoriques sur le sujet de l'évaluation du SI, lire *Evaluation des Systèmes d'Information* de H. Kéfi et M. Kalika. Le chapitre 3 propose, pour les lecteurs spécialistes, plusieurs formalisations de la performance fondées sur la satisfaction des utilisateurs.

tions, durée moyenne des traitements, etc.) changent au cours du temps. De la même façon, les conditions d'utilisation changent, certains applicatifs tombent en désuétude. Il se peut aussi que certaines prévisions métiers ne se réalisent pas, soit parce que les opérationnels ont été trop optimistes, soit parce que le marché a évolué.

La nécessité de « suivre les ROI » est souvent associée à l'amélioration continue du processus d'engagement des projets. Nous y reviendrons dans le chapitre 9 : l'idée simple est que la qualité des prévisions s'améliore en faisant régulièrement des confrontations avec la réalité. Même s'il s'agit d'un bon objectif, il me semble secondaire par rapport à celui de piloter le patrimoine applicatif avec efficacité. Même dans une entreprise dans laquelle les dossiers d'engagement sont minutieusement calibrés, les conditions d'utilisation évoluent rapidement par rapport au cycle de vie d'une application.

Le suivi (ou pilotage long terme) consiste à réévaluer à période fixe (par exemple, tous les ans) :

- les gains ou économies anticipées sont-ils présents ?
- les hypothèses de fonctionnement du processus métier associé sont-elles validées ? (Les bénéfices peuvent continuer à exister, mais pour des raisons différentes de celles anticipées)
- le taux d'utilisation des applications : sont-elles utilisées comme cela était prévu ?
- la qualité de service est-elle conforme aux hypothèses du projet ?
- les coûts de fonctionnement sont-ils en ligne avec les prévisions ?

Pour que le ROI puisse être évalué tous les ans, le plus souvent par des collaborateurs différents de ceux qui ont conçu le projet, il est essentiel de s'appuyer sur des mesures simples :

- Les hypothèses métiers doivent correspondre à des KPI des processus métiers. Les KPI (*Key Performance Indicators*) sont les indicateurs métiers associés au pilotage des processus de l'entreprise.
- La qualité de service doit correspondre à des niveaux de services spécifiés dans les contrats de service (le terme anglais SLA : *Service Level Agreement* est souvent utilisé)
- Le pilotage des gains et des coûts associés au projet est rapidement difficile après plusieurs années. C'est pourquoi le contrat de projet doit préciser comment les gains peuvent être évalués à partir des KPI, et quelles sont les unités d'œuvre qui engendrent les bénéfices.

Le dossier d'engagement (que nous abrégeons ici abusivement sous le terme de ROI) est donc un contrat entre les trois parties :

- la Direction opérationnelle qui s'engage sur ses « hypothèses métiers »,
- la DSI qui s'engage sur les coûts opérationnels et la qualité de service,

- la Direction générale (appuyée par la Direction financière) qui valide la valeur attribuée au projet en fonction des hypothèses métiers.

Il s'agit d'un engagement, dans le sens où les trois parties sont ensuite solidaires. La Direction générale, dans la mesure où les objectifs métiers sont atteints, devient solidaire de la direction opérationnelle en termes d'allocation de ressources et de la direction informatique en termes de taille du « socle ».

Il est d'usage de collecter l'ensemble des exigences de fonctionnement liées à un applicatif ou un domaine applicatif sous la forme d'un « contrat de service ». Le contrat de service est une synthèse de l'ensemble des exigences en termes de disponibilité et performance contenues dans les projets. Nous allons revenir sur le sujet des contrats de services (et des niveaux de services associés, les SLA) dès que nous parlerons de qualité de service dans la dernière section. De la même façon, le concept de « contrat de valeur » peut être défini, en rassemblant l'ensemble des hypothèses métiers qui sont dans les dossiers d'engagement des projets, qui participent à la mise en place ou à l'évolution d'un applicatif ou d'un domaine applicatif. La proposition faite dans ce chapitre peut alors être résumée de la façon suivante : analyser la valeur du SI consiste à piloter les contrats de valeurs.

2.4 PILOTER LA VALEUR DU SI

2.4.1 Projets et maintenance : sédimentation et mutualisation

Cette volonté de faire du dossier d'engagement un contrat qui s'appuie sur des indicateurs clairs et mesurables n'est pas simplement liée à la responsabilisation des parties prenantes. Comme nous l'avons indiqué précédemment, l'intégration des projets dans le système d'information, qui se conjugue avec les évolutions naturelles, liées par exemple à la maintenance, rend difficile la traçabilité de la valeur projet. En clair, au bout de quelques années, on ne sait plus quelles applications sont responsables de quels bénéfices ou quelles économies. Deux phénomènes naturels se produisent dans la vie du système d'information :

- La mutualisation : comme nous l'avons expliqué dans le premier chapitre, les évolutions sont mutualisées au niveau des systèmes techniques. Cette mutualisation sert à la fois à la réduction des coûts et au respect de la cohérence globale, mais, au bout de quelques itérations, elle rend la reconstitution de la répartition des coûts plus complexe.
- La « sédimentation » : chaque modification efface une partie des modifications précédentes. Il y a rapidement une fusion entre les « couches successives » et la traçabilité des évolutions s'érode au cours des années.

La conséquence de ce double phénomène est que l'évaluation des dossiers d'engagement doit se faire de façon globale, dans le cadre de la maîtrise patrimoniale du parc applicatif. Cela peut se faire domaine par domaine (d'où la notion de contrat de valeur), mais il est nécessaire de prendre du recul et de faire une macro-évaluation. La validation critique ligne à ligne d'un dossier d'engagement cinq ans plus tard relève de l'utopie.

Le suivi de la maintenance doit également tenir compte du contrat de valeur associé au projet. Il n'est pas nécessaire de construire des dossiers d'engagement pour chaque opération de maintenance :

1. Ce serait vite fastidieux, le coût de la maintenance est inclus dans le coût complet du projet pour éviter cette complexité inutile.
2. La mise à jour continue d'un applicatif fait partie du cycle de vie (cf. chapitre précédent) et doit être attendue pour que les services rendus par l'applicatif gardent leur pertinence au cours du temps.

En revanche, les propriétaires de l'application doivent s'assurer que les évolutions légitimes ne rentrent pas en conflit avec les hypothèses initiales du projet. Il arrive que ces évolutions modifient considérablement le processus d'utilisation, et que l'application ne soit plus rentable (par exemple, lorsque des exigences de sécurité augmentent les coûts unitaires de façon spectaculaire).

Ce qui est vrai pour une opération de maintenance l'est également pour un nouveau projet. Que se passe-t-il si un nouveau projet invalide les conditions de rentabilité d'un projet antérieur ? Ce n'est pas forcément un problème et c'est plus fréquent qu'il n'y paraît. En revanche, l'objectif du pilotage des ROI est précisément de détecter un tel conflit et d'en tenir compte dans le dossier d'engagement du nouveau projet.

2.4.2 Le pilotage des « contrats de valeur »

Pour résumer, le calcul et le suivi des ROI sous la forme de dossier d'engagement, puis de contrat de valeur, remplissent trois fonctions dans la gouvernance du SI :

1. *Choisir les bons projets pour que le SI rende les services les plus pertinents par rapport aux objectifs de l'entreprise.* C'est une fonction double : le ROI est à la fois un critère de classement et un critère de validation marginale. C'est un critère de classement car la gestion de portefeuille (cf. chapitre 8) va favoriser les projets dont la rentabilité est supérieure aux objectifs de l'entreprise. Par ailleurs, puisqu'il n'existe pas de formule analytique qui fournisse la taille optimale du parc applicatif de l'entreprise, cette taille est validée de façon marginale par l'analyse économique du « dernier projet retenu ».
2. *Valider la pertinence du parc applicatif de façon régulière et se réapproprier son intérêt métier.* Cela permet d'éviter de se retrouver avec un « socle informatique » qui est vécu comme un « centre de coût ». Cela ne signifie pas qu'il ne faut pas chercher à diminuer de façon continue les coûts. Au contraire, le fait que le parc installé représente la partie la plus importante de l'informatique de l'entreprise justifie de se pencher sur son optimisation avec d'autant plus de vigueur (et nous y reviendrons dans le chapitre 8). Cela permet, en revanche, d'éviter de faire des choix drastiques, comme ceux proposés par Antoine

Viener dans l'anecdote d'introduction, parce que la « valeur des services » informatiques n'est plus perçue. C'est aussi une façon de remettre en cause, de façon continue mais non révolutionnaire, la taille du parc applicatif.

3. *Le cas échéant, simplifier le parc en retirant des applications qui ne sont plus rentables*. Puisque le nettoyage applicatif est le levier le plus efficace de réduction des coûts, il faut une méthode et ne pas se contenter de supprimer ce qui ne sert plus. Il faut être proactif et faire de l'euthanasie applicative sur les applications dont les conditions d'utilisation ont changé et dont le « contrat de valeur » n'est plus respecté.

Il est utile de rappeler, en contrepoint, que le suivi du ROI est un outil et n'est pas une méthode infaillible :

- Malgré le soin apporté, le compte d'exploitation associé à un projet lors de l'engagement est toujours approximatif.
- Il faut raisonner de façon globale, sur l'ensemble du SI et l'ensemble des modifications qui lui sont apportées. C'est pour cela que nous introduirons la notion de portefeuille de projets dans le chapitre 8 et pour cela que nous avons insisté sur la notion de gestion patrimoniale.
- Il y a de nombreux autres aspects dans la sélection des projets, comme ceux que nous allons traiter dans la section suivante. Répétons-le : le choix du portefeuille des projets est un acte de management, et il engage l'ensemble des directions de l'entreprise.

2.5 LE « GOODWILL » DU SYSTÈME D'INFORMATION

2.5.1 Analyse économique de la non-QoS

Nous allons terminer ce chapitre avec trois composantes de la « valeur immatérielle » qui doivent être prises en compte dans l'évaluation du système d'information ou dans l'évaluation d'un projet. Il est possible de leur attribuer une valeur économique, mais cela repose sur des modèles qui sont, d'une part un peu complexes à expliquer, mais surtout difficiles à calibrer (ce qui signifie justifier par des séries statistiques).

La première caractéristique du système d'information qui participe au « *goodwill* » est la qualité de service. La qualité de service produit une valeur « en creux », qui se mesure lorsqu'elle est absente. Plus précisément, nous pouvons distinguer :

- la valeur d'usage : lorsqu'une application est indisponible, ou fonctionne mal, elle ne participe plus au processus métier créateur de valeur,
- la valeur d'image : la qualité de service participe à la satisfaction globale du client et contribue à créer une image positive,
- la valeur d'efficacité : l'entreprise optimise le fonctionnement nominal de ses processus ; la dégradation de la QoS entraîne une déviation par rapport au

déroulement nominal qui se traduit par une perte de productivité et des coûts qui augmentent. Ce principe est le socle de l'approche « Six Sigma » dont nous reparlerons dans la section 4.4.

L'expérience montre que chaque entreprise comprend et prend en compte la première forme de valeur de la QoS. C'est précisément de cette façon que la plupart des contrats de services sont construits. La seconde forme est plus difficile à prendre en compte, car son évaluation est doublement complexe. D'une part, il est difficile de discerner et séparer les différentes causes dans les résultats d'une analyse de satisfaction (ou insatisfaction) client. D'autre part, il est également difficile de lier la satisfaction et l'usage client générateur de valeur. C'est pourquoi la valeur d'image est le plus souvent traitée comme un facteur de modulation de la valeur d'usage, à l'appréciation du management opérationnel pour durcir ou assouplir les exigences de qualité de service.

La troisième forme de valeur est connue de tous, mais elle est rarement analysée. Lorsqu'un incident surgit, tout le monde se plaint des dérèglements qui s'en suivent, que ce soit à la DSI ou dans les directions métiers. Les traitements d'exception liés à la gestion des incidents (cf. chapitre 7) dégradent fortement la productivité de chacun. La figure suivante contraste les coûts de fiabilisation, nécessaires pour augmenter la disponibilité et les pertes causées par la non-qualité de service. En première approximation, les pertes sont proportionnelles à la durée des incidents. Au contraire, les coûts de fiabilisation augmentent de façon inversement exponentielle (le gain de chaque décimale demande un effort similaire). Dans cette figure, le point de départ (98%) est arbitraire, il pourrait être supérieur. Ce qui importe, c'est qu'il est possible de mesurer la perte d'efficacité causée par les incidents. C'est un travail fastidieux, mais il permet de placer un ordre de grandeur sur la valeur de la qualité de service, ce qui permet ensuite de piloter l'effort de fiabilisation.

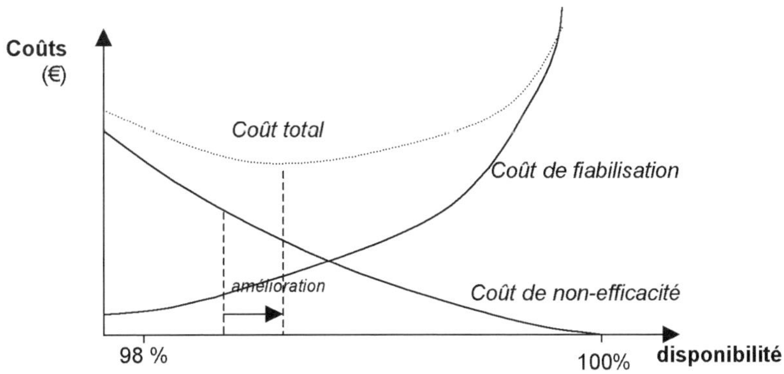

Figure 2.1 – Valeur d'efficacité associée à la qualité de service

Nous allons reparler du sujet de la qualité de service et de la fiabilisation du système d'information dans le chapitre 7. Ce qu'il faut retenir pour l'instant c'est que la qualité de service est un actif de l'entreprise, qui mérite d'être évalué et entretenu de façon proactive. Toutes les entreprises font les travaux nécessaires de fiabilisation suite aux crises qui surviennent, mais peu se livrent aux investissements d'amélioration qui sont suggérés par l'analyse économique des incidents réguliers. C'est un des points d'accord entre Nicholas Carr et Caroline Raissac.

2.5.2 Arbitrer les risques par la valeur ?

Le contraire de la qualité de service peut prendre de nombreuses formes, les incidents dont nous venons de parler, ou les sinistres, les événements graves mais à priori rares. Bien entendu, il ne s'agit pas d'une distinction binaire, mais continue, depuis les incidents récurrents entraînant des micro-interruptions de services, jusqu'aux « désastres » qui font l'objet d'un DRP (*Disaster Recovery Plan*) ou PRA (Plan de Reprise de l'Activité). Il est néanmoins possible de faire une différence entre la gestion des incidents (qui ont une forte probabilité d'occurrence à l'échelle de quelques années), qui fait partie du domaine de la qualité de service et des opérations, et celle des risques (les incidents graves dont la probabilité d'occurrence est faible, voire très faible).

Il serait logique de penser que l'approche probabiliste permet de traiter ce type d'enjeu de façon économique : en multipliant la valeur (gain ou évitement de perte) par la probabilité. Dans la pratique, cette méthode n'est pas pertinente pour deux raisons :

- Il n'est pas possible de parler de valeur, dans le cadre de l'analyse de risque, sans introduire la notion d'utilité. Cette notion représente la position intrinsèque de l'entreprise par rapport aux risques, en fonction de ses moyens et ses responsabilités. L'utilité est subjective (elle varie d'une entreprise à l'autre) et elle est non-lineaire[1], ce qui signifie que l'impact d'un risque n'est pas un « simple » calcul d'espérance mathématique (produit valeur x probabilité).
- Les probabilités d'occurrence sont inconnues. Même lorsqu'elles sont approximées par des intervalles de confiance ou des ordres de grandeur, elles sont le plus souvent fausses[2].

Il est donc préférable d'utiliser une méthode abstraite d'évaluation des risques, en utilisant des scores symboliques (fondés sur des catégories) pour évaluer l'impact et la vraisemblance de chaque risque. C'est ce type de méthode qui est préconisé pour la gestion globale des risques de l'entreprise, au-delà de son système d'information. Pour en être « symbolique », la valeur associée à la gestion des risques n'en est pas moins réelle. Elle doit également être réappréciée de façon régulière, et si possible avec l'aide d'un œil extérieur, le plus neutre possible. C'est tout l'intérêt de la « cellule de gestion des risques majeurs » qui existe dans de nombreuses entreprises.

1. Faute de quoi il n'y aurait pas de fondement pour les industries des jeux de hasard, ni celles des assurances.
2. Il faut se souvenir du principe premier de l'analyse du risque : les gens sous-estiment toujours leur ignorance. Parmi les nombreux livres qui illustrent ce propos, je recommande le livre merveilleux de P. Bernstein *Against the Gods, the Remarkable Story of Risk*. On y trouvera des références passionnantes aux concepts d'utilité, et de risque par opposition à incertitude.

Une autre conséquence est que l'évaluation des risques est une question de jugement et une responsabilité de management. Les outils peuvent aider à classer et analyser un portefeuille de risques, mais le traitement des risques ne peut pas se faire avec un tableur.

2.5.3 L'informatique prête pour les futures opportunités

Après avoir parlé de risques négatifs, nous allons nous intéresser de façon duale aux risques positifs, c'est-à-dire l'occurrence possible d'un événement créateur de valeur dans le futur. Le sujet qui nous intéresse n'est pas « la boule de cristal électronique » (la prévision des opportunités) mais en quoi le système d'information est prêt, ou ne l'est pas, pour transformer cette opportunité en valeur. En d'autres termes, est-il possible de mettre une valeur sur les propriétés de flexibilité, de souplesse, de versatilité ?

Il ne s'agit sûrement pas d'une évaluation exacte, pour les mêmes raisons que celles de la section précédente, mais il y a cependant une différence de taille : les événements dont les probabilités d'occurrence sont très faibles ne sont pas véritablement pertinents. Il s'agit plutôt de retenir différents scénarios plausibles et d'évaluer le futur projet qui permettra de saisir l'opportunité. De fait, il n'y a pas d'autre méthode que l'étude de différents scénarios, voire la modélisation si une approche un peu plus quantitative est souhaitée. C'est une approche à la fois chronophage (trouver les scénarios d'évolution) et incomplète (l'exhaustivité est innateignable). L'analyse des scénarios est un outil d'aide à la décision qui permet de qualifier un concept aussi abstrait que celui de « flexibilité ».

Au-delà des « lapalissades » comme quoi il vaut mieux construire des solutions logicielles « agiles » ou flexibles, et comme quoi il faut réfléchir aux évolutions possibles du métier lors de l'investissement dans un applicatif, il peut être intéressant d'essayer de caractériser cette valeur au moment du lancement d'un programme important, dont la durée de vie estimée est longue. *Pour cela, il faut construire un ensemble de scénarios qui correspondent à différents types d'évolution du système d'information*. Il n'est pas nécessaire de qualifier la probabilité de chaque scénario ou de s'assurer que l'ensemble des scénarios est exhaustif. Comme il s'agit d'une aide à la décision, la démonstration sera convaincante si l'espace construit par ces scénarios est plausible. Chaque scénario permet de construire le compte d'exploitation du SI avec ou sans le projet considéré, et d'en déduire une valeur ajoutée.

Cette approche peut sembler spéculative ou théorique. Il se trouve pourtant qu'elle est nécessaire pour justifier la plupart des investissements de fonds (structurels) sur le système d'information, comme par exemple :

- L'urbanisation du système d'information avec mise en place d'une infrastructure d'intégration[1].

1. Sur ce thème, voir l'article du même auteur « ROI de l'Urbanisation : comment valider les bénéfices » paru dans *l'Informatique professionnelle* n° 235, Avril 2005. Cet article, qui essaye de démontrer la rentabilité de l'investissement dans une infrastructure d'intégration, a recours à la méthode des scénarios pour valoriser le gain en flexibilité.

- Le déploiement d'une architecture « orientée-service », qui suppose la mise en place d'un socle de services communs qui sont valorisés par leur future réutilisation.

Ces programmes sont chers, et leur principal intérêt est d'augmenter la flexibilité et la réactivité du système d'information (la flexibilité mesure ce qui peut être ajouté et la réactivité mesure à quelle vitesse cet ajout peut être fait). Pour pouvoir qualifier des gains en regard des coûts, il est nécessaire de faire des hypothèses sur les types de sollicitations et d'évolutions que le système d'information sera amené à gérer.

Quelle conclusion pouvons-nous tirer de ces réflexions sur la valorisation de la flexibilité ? Comme le dit le cabinet de conseil CSC dans son document « *Using IT Portfolio Management to Improve the IT Contribution to the Business* », la valeur de la flexibilité n'existe que si le futur est incertain. Le fait d'investir pour « préparer le futur » fait partie du comportement instinctif des bons managers. L'approche par scénario permet, lorsque l'ampleur de l'investissement le demande, de passer de l'intuition à l'analyse.

2.6 RÉSUMÉ

– L'analyse de la valeur du système d'information consiste à construire des dossiers de « retour sur investissement » (ROI) des projets informatiques à partir d'indicateurs métiers simples et mesurables, et à suivre ces indicateurs durant la vie des applications (2.3.1 & 2.3.2).

– Les conditions d'application et d'utilisation des logiciels évoluent, il faut suivre chaque application du patrimoine informatique et réévaluer les conditions qui ont conduit à son déploiement de façon régulière (2.3.3).

– L'utilisation de méthodes sophistiquées pour évaluer de façon plus directe ou plus précise la valeur créée par le système d'information doit être réservée à des spécialistes (2.3.2).

– Le dossier d'engagement est traité comme un contrat entre les directions opérationnelle, informatique et générale. Le suivi s'effectue par domaine applicatif, sous la forme d'un « contrat de valeur », qui représente l'ensemble des indicateurs de performance des processus métiers qui valident l'investissement qui a été fait sur le système d'information (2.3.3).

– La maintenance d'une application fait partie de la vie naturelle d'une application. Elle n'a pas besoin d'être justifiée par un dossier d'engagement mais doit être prévue dans le coût complet du dossier initial de lancement de l'application (2.4.1).

– La pertinence des dossiers d'engagement des projets justifie la taille du parc applicatif d'une entreprise (une méthode « incrémentale » pour trouver la taille optimale) (2.4.2).

☞

☞

– Le suivi de la valeur permet de conduire une politique proactive de nettoyage applicatif, ce qui est la meilleure façon d'optimiser les coûts récurrents (2.4.2).

– La qualité de service est un actif de l'entreprise, une partie de la « valeur immatérielle » du système d'information (2.5.1).

– La gestion des risques du système d'information ne peut pas se réduire à un calcul financier, c'est une responsabilité de management et une rubrique séparée du dossier d'engagement (2.5.2).

– La valeur associée à la flexibilité du système d'information, c'est-à-dire sa capacité à exploiter des opportunités futures, peut être mise en évidence par une analyse de scénarios, lorsqu'il s'agit de justifier des investissements lourds (2.5.3).

3

Mesurer la performance du système d'information

3.1 ILLUSTRATION : « LES RÉSULTATS DU BENCHMARKING »

« Pouvez-vous me réserver une table pour quatre au restaurant *Les deux aigles* sur la place du marché ? Entre la rentrée des classes ce matin et le comex cet après-midi, je vais avoir besoin de me détendre ce soir ». Caroline sait qu'elle peut compter sur son assistante pour comprendre la tension nerveuse dont elle fait preuve depuis ce matin.

La présentation des résultats du *benchmarking* mené par le cabinet *HeadStart* est le premier sujet à l'ordre du jour du comité exécutif. Heureusement, tout le monde a bonne mine et il reste un petit air de vacances dans les couloirs. En prenant l'ascenseur, Ravi, le directeur du marketing, a complimenté Caroline sur son teint hâlé, un contraste saisissant avec les tensions du mois de Juin.

Antoine Viener rentre le dernier dans la salle du conseil, accompagné d'un jeune homme qui n'a pas l'air d'avoir beaucoup plus que vingt ans. Après l'avoir introduit, Antoine laisse la parole au jeune consultant de *HeadStart*.

« Merci beaucoup pour cette introduction. Je vous rappelle que le *benchmarking* est un outil d'aide à la réflexion. C'est vous qui fournirez l'analyse et nous n'avons pas la prétention de connaître votre métier. Notre rôle est simplement de collecter et de présenter des faits indiscutables. Le *benchmarking* n'est pas une science exacte, il faut savoir prendre en compte les conditions de marché qui varient d'une entreprise à l'autre. »

Les transparents qui servent d'introduction sont toujours les mêmes, pense Caroline. En fait, il n'y a que quatre transparents qui parlent réellement de MonEpargne.com. Caroline les a reçus la veille au soir : MonEp a le plus mauvais ratio IT/CA (les dépenses informatiques divisées par le chiffre d'affaire), son budget informatique étant un des plus gros du secteur son nombre d'ETP (équivalent temps-plein) est un des plus élevés, et son ratio projet/socle fait également partie du groupe des « trois mauvais élèves ». Caroline observe discrètement les réactions des membres du comité exécutif pendant que les transparents déroulent à l'écran.

« Je remercie toutes les équipes qui ont participé à la collecte de ces résultats, en particulier les équipes de la DSI. Nous avons été très impressionnés par le professionnalisme de votre entreprise. Comme convenu avec Antoine Viener, je vais vous laisser pour débattre, mais il me semble clair que ces indicateurs montrent qu'il est urgent d'entreprendre un plan de réduction des coûts. Une approche *quick wins* me semble appropriée : une semaine pour définir les cibles, un mois pour appliquer ... et nous pourrions constater les premiers résultats avant la fin de l'année ».

« Bien joué, pense Caroline avec un léger sourire, il exploite le fantasme de la réaction rapide, et il a sûrement un contrat d'assistance avec un plan type prêt à signer dans son cartable ». Caroline est extraite de son aparté par la voix de Laurence de V. :

« Antoine, que pensez-vous du premier indicateur ? Le ratio IT/CA est-il pertinent et indique-t-il que nous sommes en train de surinvestir ? » Décidément, le livre de N. Carr a laissé des traces.

– C'est un peu compliqué ». Antoine semble se méfier de cette question. « D'un côté il est ennuyeux d'avoir des coûts informatiques par client plus importants que ceux de nos concurrents, d'un autre côté nous avons décidé de nous différencier en favorisant l'utilisation du portail pour donner accès à l'ensemble de nos services ...

– On voit d'ailleurs que les trois entreprises les plus profitables ont un ratio supérieur à celui de la moyenne du secteur, renchérit Caroline.

– Je me souviens d'avoir lu une note du Gartner qui montrait une corrélation positive entre ce ratio et les revenus par client dans le domaine des télécommunications ». Ludovic Niège a toujours une bonne mémoire. « Une dépense informatique élevée par rapport au chiffre d'affaires n'est certainement pas un sujet de fierté, mais ce n'est pas non plus une tare.

– Nous sommes passés rapidement sur la répartition des dépenses informatiques par fonction, pour ma part je suis surprise de voir que d'autres entreprises assurent le support de la DRH avec des coûts très inférieurs, déclare Noémie Lagourd.

– C'est parce qu'ils ont externalisé leur gestion du personnel et de la paye en Europe de l'Est ». Antoine a répliqué du tac au tac, sa rapidité d'esprit est légendaire à MonEp. « Par exemple, la filiale de la Banque des Pays du Nord fait du *Business Process Outsourcing* en Hongrie. Leur DRH est un ancien camarade de lycée, il est très satisfait de cette approche et les économies constatées sont impressionnantes. Le BPO, c'est l'avenir, vous devriez vous y intéresser ...

– On voit bien que vous ne comprenez rien à la dimension humaine de l'entreprise, une entreprise c'est autre chose que des chiffres, DRH cela signifie développer des ressources, pas faire des feuilles de paye.

– Justement, c'est à voir, intervient Caroline, en externalisant les progiciels RH, vous pourriez vous concentrer sur l'accompagnement psychologique des collaborateurs, et disposer de plus de temps pour nous aider à recruter les compétences qui nous manquent.

– Je vois que les vacances vous ont fait du bien, remarque la présidente avec ironie, pourriez-vous m'expliquer pourquoi nous sommes également en mauvaise posture en ce qui concerne l'indicateur projet/socle ? »

Caroline se lève et s'installe devant le *paper-board*. Cette petite diversion est l'occasion de préparer sa réponse.

« Je vous rappelle que, à périmètre égal, le coût du socle dépend de facteurs tels que l'âge du parc et les exigences de qualité de service. Si l'on fait une analyse des sociétés présentes dans l'échantillon du *benchmarking*, on peut distinguer trois groupes : les acteurs installés, les nouveaux acteurs et les *low-costs* ». Caroline a dessiné un petit diagramme avec deux axes : la taille du parc client et la date de création de l'entreprise. « Nous ne sommes pas tellement différents des autres sociétés *leaders*. Ceci dit, nous avons investi il y a deux ans dans une plate-forme complexe pour le portail, ce qui nous permet de traiter une partie de nos besoins d'évolution par simple paramétrage et sans faire de projet informatique. Cela a paradoxalement un impact négatif sur le ratio projet/socle. Nous sommes les premiers à avoir investi sur ce type de plate-forme. Il y a deux ans, nous avions un meilleur ratio qu'aujourd'hui! »

Paul Bellon prend la parole, il faut bien qu'il s'exprime en tant que directeur des opérations et de la qualité. C'est un petit homme rond avec une grosse moustache, qui cache sa timidité en parlant d'une voix forte.

« J'ai essayé d'exploiter les données brutes fournies par *HeadStart*. Je me suis concentré sur la définition d'indicateurs métiers, mais ce n'est pas facile avec l'informatique...

– Pourtant, la DSI est la direction la plus mesurée de l'entreprise. Nous pointons l'ensemble des heures de collaborateurs, nous avons implémenté ABC pour le suivi des coûts...

– Bref, j'ai essayé de construire des coûts par serveur et des coûts par projet. Les résultats ne sont pas très bons...

– OK, je comprends l'idée du coût par serveur, mais à puissance équivalente et à qualité de service équivalente ? Je n'ai pas vu d'indicateur de QoS dans les données collectées par *HeadStart*. Je n'ai pas vu non plus de chiffre concernant la puissance de calcul déployée. Il est certain que les nouveaux entrants, qui démarrent sur des marchés de niche aujourd'hui, ont des coûts par serveur beaucoup plus faibles. En revanche, je connais le DSI de la BPN et ils ont les mêmes coûts au TPMC que nous ». Finalement, Caroline est contente d'être restée debout devant le tableau, cela lui donne un avantage psychologique.

« C'est vrai que nous faisons maintenant des projets lourds », Antoine a repris la parole en se demandant si Caroline va lui renvoyer l'argument de la plate-forme paramétrable qui a supprimé une partie des petits projets.

« Il y a deux questions : faisons-nous trop de projets ? Et ce n'est pas à moi qu'il faut poser la question, mais à l'ensemble du comité exécutif, et, d'autre part, nos projets sont-ils trop chers par rapport à leur périmètre ? Et là, franchement, il faudrait plus de données pour répondre. En revanche, le cas de HADB me pose des questions ».

HADB est une entreprise européenne de banque directe qui remonte progressivement son positionnement et a commencé à concurrencer MonEp. Caroline sent qu'elle a l'attention de tous.

« HADB a choisi une stratégie informatique de *low-cost*, et dans un premier temps, la qualité de service de leur site web n'était pas à la hauteur. Mes équipes me disent que depuis le début de l'année ils ont une bonne disponibilité, et les chiffres de *HeadStart* confirment qu'ils opèrent avec des coûts significativement plus bas que les nôtres. Je vais me pencher sur le sujet, cela pourrait changer notre stratégie lors du prochain remplacement de nos serveurs d'application. C'est vraiment une piste intéressante, et une des pépites contenues dans ce *benchmarking*.

– C'est cela l'intérêt du *benchmarking*, c'est le principe de la sérendipité : on découvre des idées qu'on ne cherchait pas. Si l'on sait ce que l'on cherche, il vaut mieux faire faire un audit. Dans le *benchmarking*, les informations ne sont pas assez détaillées pour porter des jugements, mais elles permettent de stimuler la réflexion ». Il n'y a que Ravi pour placer « sérendipité » dans son propos, s'amuse Caroline, mais elle apprécie le soutien implicite.

« Antoine, quand aurons-nous les résultats du benchmark de la fonction marketing ? Laurence de V. souhaite montrer qu'elle n'est pas naïve.

– J'ai délégué Julie Tavelle sur le sujet, Ravi répond avec le sourire, nous serons prêts le mois prochain. »

Caroline soupire, Antoine Viener est trop sous l'empire du charme de Julie pour exercer son esprit critique avec la même acuité que celle dont il a fait preuve vis-à-vis de la DSI.

3.2 COMMENTAIRE

Le recours au *benchmarking* est un jeu politique dans une entreprise. Bien plus que le contenu, ce qui compte c'est de savoir qui est le commanditaire, quel est le contexte, quels sont les objectifs. La complexité du sujet permet mille et une ruses, du côté de l'attaque comme de celui de la défense. C'est une carte qu'il faut savoir jouer, que l'on soit DSI, Directeur opérationnel ou Directeur général. Elle s'utilise aussi bien en attaque, comme l'illustre la demande de Laurence de V., qu'en défense : en commanditant le même benchmark au même cabinet de conseil, Caroline Raissac aurait obtenu une autre collection d'indicateurs démontrant les points forts de MonEp. C'est un jeu passionnant à jouer, mais qui ne pardonne ni la naïveté ni l'incompétence.

Même si l'aspect politique, voire psychologique, est ce qu'il y a de plus intéressant dans le *benchmarking*, ce n'est pas le sujet de ce chapitre (à chacun de l'apprécier dans le contexte de sa propre entreprise). Nous allons plutôt essayer d'analyser les différents points contenus dans l'exemple de MonEp et de reconstruire une démarche solide. Il s'agit de pouvoir profiter pleinement de tous les avantages du *benchmarking*, en évitant le plus possible le piège des conclusions hâtives.

Commençons par la conclusion : le *benchmarking* est une pratique indispensable au management des systèmes d'information. Cette nécessité est proportionnelle à la complexité du sujet. D'une part, cette complexité fait qu'il n'y a pas une mais plusieurs bonnes façons de faire, et qu'il est très intéressant de partir à la recherche des meilleures pratiques. Par ailleurs, le domaine des systèmes d'information est un domaine structuré avec des fondamentaux et des invariants, ce qui fait qu'un bon nombre de méthodes sont transposables d'une entreprise à l'autre. C'est le même raisonnement qui explique le succès des référentiels (processus et bonnes pratiques) tels que CMMI ou ITIL. De plus, cette complexité se manifeste par l'abondance de critères apparemment contradictoires avec lesquels la performance du SI est pilotée. Il est donc difficile de conduire sa démarche d'optimisation continue « sans lever le nez du guidon » et sans référence extérieure. C'est d'ailleurs pour cela que le management des SI est une discipline qui fait vivre de nombreux consultants : il y a un apport évident à aller chercher un œil neuf, une personne qui a déjà vu d'autres façons de résoudre le même ensemble de contradictions.

Ce chapitre est articulé autour de trois thèmes[1] :

- Périmètre : c'est le sujet le plus évident, pour que le benchmark soit pertinent, il faut être sûr que la comparaison s'effectue sur le même périmètre. Cela nous ramène à la question de la mesure du système d'information que nous avons abordé dans le premier chapitre
- Performance : une fois le périmètre fixé, le *benchmarking* est une mesure comparative de performance, sur la base d'un certain nombre d'indicateurs. Cette fois, c'est avec le second chapitre qu'il y a un lien direct, mais de la même façon que nous avons conclu que la mesure de la valeur est difficile, nous allons également trouver qu'il est quasi impossible de « benchmarker » la création de valeur.
- Processus : un des grands intérêts du *benchmarking*, lorsque les données collectées sont suffisamment précises, est la comparaison des processus internes des DSI. L'analyse des processus est importante car elle peut expliquer une partie des différences ; elle est utile car source d'inspiration.

1. Sur le sujet du *benchmarking*, je recommande la lecture de *Best Practice Does Not Equal Best Strategy* de P. Nattermann dans The McKinsey Quaterly, 2000 n°2, qui commence par « *Benchmarking is an important way to improve operational efficiency, but it is not a tool for strategic decision making* ».

3.3 COMPARER LE PÉRIMÈTRE

3.3.1 Comparer les parcs applicatifs

La première idée simple en matière de *benchmarking* informatique est qu'il faut comparer la taille des parcs applicatifs pour pouvoir tirer des conclusions en termes de dépenses. Cette remarque semble d'une banalité à faire pleurer, et tellement évidente que j'ose à peine l'écrire. Pourtant, au moment où j'écris ce livre, aucun des benchmarks que j'ai reçus sur mon bureau en tant que DSI ne contenait la moindre information, fut-elle approximative, sur la taille des parcs applicatifs des sociétés comparées.

La raison en est simple, nous l'avons déjà énoncée au premier chapitre : le niveau de maturité des entreprises en termes de mesure du parc est faible. Plutôt que de faire un effort d'investigation, l'organisateur du benchmark s'en remet à l'explication classique : c'est un benchmark iso-industrie, donc tous les participants ont à peu près le même parc applicatif. Malheureusement, ce n'est pas vrai, ou plutôt cela ne donne qu'un ordre de grandeur logarithmique. Il est courant de constater des variations d'un facteur deux entre des entreprises sur des secteurs d'activité similaires.

Confronté à cet argument, il est possible de se voir répondre : l'objet du *benchmarking* est global, il vous donne une idée de l'ensemble du système d'information et de ses coûts. Le problème avec cette réponse est que, comme nous l'avons expliqué au chapitre 1, si le parc applicatif est trop grand par rapport à l'état de l'art, c'est un problème de direction d'entreprise, alors que, s'il est de la bonne taille mais trop cher, c'est le problème de la DSI. Un rapport de *benchmarking* qui ne permet pas de savoir dans quelle situation l'entreprise se trouve est un générateur de problèmes (cf. la remarque d'introduction sur le jeu politique).

La mesure idéale, celle que le DSI aimerait trouver, c'est bien sûr le point de fonction. Les unités de coûts rapportés au point de fonction (développement, maintenance, ...) ont véritablement du sens. C'est clairement ce qui peut être suggéré dans le cas d'un *benchmarking* « amical » où chaque participant est volontaire et peut contribuer à la définition du cahier des charges. La mesure en point de fonction n'est pas pour autant une panacée : elle conserve une certaine imprécision (d'autant plus que la maturité dans les méthodes de calcul n'est pas encore atteinte aujourd'hui) et la collecte des mesures pour les progiciels reste difficile. Mais, dans le cas d'un *benchmarking* mono-industrie, le fait que la mesure soit moyennée sur l'ensemble d'un parc et le fait qu'il s'agisse de solutions et de technologies semblables rend cette unité particulièrement pertinente.

Dans le cas où cette information n'est pas disponible, il est possible de se rabattre sur deux indicateurs de la taille du parc, le cumul des investissements logiciels, ou la puissance installée des serveurs. Ces deux grandeurs sont grossièrement proportionnelles à la taille du parc applicatif, avec des ratios qui varient mais qui sont néanmoins du même ordre de grandeur dans le cas d'une comparaison mono-industrie[1].

1. Un *benchmarking* multi-industrie qui ne fournit pas des indications sérieuses sur la taille des parcs applicatifs a la même fonction qu'un cours de macro-économie : il est utile pour la culture générale mais il ne sert pas à évaluer ou piloter sa performance.

Notons que si la puissance est employée comme indicateur du parc applicatif, il faut prendre en compte le nombre de clients ou la volumétrie des transactions en compte. C'est pour cela qu'en absence d'indication de points de fonction, la valeur d'achat en euros reste la meilleure mesure de substitution. En revanche, il faut éviter deux métriques dont l'usage est néanmoins fréquent : le nombre de serveurs et le nombre d'applications. Nous reviendrons sur le nombre de serveurs dans la section suivante, et le problème avec le nombre d'applications est qu'il n'existe pas de standard qui définisse ce qu'est une application. D'une entreprise et d'une technologie à l'autre, la taille d'une application type peut varier de un à cent.

3.3.2 Comparer les parcs matériels

La comparaison des parcs matériels est plus facile, surtout dans le contexte d'un benchmarking iso-industrie. A priori nous sommes dans la même situation que pour le parc applicatif:

- Il existe des unités métiers qui sont comparables d'une entreprise à l'autre et qui fournissent la base de métriques de coûts unitaires : les TPMC pour la puissance installée et les To pour le stockage (cf. chapitre 1).
- Rares sont les entreprises qui maintiennent une évaluation à jour de leur puissance installée.

La différence est que chaque entreprise connaît son nombre de serveurs, ainsi que le type de technologie utilisée. Autant un nombre de serveurs n'est pas très significatif, autant si le nombre de serveurs, les types de configurations déployées en fonction des systèmes d'exploitation (mainframe, Unix propriétaire et Linux, Windows, etc.) et un ordre de grandeur de la capacité globale de stockage sont connus, il est possible de se faire une première idée du parc matériel, et donc de faire des comparaisons valides d'une entreprise sur l'autre.

Le deuxième avantage du monde matériel est qu'il existe une littérature abondante sur le TCO des serveurs. Le TCO (*Total Cost of Ownership*) est un argument commercial des fournisseurs de matériel, ce qui explique que les études de TCO soient largement diffusées. Il est donc beaucoup plus facile de recouper des données obtenues par benchmarking avec des « références » pour le matériel que pour le logiciel.

L'analyse comparative des choix technologiques des entreprises est également intéressante, car elle illustre le plus souvent des perspectives et des cultures différentes. Nous y reviendrons dans le chapitre 8 : ce choix est un compromis entre des objectifs de coûts, de qualité de service, de performances et des contraintes liées aux applicatifs. Par exemple, la figure suivante illustre la différence de coût de TPMC entre des petits, des moyens et des gros serveurs (chaque flèche verticale est un intervalle de valeur). Si, dans votre entreprise, vous demandez à votre DSI pourquoi il n'utilise pas, comme le fait Google, un parc entièrement composé de petits serveurs représentant l'optimum économique, il vous répondra en termes de contraintes qui l'obligent à faire des choix différents. Il est donc intéressant de voir pourquoi et comment des entreprises semblables ont décidé de s'affranchir des mêmes contraintes.

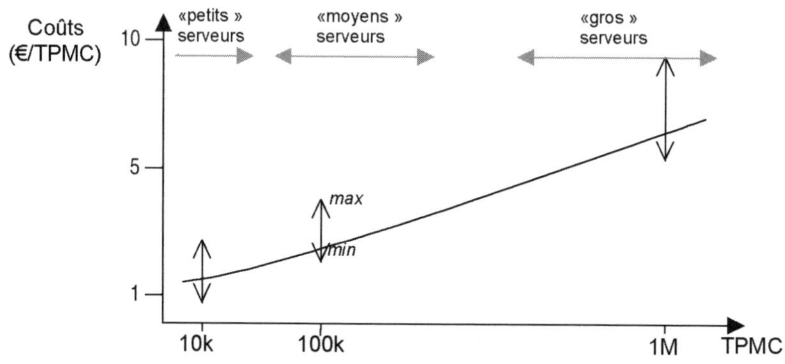

Figure 3.1 – Le coût du TPMC selon www.tpc.org

Il faut cependant faire attention à deux types de situations qui rendent la comparaison des parcs matériels difficile : la comparaison multi-industrie et les différences d'échelle trop importantes. Dans les deux cas, les ensembles de contraintes opérationnelles qui pèsent sur les entreprises sont trop disparates. En particulier les contraintes de performance et de disponibilité peuvent imposer des choix qui semblent clairement prohibitifs s'ils sont comparés avec des industries qui fonctionnent avec des solutions « commodité » chères à N. Carr.

3.3.3 Le périmètre de la DSI

Si la mesure des parcs est disponible, il est possible de construire des coûts unitaires cohérents, ce qui permet d'utiliser ces indicateurs pour évaluer la performance de la DSI. Il est également possible, dans le cas d'un *benchmarking* iso-industrie, d'utiliser les unités d'œuvre pour comparer la « stratégie SI », c'est-à-dire l'énergie dépensée par chaque entreprise pour construire un système d'information adapté à ses objectifs. Pour cela, il faut être sûr que le périmètre, d'un point de vue fonctionnel, est bien comparable. Voici une liste de points à surveiller :

- Le système d'information contient les applications qui sont développées et maintenues par la DSI, mais aussi des applications qui sont directement développées ou achetées par les directions opérationnelles, avec une exploitation sommaire qui s'appuie sur l'infrastructure bureautique[1].
- Il faut s'assurer que l'externalisation éventuelle est prise en compte. La pratique du BPO, le fait de sous-traiter certaines fonctions, y compris leur système d'information, à des partenaires … modifie la « photo » apportée par le *bench-*

1. Ce que les anglo-saxons appelle *Shadow IT* et qui est traduit par informatique invisible ou officieuse. A Bouygues Telecom, nous parlons d'informatique bleue et rouge (celle de la DSI).

marking. C'est également vrai en matière d'externalisation d'une partie des processus propres du SI. Il n'est pas rare de voir que des prestations externalisées sont ignorées dans les données collectées lors des benchmarks.

- Dans un certain nombre d'industries, la frontière entre informatique et direction technique est de plus en plus floue. Cela s'applique aux télécommunications, à la télévision, mais aussi à la production industrielle. La « digitalisation du monde » signifie que la plupart des équipements techniques deviennent des ordinateurs configurés par des programmes. L'organisation entre la DSI et la direction technique est une question ouverte, avec différentes répartitions des rôles possibles. Il faut s'en souvenir lors d'un *benchmarking*.
- Dans un autre ordre d'idée, la frontière entre maîtrise d'œuvre et maîtrise d'ouvrage est également floue. Depuis le donneur d'ordre jusqu'à celui qui réalise, il est possible d'identifier 2, 3 voire 4 rôles différents : maîtrise d'ouvrage (MOA), assistance à MOA ou MOAD (déléguée), MOE (maîtrise d'œuvre, de coordination ou d'exécution). Ici aussi la terminologie varie d'une entreprise à l'autre, ainsi que l'attribution des rôles dans le périmètre de la DSI.

La bonne détermination du périmètre n'est pas nécessaire pour comparer des coûts unitaires de développement ou d'exploitation, mais elle obligatoire pour comparer les effectifs et leur dimensionnement par rapport à l'activité de l'entreprise.

3.4 VALEUR ET QUALITÉ DE SERVICE

3.4.1 Le *benchmarking* et les ratios

Le ratio le plus célèbre du *benchmarking* des systèmes d'information est le ratio IT/CA. Ce ratio à un intérêt évident d'un point de vue macro-économique, par exemple pour comparer différentes industries, ou pour observer l'évolution de l'usage des technologies de l'information au cours des années. Ce n'est pas un très bon indicateur pour le *benchmarking*, comme cela est illustré par la conversation entre Antoine Viener et Ludovic Niège, parce qu'il y a trop de facteurs explicatifs et que son interprétation est, par conséquent, très difficile. Nous pouvons néanmoins retenir deux usages :

- Une vérification de cohérence, au niveau de l'ordre de grandeur. S'il est difficile d'interpréter une déviation de plus ou moins trente pourcent par rapport à la moyenne du secteur, les valeurs exceptionnelles sont tout de suite « diagnosticables ». Un ratio très bas indique une frilosité par rapport aux SI qui ne semble pas justifiée à posteriori, dans la mesure où aucune entreprise leader sur son marché revendique cette posture. À l'inverse, un ratio IT/CA qui serait le double de la moyenne peut être un signe d'inquiétude si l'analyse révèle que ce ratio est stable et n'est pas la conséquence d'une première phase de construction et d'investissement. De la même façon, il ne semble pas exister de leader stable qui dépense deux fois plus que ses concurrents en termes de système d'information pour un euro de chiffre d'affaires.

- Pour un périmètre métier donné et stable, ce ratio doit baisser de façon continue d'une année sur l'autre. Autrement dit, la seule chose qui puisse justifier un ratio constant ou en augmentation est l'investissement sur un nouveau secteur d'activité. Dans le cas contraire, il faut se méfier de l'apparition de l'« *over-spending* » caractérisé par N. Carr ou par C. Christensen, qui conduit inévitablement à l'apparition d'une concurrence *low-cost*.

L'argument de C. Christensen[1] est véritablement passionnant. Il part du principe que la technologie évolue plus vite que les usages (principe auquel il est facile de souscrire). En conséquence, pour toute innovation, le marché progresse tant que les progrès technologiques « rattrapent » l'attente implicite des clients. Ceci explique en partie le cycle d'adoption progressive, dans lequel les « *early adopters* » sont les plus visionnaires et les plus patients. Une fois atteint le niveau d'exigence du marché, il y a deux façons d'exploiter le progrès technologique. La première solution est de faire baisser les coûts et de produire une « *commodity* », un marché de masse avec un faible nombre d'acteurs concentrés. La seconde est d'exploiter ce progrès pour continuer à enrichir l'offre. Mais au fur et à mesure que l'offre s'enrichit, de façon plus rapide que le marché ne sait se l'approprier, il se crée un fossé entre l'offre et l'attente, qui ouvre la place à des concurrents qui proposent « moins pour moins cher ».

J'ai reproduit cette analyse parce qu'elle me semble complètement pertinente en ce qui concerne le système d'information[2]. La « destinée par défaut » du système d'information est de faire la « même chose pour de moins en moins cher ». Les économies générées peuvent être réinvesties sur de nouveaux produits, de nouveaux usages, de nouvelles opportunités si l'entreprise est en croissance. Dans le cas contraire, la part de l'informatique dans les dépenses doit baisser, ce qui doit se refléter dans l'évolution du ratio IT/CA.

Le deuxième ratio qui est en passe de devenir un classique du *benchmarking* myope est le ratio projet/socle, voire CAPEX/OPEX. À première vue, c'est un ratio pertinent, puisqu'il approxime la notion de coût unitaire d'exploitation (sous forme inverse). Le principe est de considérer, comme une approximation acceptable, les dépenses projets de l'année comme un indicateur des investissements cumulés en termes de projets, qui est lui-même un indicateur de la taille du parc applicatif.

Il y a deux failles majeures dans ce raisonnement :

1. Ce paragraphe est un résumé simpliste du livre *The Innovator Dilemna*. C. Christensen développe l'application de ses principes dans *Seeing what next*. Il existe une très bonne introduction en français sur le blog de Louis Nauges (http://nauges.typepad.com/) dont je recommande la lecture régulière.

2. On peut rapprocher cette réflexion du chapitre 5 du livre de F. Brooke *The Mythical Man-Month*. Il livre une description critique de l'« *over-engineering* » particulièrement savoureuse.

1. Faire du montant des projets l'indicateur de la valeur ajoutée dans le système d'information est contre-productif par rapport à toutes les démarches qui servent à augmenter la valeur produite pour un euro de projet. Par exemple, les investissements sur des architectures d'intégration ou des architectures applicative de type SOA (le sujet de l'architecture du système d'information sera abordé dans la troisième partie et nous expliquerons le terme SOA : *Service Oriented Architecture* dans le chapitre 9) risquent de dégrader l'indicateur. C'est également le cas de l'investissement dans une plate-forme configurable par paramétrage signalé par Caroline Raissac.
2. Ce ratio ne tient pas compte de l'âge moyen du parc applicatif, donc ne tient pas compte du taux de renouvellement. La courbe présentée dans la section suivante (figure 3.4) est issue de la modélisation de MonEpargne.com présentée en annexe. Elle permet de comprendre l'ampleur de cette erreur. Il n'y a rien de difficile à comprendre : plus la durée de vie des applicatifs est courte, meilleur est le ratio projet/socle.

Ma préconisation est d'ignorer ce ratio dans un *benchmarking* et de se méfier des vendeurs de solutions informatiques qui prétendent l'améliorer en fournissant des objectifs sans faire mention d'hypothèses sur le renouvellement ou l'âge moyen.

3.4.2 Comparer la création de valeur ?

La thèse implicite présentée dans ce chapitre est que le *benchmarking* est un très bon outil pour comparer les coûts unitaires (par unité d'œuvre) et une approche beaucoup plus contestable lorsqu'il s'agit de comparer directement des coûts, fût-ce sous forme de ratio. Mais même lorsqu'il s'agit de comparer des coûts par TPMC ou par point de fonction, il convient de s'assurer que le contexte et les contraintes sont similaires.

Le but ultime du *benchmarking* pourrait être de comparer la création de valeur. Malheureusement, la conséquence logique du chapitre 2, qui a montré la difficulté à mesurer de façon externe et objective la valeur créée par le SI, est qu'il est également difficile de comparer la création de valeur, comptable ou immatérielle. Or, justement, les conditions de création de valeur immatérielle ont un impact direct sur les coûts unitaires :

- La qualité de service a un coût de fabrication : la haute-disponibilité ou la haute performance produisent des coûts plus élevés en termes de logiciel (coût / PF) et de matériel (TCO du TPMC).
- La prévention des risques a un coût, qu'il s'agisse de sécurisation informatique ou bien entendu de plan de secours. Un plan de secours avec des exigences strictes de reprise sur activité n'est pas très loin de doubler l'investissement matériel.

- La recherche de la flexibilité, ainsi que la création de services mutualisés et réutilisables, a également un coût. Parmi les estimations documentées sur ce sujet, le modèle COCOMO II évalue le surcoût de 15 à 25%.[1]

Cela justifie pleinement la conclusion de Ravi Mutatsuru : le *benchmarking* n'est pas un outil d'audit, il sert à attirer l'attention. Il faut ensuite faire des analyses plus précises, et s'assurer de la compréhension de la source des écarts constatés. Ce peut être l'occasion de critiquer des coûts unitaires trop élevés, mais aussi de remettre en cause certaines contraintes, comme une exigence de qualité de service nettement supérieure à celle de ses concurrents.

Nous pouvons illustrer le surcoût de la haute disponibilité, un sujet sur lequel nous reviendrons dans le chapitre 7 :

1. *Surcoût dans le développement logiciel* : dans l'ouvrage sur COCOMO II préalablement cité, Boehm évalue le surcoût d'un logiciel fonctionnant en haute disponibilité à 25% environ.
2. *Surcoût lié à la catégorie de matériel* : selon l'architecture employée, il est nécessaire ou non de faire appel à du matériel haute disponibilité. C'est ce qui explique une partie de la différence de coût (rapporté à la performance) entre des serveurs haut de gamme et des serveurs d'entrée de gamme.
3. *Surcoût lié à la redondance matérielle* : lorsque les exigences de disponibilité sont telles que le temps nécessaire pour intervenir sur une machine devient inacceptable, il faut utiliser une architecture redondante. Cela signifie acheter plus de machines que nécessaire pour que le système fonctionne même si une défaillance apparaît sur l'une des machines. Dans ces deux derniers cas (cf. chapitre 7), le surcoût varie entre 25 et 100%.
4. *Surcoût lié au test* : un projet haute-disponibilité (HD) exige des tests plus complets, en particulier pour vérifier que l'architecture HD fonctionne. Même sur le « simple » périmètre classique des tests fonctionnels, le niveau d'exigence sur le nombre d'anomalies résiduelles, qui conditionne la longueur (et par conséquent le coût) des tests, est plus élevé.

Lorsque l'ensemble des facteurs est pris en compte, l'impact de la haute-disponibilité varie entre 10 et 50% du coût complet. Cet exemple détaillé permet de mieux comprendre la règle schizophrène que nous avons énoncée :

1. Dans le cas d'un benchmark iso-industrie, les différences d'exigence de QoS existent, mais ne sont pas extrêmes, il est donc fort peu probable que les facteurs liés à la QoS expliquent une différence supérieure à 25%. L'analyse

1. Il s'agit d'une moyenne sur l'ensemble du projet, qui dilue l'impact sur le coût de développement. Cet impact est caractérisé par le facteur RUSE dans le chapitre 2 de *Software Cost Estimation with COCOMO II*. Si l'on s'intéresse au développement proprement dit, F. Brooke considère qu'un logiciel réutilisable coûte non pas 30% de plus, mais entre 100% et 200% de plus, selon E. Yourdon ou selon sa propre estimation.

des coûts unitaires est donc directement exploitable, si des différences notables (supérieures à 20%) apparaissent.

2. Dans le cas d'un *benchmarking* multi-industrie, il faut être très prudent et valider en premier lieu si les différents participants doivent faire face à des exigences similaires ou non.

3.5 COMPARER LE PROCESSUS

3.5.1 Comparer le cycle de vie

Nous allons terminer ce chapitre avec quelques observations de bons sens sur ce qu'il faut garder à l'esprit lorsque les résultats d'un *benchmarking* sont analysés, qui sont liées de façon directe ou indirecte aux processus internes de chaque DSI.

Nous avons déjà insisté sur l'importance de l'âge moyen du parc applicatif. Ce paramètre influe de nombreuses façons sur des indicateurs qui peuvent être produits par *benchmarking* :

- Il y a en premier lieu un impact direct sur les coûts et leur répartition (cf. chapitre 1 et section précédente). La figure suivante montre l'évolution de la répartition des coûts entre les projets, la maintenance et l'exploitation en fonction de l'âge moyen. Le modèle qui explique cette courbe est décrit dans l'annexe.
- L'âge augmente de façon logique le ratio maintenance/projet, et modifie de facto la physionomie de la DSI, voire son organisation. Les compétences et les enjeux pour faire vivre des applications ne sont pas les mêmes que pour en créer de nouvelles.
- Lorsque l'âge moyen dépasse la durée de vie d'un environnement applicatif (entre 3 et 5 ans), une partie importante de l'énergie est consacrée au portage et à la migration d'un environnement sur l'autre. Nous y reviendrons dans le chapitre 8.

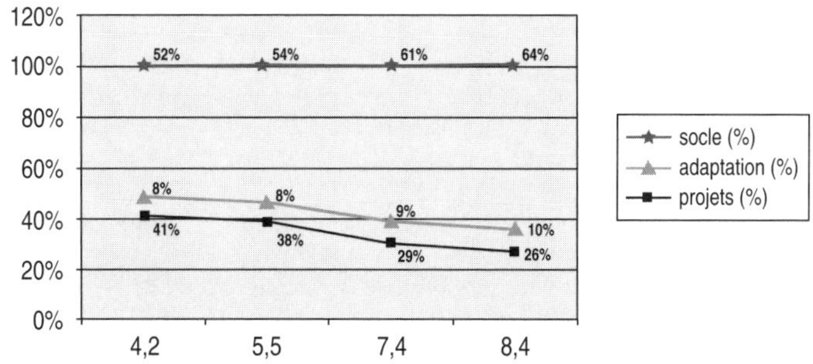

Figure 3.2 – Ratio projet/maintenance/exploitation en fonction de l'âge moyen

Un des intérêts d'un *benchmarking* détaillé est de pouvoir comparer la répartition des coûts par phase dans un cycle de développement projet. Sans rentrer dans le détail (nous reviendrons sur le coût des projets dans le chapitre 8), nous pouvons distinguer :

1. La phase amont (spécification et conception), qui porte environ 26% des coûts du projet[1].
2. La phase de développement, qui représente environ 36% des coûts du projet et se décompose, de façon sensiblement équivalente, en implémentation et tests unitaires.
3. La phase de test système, qui couvre les tests d'intégration, les tests d'exploitabilité et les tests de recette fonctionnelle. Cette phase de test représente environ 26% du coût du projet.
4. La phase de déploiement, c'est-à-dire la préparation des environnements de production et la mise en service, qui représente le reste du coût du projet, soit 12%.

Il est bien sûr intéressant de mesurer cette répartition par phase, et d'utiliser le *benchmarking* pour la comparer avec des entreprises de la même industrie. Il faut simplement faire attention au fait que les définitions de ces phases sont floues et que tout le monde ne fait pas la répartition de la même façon.

À titre d'illustration, nous pouvons évoquer le taux de management (encadrement) des projets. Les pourcentages donnés précédemment ne font pas cette distinction, mais on trouve plusieurs références dans la littérature (par exemple, 10% dans COCOMO II), et c'est un des indicateurs classiques des benchmarks et études de productivité. Ici aussi il faut être prudent et s'assurer qu'une définition commune et partagée de ce qu'est le taux de management est utilisée.

3.5.2 Comparer la réactivité

La réactivité, c'est-à-dire la capacité à réduire le « *time-to-market* » a également une grande influence sur la structure des coûts de la DSI, et donc sur les résultats obtenus par *benchmarking*. Pour simplifier, la DSI dispose de quatre leviers qui lui permettent d'augmenter sa réactivité au détriment de son positionnement dans un *benchmarking* des coûts :

1. L'augmentation de la capacité d'anticipation en ayant les ressources nécessaires pour démarrer rapidement les études liées aux nouveaux projets (cf. chapitre 4).

1. Il n'y a pas que lorsqu'on compare des *benchmarking* que les définitions des phases sont floues et difficiles à mettre en cohérence ! Ayant sur ma table une dizaine de sources, dont cinq livres qui sont dans la bibliographie, il est vraiment complexe de faire une synthèse. Je suis finalement parti de la décomposition de COCOMO II (Annexe 5), avec une légère correction qui reflète la « *rule of thumb* » de F. Brooke – *The Mythical Man-Month* – et les résultats du cabinet KLC, de telle sorte que les pourcentages indiqués soient également cohérents par rapport à ma propre expérience. Il faut répéter qu'il ne n'agit que d'un ordre de grandeur, il n'y a pas de distribution cible qui soit indépendante de la taille et du contexte de l'entreprise considérée.

2. La parallélisation systématique des tâches dans les plannings, alors que l'exécution séquentielle avec une validation soignée des livrables permet de mieux capitaliser et éviter certaines redondances.
3. Ce qui pourrait être qualifié de « développement exploratoire », qui est une combinaison de parallélisation et anticipation consistant « à prendre de l'avance » et à anticiper certaines tâches même si les tâches précédentes (au sens de la dépendance causale) ne sont pas terminées. Par exemple, le développement peut être lancé alors que la spécification n'est pas terminée en implémentant des variantes. Bien sûr, cette prise de risque se traduit par l'apparition du « *rework* », le fait de faire plusieurs fois de suite la même chose parce que le départ a été trop rapide.
4. La multiplication des « mises en production », pour éviter « l'effet calendrier », c'est-à-dire la difficulté de trouver un créneau pour installer une nouvelle application. Nous y reviendrons dans la troisième partie : la meilleure façon d'améliorer la qualité de service et réduire les coûts d'exploitation est d'imposer un calendrier lent et industriel pour les mises en production.

Nous n'avons pas inclus dans cette liste les investissements qui favorisent la réactivité (cf. section 2.5.3) car ils ont plutôt un effet positif sur les coûts récurrents. En effet, si pour faire la même chose, il faut écrire moins de lignes de codes et se reposer plus sur un « simple » paramétrage, cela diminue non seulement les délais mais aussi les coûts. En revanche, les quatre « leviers » de la liste précédente représentent un surcroît de dépenses volontaires pour améliorer le temps de développement[1]. Ce n'est pas forcément une mauvaise chose, et il existe des industries et des situations où la réduction du délai génère des gains qui compensent largement cette augmentation des dépenses.

S'il est décidé d'apprécier et de comparer les contraintes de réactivité entre deux entreprises pour affiner les résultats du *benchmarking*, il faut alors tenir compte du périmètre applicatif. En effet, la complexité est le premier facteur négatif en termes de réactivité. En clair, plus le système d'information est riche, plus il est difficile d'être réactif. Cette tension, illustrée par la frustration de la direction marketing de MonEp dans le premier chapitre, est d'autant plus importante qu'elle relève de la gouvernance du SI, c'est-à-dire de la responsabilité collective, et non de celle de la DSI.

Une des façons de résoudre ce paradoxe est précisément l'externalisation (*outsourcing*). L'externalisation impose la définition d'une frontière et d'un protocole pour gérer les échanges. Ce protocole agit comme un filtre contre les allers-retours incessants pour définir les besoins et réaliser les modifications. Cet avantage stratégique de l'externalisation vers un tiers est souvent plus important que l'avantage économique. L'externalisation permet de diminuer la complexité, et de faire, de façon implicite, des renoncements en termes de réactivité qui ne seraient pas faciles à obtenir au sein de l'entreprise.

1. Le fait que raccourcir le délai d'un projet informatique coûte cher est un axiome de la profession, voir par exemple les livres de T. DeMarco ou de F. Brooke.

Pour conclure, nous pouvons relever quelques indicateurs ou critères qui permettent, lors d'un *benchmarking*, de « comparer » les systèmes de gouvernance de l'entreprise, plutôt que la performance de la DSI :

1. La taille du parc applicatif, qui indique l'importance stratégique que l'entreprise accorde au système d'information.
2. Le pourcentage d'utilisation de progiciels par rapport à des développements spécifiques, qui dépend de deux caractéristiques stratégiques : la volonté de se différencier (quelque fois à l'excès) et le besoin de forte réactivité.
3. Le nombre de mises en production par an, qui reflète l'importance que l'entreprise apporte à sa réactivité.
4. L'âge moyen du parc applicatif, qui est un indicateur de maturité en termes de gestion patrimoniale.

3.6 RÉSUMÉ

– Un *benchmarking* qui ne donne pas une indication de la taille du parc applicatif a toutes les chances d'induire plus de conclusions fausses que de vraies (3.3.1).

– L'âge moyen du parc applicatif est également un facteur clé dans l'explication de la structure des coûts et dans l'organisation de la DSI (3.3.1 et 3.5.1).

– Le ratio des dépenses informatiques sur le chiffre d'affaires d'une entreprise est à utiliser avec prudence, soit comme un ordre de grandeur au sein d'une analyse macro-économique, soit de façon tendancielle (3.4.1).

– Les progrès continus des technologies de l'information doivent se refléter dans une baisse lente mais constante des coûts de la DSI à périmètre constant, au risque de voir apparaître des alternatives *low-cost* (3.4.1).

– Le ratio projet/récurrent (montant des dépenses liées aux projets divisé par les dépenses récurrentes d'exploitation) n'est pas un bon indicateur de la performance d'une DSI (3.4.1).

– La qualité de service, qu'il s'agisse de performance ou de disponibilité, a un coût dont il faut tenir compte dans le cadre d'un *benchmarking* (3.4.2).

– Un projet informatique comporte quatre phases : conception, développement, test et déploiement, dont les poids approximatifs sont 26%, 36%, 26% et 12% (3.5.1).

– La réactivité de la DSI est une caractéristique importante selon les exigences de « *time-to-market* » de l'entreprise, qui s'obtient de différentes façons, mais le plus souvent au détriment de l'efficacité économique (3.5.2).

– L'externalisation ne doit pas être vue d'un point de vue purement financier : c'est une option stratégique qui permet de réduire la complexité et limiter les contraintes imposées par le besoin de réactivité (3.5.2).

DEUXIÈME PARTIE

Système d'information et organisation

4

Organisation et flux d'information

4.1 ILLUSTRATION : « AUDIT ORGANISATIONNEL DE LA DSI »

Caroline regarde sa montre pour la deuxième fois. Elle n'aime pas les réunions qui commencent en retard, même s'il s'agit d'un petit déjeuner. Noémie Lagourd, la DRH, est en pleine conversation avec Paul Bellon ; Armand Pujol profite des croissants tout en consultant son Blackberry. Armand, dont la haute stature est accentuée par une épaisse chevelure bouclée, est le directeur du *Business Development* de MonEp.

« Excusez notre retard », déclare Antoine Viener en entrant dans la pièce en compagnie de son invité. « Je vous présente Jean-Pierre Lestrade, qui est un *senior associate* du cabinet *HeadStart*. Jean-Pierre a réalisé une mission sur la réorganisation de la direction technique de notre concurrent BPN, et j'ai pensé qu'il serait intéressant de discuter autour des idées et des principes proposés par *HeadStart* à BPN, sans rentrer dans le détail de la mission bien entendu.

– Bonjour à tous, je suis très heureux de faire votre connaissance et de pouvoir discuter d'organisation. Antoine m'a brièvement décrit l'organisation de MonEpargne.com et de sa DSI ». Jean-Pierre Lestrade a une voix grave et posée, en harmonie avec ses cheveux blancs et sa forte corpulence. Caroline ne l'a jamais rencontré, mais elle a beaucoup entendu parler de lui, en termes élogieux.

« En fait, j'aimerais vous parler de deux sujets : l'organisation en tant que structure, et l'organisation en tant que machine, dont le fonctionnement peut être fludifié et accéléré. Bien sûr je vais m'appuyer sur l'exemple de BPN, mais je préfère traiter le sujet de façon générale, et d'ailleurs pas forcément uniquement celui d'une DSI. En matière d'organisation, nous avons travaillé sur deux directions : l'alignement de la structure sur les processus métiers de l'entreprise et l'aplatissement des hiérarchies ».

Caroline se dit que c'est un bon choix de sujets : on ne parle que de cela dans la littérature sur le management et ils sont tout à fait d'actualité à MonEp. D'ailleurs, Jean-Pierre Lestrade a l'attention des cinq participants, plus personne ne touche son assiette.

« L'orientation processus d'une DSI peut se comprendre de plusieurs façons. On peut s'appuyer sur les processus internes, en utilisant un référentiel des processus de développement et d'exploitation, COBIT par exemple. L'organisation de la DSI autour de ses propres processus est une bonne pratique, mais elle n'est pas suffisante pour une entreprise de service grand-public, surtout si elle utilise les nouvelles technologies et les nouveaux canaux pour communiquer avec ses clients. Dans ce cas, le système d'information est « la colonne vertébrale des processus clients », et il faut que la DSI soit organisée de façon à optimiser la performance de bout en bout des processus, du point de vue du client. Bien entendu, ce n'est pas une question propre à la DSI : il n'est pas suffisant d'aligner la DSI sur les processus, si ce n'est pas le cas pour l'organisation de l'entreprise en général, mais c'est particulièrement important pour la DSI, pour assurer la qualité de service et la réactivité en cas d'incidents.

– Est-ce que cela signifie que vous pensez qu'il faut créer des directions de la DSI qui correspondent aux principaux processus, tels que la vente de produits, la consultation de comptes ou l'utilisation de services ?

– Oui, mais il faut aller plus loin. Armand Pujol interrompt Caroline. Il faut rétablir une unité de commandement et de ressources pour les processus clés. Avec les logiciels intégrés que tu nous installes, il y a trop de parties prenantes. Il faudrait que tu sépares les fonctions des logiciels par processus et que tu les installes sur des serveurs séparés. De telle façon, chaque processus pourrait gérer ses projets de façon très autonome et très agile, avec ses propres ressources.

– Cela n'a pas de sens, réplique Caroline, une grande partie de nos logiciels sont des progiciels, que nous ne pouvons pas décomposer. Même si nous n'utilisions que des développements spécifiques, construire un SI de cette façon nous coûterait très cher. Un grand nombre de processus utilisent les mêmes fonctions, la construction des logiciels essaye précisément de les mutualiser ».

– Vous avez, bien entendu, raison. Jean-Pierre Lestrade rassure Caroline. La réduction continue des coûts d'opérations est un postulat de votre industrie, et elle suppose de mutualiser ce qui peut l'être. Il ne faut pas de revenir en arrière, mais de faire en sorte que l'existence de composants ou de services communs ne soit pas un frein à l'efficacité des processus. Plus précisément, il faut que la collaboration et l'orchestration entre les différents services, qui correspondent à l'exécution des processus, soient assurées de façon explicite par une structure visible de l'entreprise, avec ses ressources et sa légitimité. Sinon, la logique propre de chaque service prime sur la vision globale et on obtient une entreprise en « silos », avec une perte d'efficacité dans le déroulement des processus.

– Cela veut-il dire qu'il faut mettre en place une organisation matricielle ? demande Armand Pujol.

– Pas forcément ; ce que nous avons proposé pour BPN est une approche plus légère, et moins perturbante pour les collaborateurs. Nous l'avons appelée l'organisation par « courants ». Un courant de force est un ensemble de moyens, financiers, organisationnels et logistiques, associés à un objectif de l'entreprise. Nous avons réduit l'importance de l'organisation fonctionnelle en place en réduisant sa complexité et surtout en l'aplatissant. Cette organisation hiérarchique allégée n'est pas « auto-porteuse », elle ne se suffit pas à elle-même. Pour piloter l'entreprise, elle a besoin de ces courants, qui sont précisément définis à partir d'une segmentation des processus clients. » Jean-Pierre Lestrade fait circuler un document avec une figure centrale, un mélange de formes colorées et de flèches qui est visiblement incompréhensible pour la plupart des participants, au vu de leurs airs ahuris.

« La combinaison entre une structure orientée-processus, qui est dynamique et légère, tout en autorisant les croisements et la redondance, et une structure hiérarchique simple et réactive parce que peu profonde, semble donner de bons résultats.

– Je ne suis pas favorable aux structures trop aplaties, intervient Noémie Lagourd, plus le nombre de collaborateurs directs augmente, moins chaque manager peut leur consacrer du temps. À la fin, les points en *one-to-one* n'ont lieu qu'une fois par mois, il n'y a plus d'échange personnel, et les relations sont réduites au pilotage opérationnel. Mon expérience est que pour pouvoir réfléchir de façon stratégique et préparer l'avenir, il ne faut pas dépasser les équipes de sept : au-delà, il y trop de participants aux comités de direction pour réfléchir, et pas assez de temps dans les points individuels pour aborder la stratégie.

– C'est parce que tu veux faire jouer tous les rôles à la structure hiérarchique », répond Antoine, en indiquant le triangle rose pâle qui est au centre du document. « L'avantage d'une structure plate, c'est que l'information circule mieux et que l'ensemble de l'organisation est mieux aligné sur les objectifs de la direction générale. Dans notre business, la réactivité est fondamentale, et elle repose sur la fluidité de la propagation des priorités et des changements d'orientation.

– Cette notion de fluidité est vraiment importante, cela a été notre deuxième axe de travail à la BPN « Jean-Pierre Lestrade reprend la parole en souriant, avec l'autorité du professeur qui apprécie la vivacité de ses élèves. » Alléger l'organisation hiérarchique, ce n'est pas seulement l'aplatir, c'est également la maintenir en tension du point de vue des ressources, ce que l'on appelle le *lean management*. La recherche du « poids de forme optimal » est une bonne pratique pour une DSI, mais aussi pour les autres directions de l'entreprise. Une organisation « maigre », si je peux dire, est alignée par défaut. Elle n'a pas les ressources pour diverger et conduire plusieurs stratégies au même moment. Au contraire, dès qu'il y a un peu de sureffectif, on constate que les collaborateurs créent leur propre activité et affaiblissent l'efficacité générale.

– C'est une question de management, réplique Caroline, il faut savoir gérer les variations de charge. Moi, je constate, au contraire, qu'il faut un peu de « gras », pour rester sur le même registre, pour pouvoir capitaliser et pour pouvoir anticiper. Lorsque nous sommes en sous-capacité, ce qui nous arrive, je constate que nous ne sommes plus capables de piloter le long et le moyen termes avec pertinence, donc efficacité.

– Je suis d'accord avec vous, c'est une question de management, on peut appliquer une approche « *lean* » et conserver des capacités d'anticipation. Il faut juste s'assurer que ces capacités sont identifiées avec précision en termes de localisation et d'utilisation. L'absence de fluidité conduit à ce que j'ai décrit comme des « silos ». Chacun reste dans son organisation et toute transition d'un silo à un autre prend trop de temps. Le stress induit sur la gestion des ressources conduit à une entreprise plus rigide et plus lente. Pour éviter cela, il faut multiplier les « généralistes », les collaborateurs dont le champ de compétence s'étend sur un spectre large, ce qui permet d'assurer une partie du suivi *de bout en bout*.

– Certes, mais nous avons également besoin de spécialistes, d'experts. Nous avons besoin de collaborateurs stables, même de collaborateurs à cheveux blancs – Caroline ajoute cette remarque avec le sourire – pour capitaliser notre expérience, retenir ce qui fonctionne mais surtout comprendre nos erreurs. Cela étant, je trouve votre approche centrée sur la propagation de l'information très intéressante et elle me fait mesurer ce que des *spécialistes*, comme HeadStart, peuvent apporter en termes d'organisation. Cependant, il y a un travail complexe d'adaptation à la situation de MonEp et certains objectifs sont contradictoires. Comment pourriez-vous nous aider ?

– Il n'existe pas de solution magique, chaque organisation représente un compromis », acquiesce Jean-Paul Lestrade . « Comme vous l'avez compris, il existe un certain nombre de leviers en termes d'organisation, qui agissent sur un certain nombre de caractéristiques dont nous venons de parler, telles que la réactivité, la flexibilité, l'optimisation de l'allocation de ressources. Certains de ces leviers ont des effets antagonistes, et ce qui est adapté à une organisation ne l'est pas forcément à une autre. La bonne méthode est de commencer par faire un bilan des forces et des faiblesses de l'organisation en place, et d'identifier le sous-ensemble des caractéristiques – capitalisation, réactivité, alignement, cohérence, … – sur lesquelles on souhaite agir. Une réorganisation consiste alors à mettre en place quelques leviers adaptés à ces objectifs, puis à évaluer quelques mois plus tard si l'action combinée va dans le bon sens.

– Voici une démarche qui me plaît, conclut Paul Bellon, une véritable application de PCDA – la roue de Deming : *Plan, Do, Check, Act* – au domaine de l'organisation. »

4.2 COMMENTAIRE

La thèse que nous allons développer dans ce chapitre est qu'une des fonctions principales d'une « organisation », qu'il s'agisse d'une direction ou d'une entreprise, est de permettre et de réguler le transfert d'information. Le terme « organisation » est pris de façon générale, il englobe la structure hiérarchique[1] et les relations de

1. Une structure hiérarchique correspond à une décomposition (d'un « système » en « sous-système ») et à une « encapsulation » dans laquelle les niveaux supérieurs n'ont pas besoin de connaître l'ensemble des détails des niveaux inférieurs. Un exemple de cette structure est fourni par les grands groupes dont les interfaces sont purement financières. La remise en cause de la structure hiérarchique vient de la difficulté à fonctionner avec des interfaces statiques dans un monde qui évolue constamment.

pouvoir, la structure des comités et réunions de décision, le mode opératoire de l'entreprise ainsi que ses outils. Si nous poursuivons la métaphore de la société de la connaissance où chaque collaborateur est un agent (le terme anglais est « *knowledge worker* ») qui collecte, transforme et produit des informations, l'impact de l'organisation, au premier ordre, se déduit de sa capacité à véhiculer les flux de communication (le transport) et les commandes (ce qui s'appelle la *signalisation* en théorie des communications[1]).

Il ne s'agit pas de réduire le rôle de l'organisation à une seule fonction de transfert des flux d'information. Pour reprendre l'analyse proposée par L. Bolman et T. Deal, une organisation combine quatre types de rôles : structurel, social (point de vue des ressources humaines), politique et symbolique[2]. Ces quatre aspects sont présents dans toute entreprise, et devraient, par exemple, être pris en compte lors d'une réorganisation de MonEp. Le thème de la réorganisation, fut-ce celui d'une DSI, dépasse le cadre de ce livre. Le rôle qui nous intéresse ici n'est qu'une partie du rôle structurel. En revanche, ce rôle est fondamental, il est fortement lié au SI et il est dans le périmètre du thème « système d'information », pris dans le sens le plus large. De plus, il est particulièrement pertinent dans le cas de l'organisation d'une DSI. Sans vouloir tomber dans la caricature, les rôles politiques et symboliques y sont moins développés, tandis que la complexité du découpage des tâches induit un fort travail de coordination, donc un rôle fondamental de la gestion des flux d'information.

Nous allons développer ce rôle de l'organisation selon deux axes. Le premier axe consiste à étudier quelques questions fondamentales de l'organisation, d'une DSI ou d'une entreprise, au travers du prisme de l'échange d'information. Nous allons reprendre une partie des discussions qui ont été évoquées dans le dialogue entre JP Lestrade et l'équipe de MonEp. Cette analyse pourrait être poussée de façon plus formelle, ce que nous proposerons dans l'annexe II[3]. Le deuxième axe, de façon symétrique, consiste à voir comment les procédures et les outils du système d'information peuvent contribuer à l'organisation de l'entreprise et à la facilitation du transfert

1. Une introduction à l'utilisation de la théorie de la communication dans l'entreprise se trouve dans *Manager dans la complexité* de D. Genelot (chapitre 7). Pour aller plus loin, on peut lire *Information, complexité et hasard* de Jean-Paul Delahaye. Les chapitres 1 (sur l'information) et 3 (sur les classes de complexité) sont passionnants, mais destinés à des lecteurs avertis. Le lecteur courageux (et scientifique) qui souhaiterait poursuivre après la lecture du livre de D. Genelot peut également lire *Théorie de l'information* de G. Battail.

2. Ce livre n'a pas la prétention de traiter le sujet de l'organisation de façon complète ou approfondie. Je recommande, en tant qu'introduction, la lecture de *Reframing Organizations* de L. Bolman et T. Deal. La deuxième partie traite de l'aspect structurel, de l'architecture organisationnelle, que nous allons évoquer dans la troisième section. Sur le même sujet, lire également *Organisational Architecture* de D. Nadler, M. Gerstein, R. Shaw.

3. Les relations entre l'organisation et la communication interne dans l'entreprise forment un sujet qui a été abondamment étudié (pour une synthèse, lire l'article *Articulation of Communication Technology and Origanizational Form* de J. Fulk & G. DeSanctis, paru en 1999 et reproduit dans le livre *Classics of Organization Theory*), mais le plus souvent de façon qualitative. Il existe, pour l'instant, peu de travaux quantitatifs qui intègrent l'usage des nouvelles technologies de communication.

d'information et du pilotage. Cet axe se poursuit dans le chapitre suivant, où nous soulignerons le rôle émergent du SI dans la communication à l'intérieur de l'entreprise.

La section suivante est consacrée à l'organisation, ainsi que ses liens avec le pilotage des processus métiers. La section 4.4 poursuit l'analyse des discussions présentées dans notre sociodrame en termes de dimensionnement de l'organisation – le concept de « *lean management* » – et sur la pertinence de la spécialisation. La dernière section s'intéresse à la transmission d'information et à la chaîne de commande et de pilotage dans l'entreprise. Nous poursuivrons la réflexion dans le chapitre 5 sur l'utilisation des canaux d'information et sur leur pilotage au travers des outils du système d'information.

4.3 ORGANISATION ET STRUCTURES

4.3.1 Quelle orientation-processus pour l'organisation ?

L'organisation de l'entreprise par rapport à ses processus est un sujet complexe qui a fait l'objet de nombreux livres. Un des spécialistes du sujet est sans conteste J. Galbraith[1], qui a influencé une grande partie des auteurs qui traitent des structures des organisations et de leur adaptation progressive au concept de processus. La thèse commune à la plupart des analyses peut être résumée brièvement comme la nécessité de dépasser la structure hiérarchique[2]. La structure hiérarchique, souvent caractérisée par sa forme bureaucratique, est née de la spécialisation et du management scientifique de F. Taylor et de la tradition de contrôle-commande des organisations militaires[3]. La structure hiérarchique a besoin de stabilité sous toutes ses formes pour

1. Ce chapitre et l'annexe II sont directement inspirés de *Designing Organizations*. Dans ce livre de J. Galbraith, se trouve l'essentiel en termes de concepts (comment caractériser les structures en fonction de leur forme) et de principes (par exemple, pourquoi il n'existe pas de structure idéale). Une des idées forces est que l'organisation est un processus continu, une recherche de l'amélioration continue qui inspire directement la méthode préconisée par JP Lestrade. Pour le lecteur qui souhaite approfondir sa culture en matière de théorie des organisations, je recommande *Classics of Organization Theory* de J. Schafritz et J. Steven Ott, pour ce qui est de l'histoire des idées, et *Managing People and Organizations*, de J. Gabaro, que je vais citer abondamment dans ce chapitre.
2. Sur la critique de la hiérarchie et la promotion des organisations alternatives, lire *Managing the Evolving Corporation* de L. Morris ou *Organizational Architecture* que nous avons précédemment cités. Je m'appuie également sur *From the Ground p : Six Principles for Building the New Logic Corporation* de Edward E. Lawler.
3. Le contrôle-commande militaire repose sur une boucle fermée avec un canal de retour. Le cas de l'organisation militaire est très intéressant, avec une évolution depuis un modèle traditionnel, encapsulé et distribué, vers une armée « technologique » qui aplatit les organisations et renforce le lien depuis l'état-major jusqu'au soldat sur le terrain. Pour comprendre cette vision moderne et technologique, lire *Modeling Human and Organizational Behavior* édité par R.W. Pew et A.S. Mavor.

bien fonctionner : stabilité du périmètre, stabilité du rythme d'activité, stabilité des compétences. Elle est en revanche peu adaptée aux changements, en particulier parce que la rigidité implicite la rend peu adaptée aux processus d'apprentissage (en dehors de l'amélioration continue des processus existants). Le mode de contrôle-commande hiérarchique est efficace pour des tâches simples mais se prête moins aux problèmes complexes rencontrés par les « *knowledge workers* ». La culture de bureaucratie qu'elle produit est tournée sur elle-même, ce qui la rend peu adaptée pour servir de fondation à une entreprise tournée vers ses clients[1].

Quel est le sens de l'« orientation processus » ? Ce néologisme anglo-saxon traduit le souci de rendre explicite, dans l'organisation, la structure des processus métiers. Un processus métier est un enchaînement de tâches ou d'activités, tournées vers un but, qui créent de la valeur et apportent un service au client. L'emphase sur la notion de processus est doublement motivée : d'une part, elle permet de travailler sur les services tels qu'ils sont perçus par les clients (ce qui se désigne par l'expression « orientation client ») et, d'autre part, les processus forment la fondation de l'optimisation continue (le *kaizen* dont nous parlerons dans le chapitre suivant). L'optimisation des processus de l'entreprise est devenue une discipline à part entière sous le nom de BPM (*Business Process Management*)[2]. Il existe plusieurs types de processus dans l'entreprise, comme l'expliquait JP Lestrade dans notre sociodrame. Selon E. Lawler, l'organisation doit être centrée en priorité sur les processus latéraux (qui correspondent à la représentation horizontale de la figure, les processus métiers) par rapport aux processus « hiérarchiques » (qui représentent les processus de fonctionnement à l'intérieur des directions métiers/ compétences). Il ne s'agit pas d'oublier les seconds, mais bien de les dé-prioriser pour mettre les clients et les produits (ou les services, selon l'entreprise) au premier plan.

La figure suivante est une représentation simplifiée du dilemme de l'organisation par rapport aux processus de l'entreprise. Nous avons représenté un certain nombre de processus, de fonctions et de compétences. Les fonctions sont des regroupements d'activités qui présentent une certaine unité (marketing, vente, etc.). Le regroupement de fonctions en direction permet de mutualiser des ressources, des compétences ou d'assurer une certaine cohérence. Par exemple ne disposer que d'une seule direction client au lieu de trois n'est pas simplement moins cher, c'est également une façon de garantir un accès plus simple au client (unité d'accès, d'ergonomie, de style, etc.). Le diagramme représenté ici ne présente que les trois dimensions les plus évidentes pour MonEp, la dimension géographique/distribution serait également pré-

1. Ce thème est très bien expliqué dans le livre de Francois Dupuis : *Sociologie du changement*, ainsi que dans les ouvrages précédemment cités. Un résumé en une page ne peut pas faire justice à une pensée aussi riche.

2. Il existe de nombreux livres sur le BPM (dont *Urbanisation et BPM*, déjà cité). Je recommande la lecture de *Business Process Management* de R. Butlton. Les deux premiers chapitres forment une très bonne introduction aux causes du BPM. Le troisième chapitre contient une description du BPM en dix principes qui est très claire et très pertinente. En particulier, R. Burlton fait le lien entre l'optimisation des processus, la gestion de la qualité totale et la gestion de la connaissance.

sente pour la plupart des entreprises. Le diagramme[1] permet d'envisager de façon immédiate quelques questions d'organisation :

- Faut-il des directions par processus, par métier, par compétence ?
- Faut-il regrouper les compétences en « *shared services* » ou les laisser dans les directions métiers/processus ?
- Faut-il conserver un modèle hiérarchique ou adopter une approche matricielle, à deux dimensions ou plus ?

Je renvoie le lecteur à la lecture du livre de J. Galbraith pour une discussion détaillée, nous nous contenterons d'admettre que, d'une part, il n'existe pas de solution idéale et, d'autre part, toute solution est un compromis qui correspond à une priorisation entre différentes dimensions qui sont toutes nécessaires.

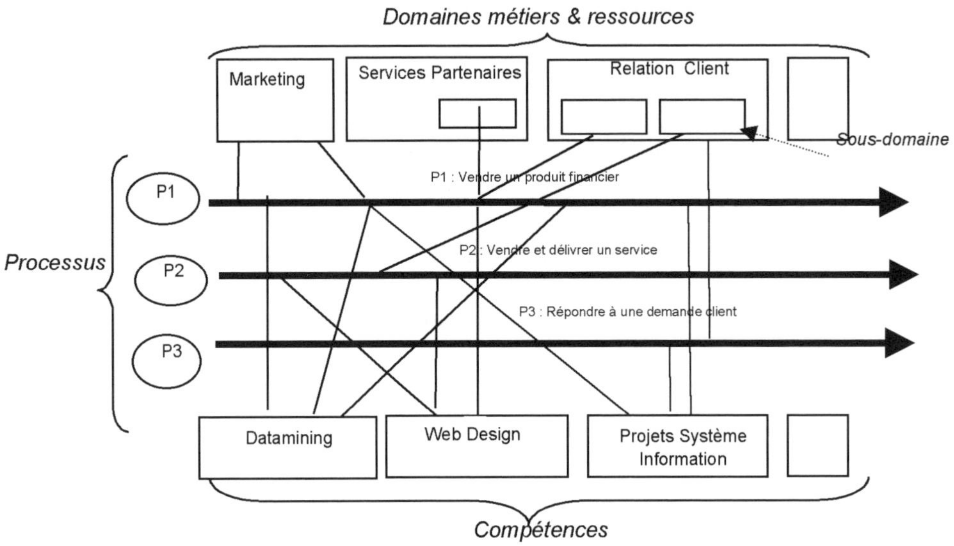

Figure 4.1 – Organisation et processus

Une tentative de compromis pour dépasser cette difficulté est la notion d'organisation matricielle. L'approche matricielle permet de choisir deux dimensions (par exemple, processus et fonction) et de créer deux hiérarchies de telle sorte que chaque collaborateur appartient virtuellement à deux organisations. L'exemple le plus classique est la matrice métier/géographique, qui est implémentée dans les grandes entreprises informatiques (comme IBM ou HP). La mise en œuvre est très complexe

1. Cette figure est très approximative. Il existe une figure similaire, expliquée avec plus de détails dans le livre préalablement cité de D. Genelot *Manager dans la complexité*, qui insiste (fort justement) sur la mutualisation des ressources dans une organisation par processus.

car il faut beaucoup de temps pour mettre en place une culture dans laquelle il est naturel d'avoir deux chefs[1].

Si l'approche matricielle n'est pas adaptée, nous sommes conduits à explorer les approches hybrides, qui consistent à choisir une des dimensions (processus/fonction/compétence) pour construire une organisation hiérarchique, qui est ensuite complétée par des « dispositifs transverses » (nous allons reconnaître l'idée des courants de HeadStart). Quels sont les dispositifs possibles[2] ?

- La notion de « mission transverse » qui est une déclinaison fonctionnelle (douce) de l'approche matricielle. La seconde dimension de l'organisation est déclinée avec des « rattachements fonctionnels » au lieu d'un double rattachement hiérarchique. Le « chef de mission » possède donc une organisation fonctionnelle pour mener à bien sa mission (par exemple, le suivi de la qualité de service associée à un processus)
- Les « comités » sont des lieux de décisions qui ont un rôle politique et symbolique fort, ce qui permet de mettre en valeur une des dimensions « cachées ».
- Le pilotage par indicateur, pour peu que ces indicateurs soient associés à des objectifs liés à la rémunération, est également une façon de remettre l'accent sur une dimension. Pour prendre un exemple « à contre-pied », dans une organisation qui est globalement organisée en termes de processus, il est possible de définir des objectifs, de mutualisation et de partage des ressources, qui mobilisent des acteurs – qui sont organisés de façon horizontale (processus) – sur des objectifs verticaux (optimisation de ressource par fonction).
- L'attribution de ressources propres, en particulier des ressources financières. Par exemple, nous en reparlerons dans le chapitre 8, si l'entreprise est organisée en directions métiers fonctionnelles, il peut être intéressant d'allouer une partie des budgets pour les projets informatiques selon les processus métiers. L'attribution de ressources propres couvre également les ressources qui ont un rôle symbolique, comme des locaux, un site web dédié (des outils collaboratifs tels que ceux dont nous avons parlé dans le chapitre précédent), etc. Comme il s'agit également de changer la culture, il ne faut pas sous-estimer le rôle symbolique.

Pour résumer cette première prise de contact avec le sujet, il faut retenir deux choses. Premièrement, l'organisation doit faire apparaître de façon explicite les processus métiers de l'entreprise. Deuxièmement, ceci se fait avec un ensemble de

---

1. Sur ce point, lire le chapitre 6 du livre de P. Drucker *The Essential Drucker*, que je peux également recommander en tant que présentation historique des concepts du management. P. Drucker souligne la difficulté d'avoir plusieurs chefs, avec quelques exemples auxquels je pourrais ajouter l'Evangile selon Saint-Mathieu (chapitre 6, v.24 : « Nul ne peut servir deux maîtres ... »).
2. Le chapitre 11 du livre de M. Porter *Competitive Advantage* est consacré aux caractéristiques de l'organisation qui favorisent les partenariats stratégiques (on parlerait aujourd'hui d'entreprise étendue). Très logiquement, M. Porter fait une forte analogie avec l'orientation processus et la dimension « horizontale » de l'organisation. Le chapitre 11 contient l'essentiel des idées qui sont présentées ici.

méthodes qui peuvent être combinées, évaluées et adaptées de façon continue : l'organisation est un processus créatif[1].

4.3.2 Organisation et flux d'information

Si l'organisation est considérée comme un outil de transfert d'information, il devient évident qu'il faut traiter le « système management » (la structure hiérarchique) et le « système réunion » (l'ensemble des comités et réunions planifiées) comme un ensemble. Nous allons analyser le « système réunion » dans la section 4.5. L'influence entre ces deux « systèmes » est double : le management hiérarchique engendre des réunions de partage d'information (sous forme de points individuels ou comité d'équipe) et les comités représentent une forme alternative d'exercice de pouvoir et de décision comme nous l'avons souligné précédemment. Le système réunion offre beaucoup plus de souplesse pour complémenter la structure hiérarchique que l'approche matricielle, encore faut-il ne pas en abuser (cf. section 4.5.1 et également le chapitre suivant)[2].

Les réflexions que nous allons développer sont tirées d'une étude sur les flux d'information, présentée en annexe, selon trois axes :

- La **latence** de la transmission d'information, c'est-à-dire le temps qu'il faut pour propager une information. Un des objectifs d'une organisation est de réduire la latence pour rendre l'entreprise plus réactive.
- Le degré de **connectivité** de l'entreprise, c'est-à-dire la longueur moyenne des chemins qui permettent de véhiculer l'information. Un des fondamentaux de la théorie de la communication est que la fidélité diminue avec le nombre d'échanges. Un des objectifs d'une bonne organisation est d'assurer l'existence de chemins directs pour les sujets les plus prioritaires[3].
- La gestion du **temps** nécessaire pour les communications. L'acte de communiquer prend du temps, un temps variable selon les canaux et les usages. La ressource temps étant la plus rare dans l'entreprise, l'objectif de l'organisation

---

1. On trouve souvent dans la littérature, par exemple dans *Designing Organizations*, les termes d'organisation recomposable, d'organisation en réseau ou d'organisation virtuelle, pour désigner cette capacité à pouvoir modifier de façon dynamique les « courants transverses », qu'il s'agisse de processus ou de projets.
2. L'importance du temps laissé pour se connaître et apprendre à bien travailler ensemble ne doit pas être sous-estimé. Ce point est souligné dans la conclusion de l'article de B. Nardi *Beyond Bandwidth : Dimensions of Connection in Interpersonal Communication*, in *Computer Supported Cooperative Work* (2005), vol. 14, Springer : « *The need for speed and cost saving encourages distributed work, necessitating mediated communication, and yet the clocks tick faster, the deadline grow shorter. The use of short term "virtual teams" and matrixed organizational schemes means workers have less time to get to know one another. We do not yet know the long term effects that attenuated social relations in the workplace may have, but there are certainly hidden costs involved.* »
3. Ce sujet est développé avec talent dans le livre de M. Gladwell *The Tipping Point* Nous y reviendrons (cf. en particulier la notion de degrés de séparation) dans l'Annexe II. Le livre de M. Gladwell s'intéresse à la « contagion des idées » et aux réseaux sociaux qui lui sont nécessaires.

est d'assurer la mutualisation lorsqu'elle est possible et la priorisation pour conserver la flexibilité nécessaire.

Un corollaire de cette vision centrée sur la communication dans l'entreprise est que l'organisation est sensible à l'usage des canaux électroniques. Le prochain chapitre traitera des outils tels que le courrier électronique, les intranets, les téléphones portables ainsi que leur intégration avec le système d'information. Il faut que la communication physique, qui est structurée par la combinaison des systèmes management/réunion soit complémentaire de la communication au travers des outils dans la mesure où ces canaux ont leurs propres avantages et inconvénients.[1] Nous allons y revenir dans la section 4.5.

L'importance de la communication interne dans l'organisation de l'entreprise dépend néanmoins fortement de la taille. Une grande partie de ces préoccupations n'a pas de sens dans le contexte d'une PME. Pour simplifier, la charge de travail (le temps de réalisation des activités) peut être considérée comme proportionnelle au nombre de collaborateurs, tandis que la charge de communication évolue souvent de façon quadratique. La même remarque s'applique à la complexité des processus : la charge de coordination augmente plus rapidement que le nombre de tâches à coordonner. Nous pouvons d'ailleurs remarquer que les contraintes et opportunités de mutualisation sont également fonction de la taille. Pour que la mutualisation ait un intérêt économique, il faut atteindre une certaine taille critique. La création d'un service associé à une compétence particulière ne se justifie que lorsque la gestion de la mutualisation nécessite une coordination. En conséquence, une partie des dilemmes organisationnels présentés dans la section précédente sont le propre des grandes entreprises.

Il est quelque peu réducteur de parler de taille, puisqu'il s'agit plutôt de la taille des équipes nécessaires pour accomplir les missions et faire fonctionner les processus. Dans certaines entreprises fortement distribuées, par zones géographiques ou par projets (par exemple des chantiers), la grande taille, c'est-à-dire un grand nombre de collaborateurs, peut être combinée avec des équipes « à taille humaine ». Au contraire, les entreprises de services qui s'adressent au grand public sont souvent dans la nécessité de mobiliser une partie importante des ressources humaines pour chacun des processus[2].

Dans un tel contexte, la coordination prend souvent le pas sur le travail individuel. Autrement dit, le « *knowledge worker* » passe plus de temps en réunion à trans-

1. Il est intéressant de replacer cette question des TIC dans le contexte de la théorie de la firme et de coûts de transaction de Ronald Coase. Le prix Nobel de l'économie, dans son article célèbre *The Nature of the Firm* fait émerger la notion d'entreprise à partir du concept de « coût de transaction », qui est plus faible à l'intérieur d'une entreprise, ce qui apporte un avantage compétitif à une entreprise par rapport à une simple collaboration économique. Les TIC ont fait baisser ces coûts, ce qui a produit les concepts d'entreprise étendue, d'externalisation, etc. L'optimisation des coûts de transaction interne au moyen des TIC est un enjeu majeur de compétitivité.

2. C'est clairement le cas pour Bouygues Telecom où, pour reprendre une citation de Martin Bouygues, 6000 collaborateurs sont au service d'un client unique.

mettre de l'information qu'à produire sa propre valeur ajoutée. C'est également ce qui est désigné communément sous le nom de « porteur de seaux » (le porteur de seaux est celui dont le rôle se limite au transfert d'information). La critique du « porteur de seaux » est partiellement injuste, car il est normal qu'une partie importante du temps soit consacré au transfert d'information sur un projet ou un processus de grande taille (i.e., avec de nombreux intervenants). Une façon de réduire cette charge est de réduire le nombre d'intervenants en évitant la trop grande spécialisation, ce que nous allons voir dans la section suivante. L'autre façon de réduire le problème est précisément l'optimisation des flux, et en particulier du « système réunion », ce qui sera évoqué dans la section 4.5.1.

Cette gestion de la coordination dans une grosse structure est accentuée par l'aspect dynamique. Les variations de charge créent de façon naturelle des poches de surcapacité. Dans une petite structure, elles sont résorbées par capillarité : l'employé sous-utilisé peut trouver des activités judicieuses dans son environnement local. Il y a un lissage naturel des capacités par les besoins. Dans une structure plus importante, il existe une opportunité d'« auto-allumage » : la surcapacité atteint une masse critique et génère sa propre activité. Dans certains cas, cette activité est de type « méta » : elle consiste à regarder « travailler les autres » et à construire des modèles, des tableaux de bord, des instruments de pilotage, etc. Le plus souvent, il se crée un « mouvement brownien » autour de la stratégie de l'entreprise. Les projets deviennent plus complexes, les expressions de besoins s'enrichissent, des nouvelles directions sont explorées. Cette observation nous conduit naturellement à aborder le thème du « *lean management* » dans la section suivante.

4.4 SPÉCIALISATION ET DIMENSIONNEMENT

4.4.1 L'approche « lean »

Le thème de l'« amaigrissement » de l'entreprise est à la mode depuis une quinzaine d'années, sous toutes les formes de la métaphore. Cela conduit à des expressions célèbres comme « dégraisser le mammouth », ou à l'utilisation de « *rightsizing* » comme euphémisme pour une diminution d'effectif. Ce qui était au départ une référence au principe du « *lean manufacturing* » (sur lequel nous allons revenir[1]) est devenue une pensée autonome, qui se nourrit dans le fantasme collectif de la supériorité de la « minceur », et qui peut être résumée par quelques idées générales[2] :

1. Pour une explication détaillée et enthousiasmante du « *lean manufacturing* », lire *The Toyota Way* de J. Liker. Pour une introduction plus générale sur les bénéfices du « *lean thinking* », lire *Lean Six Sigma* de M. George, une introduction à la méthode de TQM (*Total Quality Management*) qui combine l'approche statistique du six-sigma (GE, Motorola) et l'approche « lean ». Lean Six Sigma est en passe de devenir l'approche TQM de référence, par exemple chez IBM.
2. Je ne peux m'empêcher de produire ici une citation d'Alain, chère à Nonce Paolini : « Toutes les idées générales sont fausses, et d'ailleurs ceci est une idée générale ».

- minimiser les effectifs diminue les coûts (ce qui est vrai de façon générale, mais pas toujours significatif au vu du poids des salaires dans les coûts complets),
- minimiser les effectifs permet un meilleur alignement stratégique (suppression du « mouvement brownien »)[1],
- minimiser les effectifs permet de se concentrer sur ce qui est le cœur de l'activité stratégique de l'entreprise (ce qui lui permet de se différencier, ce que les Américains appellent les « *core activities* »),
- minimiser les effectifs permet de retrouver une plus grande flexibilité et agilité, en vertu du principe précédemment énoncé que le poids relatif de la coordination augmente avec la taille.

Même si ces arguments sont en grande partie vrais, il existe des effets pervers non moins évidents :

- La minimisation des effectifs diminue la flexibilité et l'agilité. Cette observation est une évidence pour quiconque a eu à gérer des avant-projets, mais cela peut en fait se modéliser et se démontrer (cf. annexe II).
- La minimisation des effectifs rend la capitalisation très difficile. Apprendre à partir des expériences passées requiert le temps de « prendre du recul ». C'est pour cela, par exemple, que la méthode de développement de projet appelée « *extreme programming* » insiste sur le fait de travailler sans surcharge, de façon régulière et en appliquant les principes de TQM (*Total Quality Management*)[2].
- La minimisation des effectifs diminue également la capacité d'apprentissage, que ce soit d'un point de vue individuel (la pression est perçue comme trop forte pour permettre aux collaborateurs de « prendre le temps » de se former) ou organisationnel.

La réponse à ce paradoxe se trouve dans l'explication de ce qu'est vraiment le « *lean manufacturing* » (par exemple chez Toyota, qui est un des inventeurs de ce concept, comme cela est expliqué dans le livre de J. Liker) :

- Il s'agit d'alléger les processus et non pas les effectifs. Le point de départ est de supprimer ce qui est superflu (*muda*), ce qui ne produit pas de valeur pour le client de chaque processus.
- Les personnes sont la ressource première et fondamentale de l'entreprise ; les collaborateurs participent à une démarche de progrès et sont traités avec respect. Les gains de productivité obtenus par l'allègement des processus ne

1. En poussant le raisonnement plus loin, on pourrait dire que toute « profondeur hiérarchique » implique une possibilité de se « cacher » et crée une opportunité de divergence. L'aplatissement hiérarchique est préconisé aux directions générales pour éradiquer cette crainte, hypothétique ou réelle.

2. La « programmation extrême » est une méthode de développement qui met les hommes, les compétences et le code source du programme (et les tests) à l'honneur. Pour une prise de contact, voir le site http://www.extremeprogramming.org.

sont pas traduits en réduction d'effectifs. C'est une condition nécessaire pour que les employés puissent imaginer des améliorations qui conduiront à la suppression de leur propre rôle.

- La capitalisation et l'optimisation continue (*kaizen*) sont rendues possibles par un lissage de l'activité (*heijunka*).

Il ne s'agit pas de réduire le « Toyota Way » (cf. le chapitre 1 de l'ouvrage précité) à ces trois points, mais simplement de constater que la référence au « *lean management* » est souvent utilisée à contresens.

L'aplatissement des hiérarchies est souvent assimilé à un allègement. En effet, une hiérarchie plate utilise moins de managers[1]. La modélisation des flux d'information permet de retrouver ce qu'enseignent la plupart des spécialistes de l'organisation : la réduction de la profondeur permet de diminuer la longueur des chaînes de propagation, ce qui augmente la réactivité (en réduisant la latence) et améliore l'alignement (la vision de la direction générale est mieux adaptée à la perception des collaborateurs et vice-versa). Cet avantage est d'autant plus sensible que l'entreprise œuvre dans un contexte de changement ; autrement dit, l'aplatissement des hiérarchies est un facteur d'efficacité organisationnelle. Cela ne signifie pas que la minimisation du management est une stratégie en soi. Comme cela a été déjà expliqué, ce qui est supprimé de la structure hiérarchique doit être déplacé ailleurs. L'aplatissement à « iso-responsabilité » consiste à mettre les managers sous tension avec les mêmes effets négatifs que nous venons de lister en termes d'anticipation ou de capitalisation. C'est pour cela que l'aplatissement doit être accompagné de la mise en place des « dispositifs transverses » cités dans la section 4.3.1 (ce qui correspond aux « courants de force » proposés par JP Lestrade).

Pour résumer cette section :

- Le *lean management* s'applique en priorité aux processus. Il s'agit de supprimer le travail inutile, c'est-à-dire celui qui ne produit pas de valeur pour le client, et non pas d'opérer la réduction en commençant du côté des ressources.
- Un bon management des ressources doit identifier en permanence les surcapacités. En particulier, augmenter les ressources pour pouvoir anticiper est une stratégie efficace dès lors que cette surcapacité est pilotée.
- L'état de surcharge empêche la capitalisation et doit être évité hormis les circonstances exceptionnelles.
- Réduire la capacité de la structure d'encadrement en aplatissant les hiérarchies augmente la réactivité et la flexibilité de l'entreprise. En revanche, la

1. Le lecteur intéressé trouvera les différentes formules qui lient le nombre de managers, de collaborateurs, la profondeur D et le nombre de collaborateurs directs par manager S dans l'annexe II, par exemple le taux de management est $S^D - 1 / (S^{D+1} - 1) \approx 1/S$. Même si les auteurs qui parlent de « *span of control* » (valeur de S) sont nombreux, les études qualitatives sont rares. On peut citer l'article de G. Neilson, B. Pasternack et D. Mendes « *The Four Bases of Organizational DNA* », dans le journal de Booz Allen Hamilton « strategy+business », volume 33, qui établit une nette corrélation entre performance et élargissement du « *span of control* ».

capacité d'anticipation et d'analyse stratégique du management diminue d'autant, ce qui doit donc être compensé d'une autre façon.

4.4.2 Taylorisation, professionnalisation et mutualisation

Nous avons vu dans la section 4.3 qu'il y a deux façons de simplifier : réduire le nombre de personnes (avec les limites posées dans la section précédente) ou réduire le nombre de rôles. Une partie importante de la complexité est, en effet, fonction de la finesse (granularité) de la décomposition des tâches en postes. Dans la recherche de la rigueur, de la professionnalisation et de la spécialisation, de nombreuses entreprises vont trop loin et créent des nomenclatures de types de poste trop riches et détaillées. C'est souvent le cas dans les DSI importantes, où un très grand nombre de rôles ont été identifiés dans la réalisation d'un projet fusse-t-il simple. Un travail de simplification et de réduction permet d'obtenir les avantages structurels suivants :

- réduction du nombre d'interfaces dans l'exécution des processus, donc moins de transferts d'information,
- responsabilités plus larges, donc diminution du nombre d'intervenants nécessaires en réunion,
- affaiblissement du phénomène de surcapacité causée par les variations de charge.

Au-delà de l'intérêt structurel de la « réduction des rôles », il y a un intérêt intrinsèque à l'élargissement du périmètre des postes. Depuis que l'industrie automobile a transformé progressivement son « travail à la chaîne » en « travail posté », de nombreuses études ont été faites qui montrent le plus grand intérêt d'un « poste de généraliste »[1]. Pour reprendre les thèmes cités par E. Lawler, un périmètre élargi apporte :

- une plus grande autonomie, plus de motivation et une plus grande capacité à l'apprentissage[2],
- une « orientation-client » facilitée, en particulier parce qu'il est plus facile de suivre les processus et leur valeur ajoutée de bout-en-bout,
- une réduction de l'« *overhead* » du management, puisque les généralistes sont plus autonomes,
- une plus grande flexibilité, c'est-à-dire une meilleure capacité à affronter les situations imprévues, ou à s'adapter aux fluctuations de charge.

Cela ne signifie pas qu'il faille abandonner les leçons et les acquis du management scientifique de F. Taylor, mais il faut les dépasser. Les principes de chrono-analyse et d'optimisation des processus restent valides et applicables. La spécialisation

1. Lire le chapitre 6 de *From the Ground up : Six Principles for Building the New Logic Corporation* de E. Lawler, intitulé « *Moving Beyond the Limits of Jobs to Work and Involvement* ». L'idée principale de ce chapitre est que l'implication est la meilleure façon de contrôler.
2. Sur ce sujet, lire également le chapitre 6 de *Organizational Architecture* de D. Nadler.

reste une méthode pour augmenter l'efficacité et pour construire l'excellence des compétences. Autrement dit, il existe de nombreuses tâches que seul un spécialiste peut accomplir, à cause de leur complexité et du temps d'apprentissage nécessaire. Travailler sur un sujet déterminé permet d'augmenter ses compétences sur ce sujet, et d'atteindre un niveau d'excellence supérieur à celui d'un généraliste. La construction, l'intégration et l'exploitation des systèmes d'information sont des domaines qui ont besoin d'excellence et de compétences spécialisées, comme nous l'avons indiqué dans la première partie (ce que rappelle Caroline Raissac).

Pour sortir de cette contradiction, il faut éviter tout dogmatisme et accepter de travailler dans les deux directions opposées : simplifier la typologie des rôles et des postes, tout en reconnaissant l'excellence et en encourageant l'expertise[1]. Cela peut se faire de plusieurs façons. Cette dualité peut s'exprimer dans l'organisation en faisant cohabiter des spécialistes et des généralistes. Il est possible également de construire des organisations parallèles, telles que des filières d'expertise. Nous reviendrons sur ce sujet dans le chapitre 6. Cette proposition peut également être reformulée en séparant la notion de compétence, de celle de poste et de responsabilité. Il s'agit alors d'autoriser, voire d'encourager la spécialisation des compétences, lorsque c'est nécessaire, tout en élargissant les périmètres des postes et leur responsabilité. La spécialisation des compétences permet de construire l'excellence qui est nécessaire pour la résolution des problèmes difficiles. L'élargissement des responsabilités permet d'obtenir les avantages de la polyvalence en termes de flexibilité et simplification structurelle.

4.5 TRANSMISSION D'INFORMATION ET CHAÎNE DE COMMANDE

4.5.1 Le système réunion

Le « système réunion » est l'ensemble des réunions planifiées récurrentes de l'entreprise (l'ensemble des comités). Un comité est une réunion avec une liste de participants connus et réguliers, un thème (une raison d'être) et un calendrier, qui détermine la fréquence, la durée et le positionnement dans le mois ou la semaine. Le terme de « système réunion » indique de façon implicite que l'ensemble de ces réunions est traité de façon globale, en tant que « système » et en tant que canal de communication. Le système réunion est cohérent si l'ensemble des réunions programmées n'est pas en conflit, en termes de dates et de participants.

1. Cette approche schizophrène est d'autant plus nécessaire qu'elle correspond à la variété des attentes des collaborateurs. Certains veulent être des généralistes et se plaignent de la spécialisation qui sévit dans les grandes entreprises, tandis que d'autres cherchent à devenir des experts sur un sujet plus étroit.

Le management du système réunion correspond aux objectifs suivants :

- *Faciliter l'ordonnancement des réunions pour respecter la cohérence globale.* Une meilleure régularité et une meilleure efficacité sont obtenues en prenant le temps de réfléchir de façon globale plutôt que de rajouter les comités dans les emplois du temps les uns après les autres. Une bonne pratique est de définir un « zonage temporel » qui affecte des types de comités à des demi-journées de la semaine. Cela simplifie la construction et permet d'ajuster la propagation d'information (nous allons y revenir).
- *Garantir la « bonne circulation » des informations dans l'entreprise au travers des réunions planifiées.* Le système réunion est une structure, qui a un impact en termes de communication et qu'il convient donc de caractériser. Le graphe présenté dans la figure suivante en est une illustration. Nous avons représenté les individus de l'entreprise en tant que nœuds du graphe (les petits cercles) et indiqué par les arêtes du graphe l'existence d'une réunion commune. L'étiquette de l'arête nous permet d'indiquer la fréquence et la durée des contacts. Comme il ne s'agit que d'une illustration, nous avons retenu trois types de fréquences : quotidienne (en gras), hebdomadaire et mensuelle (en pointillé). Cette structure est abstraite, mais elle représente l'efficacité du système réunion en tant que canal de distribution d'information. Le graphe permet d'évaluer la capacité de transport, à la fois en débit et en latence[1].
- *Réguler la charge de travail associée aux réunions et à leur préparation.* L'analyse du système réunion permet de vérifier le taux de réunions programmées des différents individus (qui correspond au degré pondéré des nœuds dans le graphe).
- *Calibrer le rôle de propagation de l'information qui est attribué à chaque manager.* Une des caractéristiques intéressantes du graphe (et donc de l'entreprise) est ce que je propose d'appeler le « diamètre réunionnel », c'est-à-dire le nombre moyen de personnes rencontrées en un mois. Le temps étant compté, il y a un compromis implicite entre : voir peu de personnes souvent et beaucoup de personnes, avec une fréquence moins grande[2].

1. Beaucoup d'autres informations peuvent être extraites de ce graphe, ce que nous évoquerons dans l'annexe II. Pour une introduction au sujet des réseaux sociaux, lire *The Hidden Power of Social Networks* de R. Cross et A. Parker. Le chapitre 3 donne de nombreux exemples de sociogrammes, dans la droite ligne de l'approche de J.-L. Moreno. Pour approfondir le rôle des réseaux dans l'entreprise, lire le dernier chapitre de *Les nouvelles approches sociologiques des organisation* de H. Amblard & al.

2. Il n'existe pas de profil idéal en termes de « diamètre réunionnel », ni d'étude sérieuse sur le sujet. Je renvoie le lecteur au chapitre 3 de *The Tipping Point* de M. Gladwell, qui présente de façon concrète cette notion de graphe de contact et donne quelques pistes pour caractériser les rôles importants dans la diffusion de l'information.

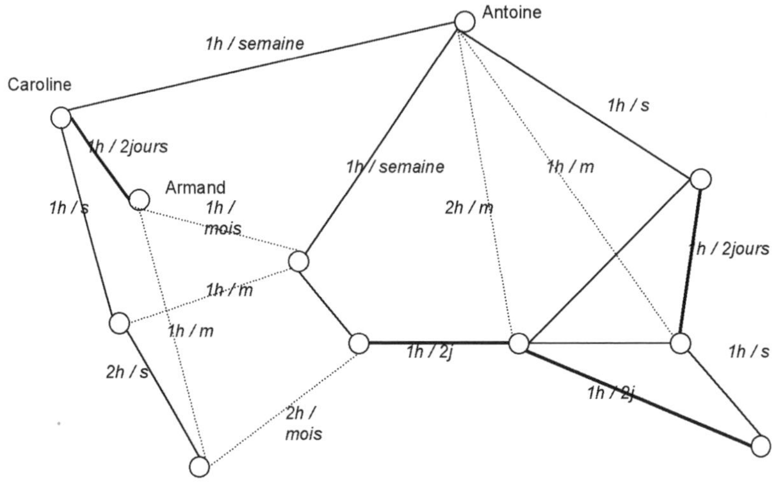

Figure 4.2 – Graphe « réunionnel »

Une des principales idées de ce chapitre est qu'il faut optimiser le système réunion pour favoriser la réactivité de l'entreprise, c'est-à-dire diminuer la latence de la propagation d'information. Voici une liste d'idées qui peuvent s'appliquer pour atteindre cet objectif :

- Avoir des petits groupes transverses fortement connectés, c'est-à-dire avec des fréquences de contact quotidiennes. Il existe de nombreux exemples d'entreprises qui utilisent cette approche avec bonheur. Par exemple, des réseaux de petites entreprises de confection dont les managers se rencontrent de façon informelle, une fois par jour, pour ajuster leurs productions de façon globale.
- Complémenter le système réunion, qui est formel, par des opportunités de contact informel, tels que les cafés, les déjeuners, etc. Autrement dit : (1) la cantine et la machine à café sont des outils fondamentaux de management (ce que l'on savait déjà) (2) il faut les renforcer (par exemple créer un café d'accueil le matin sur un plateau affecté à un projet transverse).
- Optimiser l'ordonnancement des réunions pour favoriser la descente (ou la remontée, le cas échéant) d'information. Une méthode qui donne d'excellents résultats consiste à construire un « agenda industriel », c'est-à-dire une affectation de chaque jour de la semaine à des types de réunions. À titre d'exemple, il est possible de réserver le lundi au comité de direction, le mardi aux réunions d'information interne, les mercredis et jeudi aux réunions transverses inter-directions, et le vendredi aux comités de pilotage. Ce « zonage » a un double avantage : il simplifie le travail collectif de planification en diminuant les risques de conflits[1], et il permet de garantir des circuits de redescente et de remontée d'informations plus courts (dans notre exemple : descente du lundi au mardi et remontée du vendredi au lundi).

1. Cette simplification est acquise au prix d'une contrainte, mais qui elle-même possède une vertu de « déprolifération » des réunions.

- Installer, de façon orthogonale au premier point, un réseau connexe de réunions avec un grand nombre de participants pour la propagation d'information. C'est très exactement l'équivalent de l'aplatissement des hiérarchies. Il s'agit de créer des chemins courts (en nombre de relais) dans l'entreprise pour éviter la dilution du signal. Les mêmes inconvénients s'appliquent, donc il faut faire co-exister les différents types de réunions.

Il va de soi que la gestion et la planification du système réunion s'appuient sur les outils bureautiques et qu'elles doivent respecter les « bonnes pratiques » de la conduite des réunions, ce que nous allons aborder dans le chapitre suivant. Nous pouvons également déduire de cette présentation qu'il est probable de voir apparaître des outils pour piloter et optimiser le système réunion. L'analyse du graphe de réunion dans une entreprise d'une certaine taille dépasse le cadre de l'étude « sur une feuille de papier » et se prêterait facilement à l'assistance du système d'information.

Pour conclure, nous allons revenir sur l'impérieuse nécessité de borner le temps passé dans les réunions planifiées. Il y a deux raisons principales : le besoin de conserver du temps libre et le besoin de conserver de la flexibilité. Le premier point est une évidence, partagée par tous, mais qui semble souvent une fatalité[1]. Par exemple, tout le monde s'accorde à dire que le travail d'un manager est de préparer l'avenir, donc de fournir un certain travail personnel (à son bureau ou à l'extérieur). De même, il y a un consensus sur le besoin de disposer d'un peu de temps pour préparer une réunion, puis pour en tirer les enseignements. Un des effets pervers des « nouvelles technologies » est la trop grande facilité à remplir l'agenda (nous y reviendrons dans le prochain chapitre). Le deuxième sujet est non moins important. Le « système réunion » est un canal de communication efficace mais peu flexible. Il est optimisé par rapport à une vision donnée des acteurs, des rôles, des thèmes et des priorités. Il faut trouver le bon équilibre entre la planification et la spontanéité en matière de réunion. Les réunions, impromptues et imprévues, à deux personnes ou plus, sont nécessaires pour gérer les aléas. Cela peut également se faire avec du « zonage », en réservant des créneaux aux réunions de dernière minute[2].

4.5.2 La réactivité, l'organisation et la communication

Nous allons terminer ce chapitre en approfondissant le lien entre la réactivité de l'entreprise, son organisation et son usage des canaux de communication, et en particulier son usage des outils électroniques. La réactivité dépend principalement

1. Sur ce sujet, lire deux articles dans le recueil *Managing People and Organizations* édité par J. Gabaro : l'article de H. Mintzberg « *The Manager's Job : Folklore and Fact* », une analyse brillante appuyée sur quelques statistiques d'usage du temps fort intéressantes, et l'article de W. Oncken et D. Wass « *Management Time : Who's got the Monkey* », une courte digression fort réjouissante sur la question de la délégation, et de l'efficacité personnelle. Lire également le chapitre 15 de *The Fifth Discipline* de P. Senge.

2. Dans la pratique, c'est souvent le créneau du début de la matinée ou de la fin de la soirée qui sert à organiser les réunions urgentes, parce que c'est le seul qui est libre dans l'agenda. Ce ne sont pas forcément les meilleurs moments…

de deux facteurs : le « protocole » de traitement des informations de changement et de réaction à ces informations, ainsi que la latence du transfert d'information, c'est-à-dire la rapidité de la propagation.

Le premier sujet est un sujet d'organisation d'entreprise. Pour augmenter la réactivité, il faut passer du traditionnel « contrôle-commande » à un mode que Langdon Morris appelle « détection-réaction »[1]. Le contrôle-commande correspond à une vision centralisée du management, le contrôle (pilotage et recherche d'information) ainsi que la commande (réaction aux informations) se faisant par la structure hiérarchique. L'approche détection-réaction n'est autre que la distribution du management, nous pourrions parler de délégation et de responsabilisation. L'objectif est donc de pouvoir reconnaître les situations de changement « sur le terrain » et de réagir de façon locale, sans allers-retours hiérarchiques. C'est à la fois une question de préparation et d'anticipation, mais surtout une question de culture d'entreprise (délégation, responsabilisation) et d'organisation. Ce mode de management distribué correspond au thème de l'entreprise « en réseau » que nous avons évoqué précédemment (5.3.1). Cette évolution est également en synergie avec l'augmentation du périmètre et de l'autonomie des collaborateurs (5.4.2).

La réduction de la latence est à la fois une question d'organisation et une question de technologie. Nous avons traité de la partie organisation en évoquant l'aplatissement des hiérarchies et l'optimisation du système réunion, avec le principe unificateur du raccourcissement des chaînes de propagation d'information. Nous allons maintenant évoquer l'importance des outils, ce qui fera le lien avec le chapitre suivant, en nous concentrant sur les trois outils « récents » qui ont le plus d'impact sur la latence. Le cas du téléphone portable est le plus facile à traiter car il ne fait pas débat. C'est même précisément une des raisons de son adoption rapide dans le monde de l'entreprise. Dès que les collaborateurs travaillent en dehors de leurs bureaux (ce qui est de plus en plus le cas dans le secteur tertiaire, quel que soit le secteur industriel, comme cela a été évoqué précédemment), le téléphone portable réduit considérablement le temps de transmission de l'information, même si cela passe souvent par l'utilisation de la boîte vocale[2].

1. Voir *Managing the Evolving Corporation*, de L. Morris, que nous avons déjà cité pour sa critique pertinente de la structure hiérarchique. Cet ouvrage est une référence sur la transformation de l'industrie, l'importance du changement et le besoin des entreprises de transformer leur organisation pour obtenir deux caractéristiques : réactivité et apprentissage. L. Morris souligne l'importance des flux d'information (chapitre 5), la distinction entre connaissance et information, et détaille l'analyse que nous faisons ici brièvement sur le thème « *Recognition replaces control, response replaces command* ». Il convient de noter que le mode hiérarchique peut être parfaitement distribué (précisément lorsque l'encapsulation dont nous avons parlé fonctionne). Dans les entreprises, l'encapsulation n'est jamais parfaite, et la structure hiérarchique conduit à une centralisation des prises de décision.

2. Je peux simplement faire deux remarques : (1) il est dommage qu'il n'existe pas d'étude sérieuse qui documente ce gain de temps de propagation (2) la notion de règle de bon usage, et en particulier de règles partagées – cf. chapitre 5 – s'applique.

Le cas du courrier électronique est intéressant car, comme nous le verrons dans le chapitre suivant, son mauvais usage peut facilement créer une sensation de perte de temps et d'efficacité. Cela conduit à une certaine schizophrénie : tout le monde se plaint du temps passé à traiter ses courriels – en particulier depuis que le phénomène du *spam* est apparu -, mais si la messagerie est indisponible, c'est une défaillance grave et une menace pour l'entreprise. Ici également, il existe, de façon surprenante, peu d'études sur l'impact de la messagerie sur l'efficacité de l'entreprise[1]. Le gain par rapport à tout moyen de communication synchrone, comme par exemple un coup de téléphone ou un contact physique, est le découplage emetteur-récepteur qui, compte tenu du taux de remplissage des agendas que nous avons évoqué, est très important. L'avantage par rapport à de l'« asynchrone vocal » (dépose d'un message) tient à la plus grande vitesse de lecture (cf. section 5.3.3) et la plus grande facilité à classer l'information. Le gain par rapport au courrier interne est évident, dès lors que *le lecteur dispose du temps pour lire ses courriels avec une plus grande fréquence que la distribution du courrier interne*[2]. L'ensemble de ces raisons fait que le courrier électronique est un outil fondamental pour augmenter la réactivité, modulo un « bon usage » que nous allons évoquer dans le chapitre 5.

Le cas de la messagerie instantanée[3] est également intéressant car son usage, complètement banalisé dans la société civile et en particulier chez les jeunes, reste clairsemé dans les entreprises françaises en 2006. Il me semble pourtant évident que son usage va s'imposer, pour des raisons sociologiques sur lesquelles nous reviendrons dans le chapitre 6, mais aussi pour des simples raisons d'efficacité. La messagerie instantanée apporte deux fonctions qui réduisent la latence. La première est la capacité à échanger de façon textuelle et synchrone, ce qui se prête bien au *multi-tasking* (en français : il est possible de mener une conversation tout en faisant autre chose, comme par exemple assister à une réunion). C'est la fonction la plus visible, et c'est pourtant la moins importante du point de vue de l'efficacité. Il y a un gain réel par rapport à un envoi successif de courriels, mais ce type de situation est plutôt rare, dans le sens où un échange synchrone vocal est plus efficace (en termes de débit et à cause des informations qui passent dans le ton de la voix). La fonction principale de la messagerie instantanée est l'indication de « présence », une information qui ren-

1. En utilisant une approche par modélisation et simulation (cf. annexe II), il est possible de comparer le fonctionnement d'une entreprise avec et sans courrier électronique (en reprenant la pratique des mémos et du courrier interne). Les résultats sont très intéressants : l'usage du courriel augmente de 50% le flux d'information asynchrone et réduit la latence de façon très significative, résultant en des gains d'efficacité globale de plusieurs pourcent. Ces chiffres n'ont pas de valeur intrinsèque, étant issus d'une simulation, mais mettent en valeur le fait que l'intuition collective qui se cristallise lorsque la messagerie est indisponible est justifiée et démontrable.

2. On pense ici, par exemple, à la pratique consistant à se faire imprimer ses courriels une fois par jour par son assistante. Cela montre bien que les questions de la gestion du temps et de l'efficacité de la communication sont liées.

3. L'utilisation de la messagerie instantanée est un sujet d'actualité qui reçoit beaucoup d'attention. Il est évoqué dans de nombreux ouvrages de la bibliographie. Voir par exemple le chapitre 7 de *The Hidden Power of Social Networks* de R. Cross et A. Parker (voir également l'article précédemment cité de B. Nardi).

seigne l'émetteur sur la disponibilité du récepteur[1]. La présence est la fonction qui a le plus d'impact sur l'efficacité de la communication, comme cela a été expliqué dans le chapitre précédent. D'une part, la présence permet de minimiser le nombre d'actes pour un transfert d'information (éviter les allers-retours inutiles, les déposes de messages, etc.). D'autre part, la présence permet de choisir directement le canal le plus efficace (par exemple, si mon interlocuteur est joignable et si un échange est nécessaire, rien n'est plus efficace qu'un coup de téléphone).

4.6 RÉSUMÉ

– L'organisation doit faire apparaître les processus métiers de façon explicite, pour des raisons symboliques et des raisons d'efficacité. Il existe plusieurs approches, mais il est essentiel d'attribuer une partie des ressources et du pouvoir de décision selon cette perspective « tournée vers le client » (4.3.1).

– Dans une grande entreprise, un des objectifs clés de l'organisation est de réduire la latence des transferts d'information pour augmenter la réactivité (4.3.2).

– L'optimisation continue passe par la recherche constante de la simplification. Il faut supprimer le travail inutile, c'est-à-dire celui qui ne produit pas de valeur pour le client, et non pas opérer la réduction en commençant du côté des ressources (4.4.1).

– Il faut élargir le périmètre de responsabilité des rôles et des postes dans l'entreprise pour simplifier l'organisation et augmenter la flexibilité (4.4.2).

– Il faut optimiser le « système réunion » de l'entreprise pour favoriser sa réactivité en favorisant les transferts d'information. Il faut raisonner en termes de « circuits de distribution » qu'il convient de raccourcir et dont il faut ajuster la fréquence en fonction des priorités (4.5.1).

– Il faut, le plus souvent, réduire le temps consacré aux réunions planifiées, pour augmenter la flexibilité et favoriser le temps libre nécessaire pour capitaliser et anticiper (4.5.1).

– La réactivité nécessaire pour les entreprises du XXIe siècle repose également sur une distribution/délégation des responsabilités pour remplacer un mode de management « *top-down* » par la capacité à réagir et décider « sur le terrain » (4.5.2).

– Il faut utiliser les outils de communication électronique pour réduire la latence et augmenter la réactivité. C'est par exemple le cas du courrier électronique, dès lors que son usage est régulé (4.2.2).

– La messagerie instantanée apporte le concept d'indicateur de présence, qui permet d'augmenter sensiblement l'efficacité des transferts d'information (4.5.2).

1. Dans le monde de la collaboration sous IP, deux tendances peuvent être observées : (1) l'information de présence va prendre son autonomie par rapport à la messagerie instantanée et devenir une fonction de communication à part entière (2) cette information s'enrichit de façon continue, en mélangeant de l'information structurelle – par exemple tirée de l'agenda – et de l'information personnelle, voire émotionnelle – c'est ou ce n'est pas le bon moment pour me parler.

5

Système d'information et efficacité

5.1 ILLUSTRATION : « LA BUREAUTIQUE, UN FREIN À L'EFFICACITÉ »

« Ça, c'est un carpaccio comme je les aime : le bœuf est sublime, un soupçon de parmesan pour ne pas masquer le goût, et une petite salade avec une très grande huile d'olive. Paul Bellon arbore un sourire qui fait plaisir à voir.

– C'est normal, ils utilisent du filet, et du bon en plus… tu sais que si tu veux le faire à la maison, tu peux l'aplatir avec un rouleau à pâtisserie, cela éclate les cellules et décuple l'impression de moelleux…

– leur roquette est excellente, ce sont des jeunes pousses, juste ce qu'il faut d'amertume ».

Caroline doit le reconnaître, l'idée de déplacer le comité mensuel des opérations sous forme d'un déjeuner a été un coup de génie de Paul Bellon. Ce comité réunit depuis un an Julie Tavelle pour la relation client, Armand Pujol, pour le *business development*, elle-même et Paul, qui anime en tant que Directeur de la qualité et des opérations. C'est une idée de la présidente, une façon de s'assurer que certains sujets un peu chauds sont traités en dehors du comité exécutif. Au début, les rencontres étaient un peu tendues, il est vrai qu'il est difficile de jouer un « jeu de rôles » lorsqu'on n'est que quatre. Mais les choses se sont améliorées progressivement, et le cadre du « Bardolino » se prête bien aux échanges informels. Ce restaurant italien décline l'ambiance du lac de Garde de façon chaleureuse, avec des petites tables rondes entourées de hauts fauteuils, des couleurs qui évoquent les lacs et les forêts, et un ensemble de gravures représentant des scènes des Dolomites que Caroline verrait bien dans son salon.

« Caroline, peux-tu m'expliquer pourquoi il est impossible d'installer *Customer-Miner* sur nos postes de travail, c'est un petit *shareware* qu'un de mes amis de l'INSEAD m'a conseillé, il permet de faire des analyses des causes d'insatisfaction client à partir des e-mails qu'ils nous envoient. C'est complètement automatique, c'est gratuit et c'est assez bluffant.

– Ce n'est pas impossible, mais ce que nous vous proposons, c'est d'attendre la prochaine version, la 8.0, qui est compatible YQ. Tu sais bien que nous commençons le déploiement d'un palier YQ dans les prochains mois. Nous allons upgrader tous les PC de MonEp de façon progressive.

– Encore un palier ! Je n'ai jamais vu une arnaque pareille et je ne comprends pas que nous rentrions dans ce jeu. » Armand Pujol a élevé sa voix sans s'en rendre compte et quelques clients du restaurant se sont retournés pour voir ce qui se passait. « Tous les deux ans c'est pareil, cela nous coûte un maximum sans rien nous apporter. Il faut faire les formations, il faut payer les nouvelles licences, tout le monde perd un peu de temps pour s'habituer à la nouvelle disposition des boutons et des menus, une fois sur deux il faut ajouter de la mémoire, voire changer les processeurs … tout cela pourquoi ? Trois nouvelles fonctionnalités que 10% des cadres vont utiliser trois fois dans l'année. J'ai regardé la place de la « maintenance logicielle » dans le coût complet bureautique, c'est impressionnant. Sans vouloir offenser Caroline, le prix facturé par la DSI est proprement délirant …

– As-tu compté le temps que tu passes chez toi à installer les logiciels, les mises-à-jour Windows, les anti-virus et anti-*spyware* ? » Caroline se souvient non sans malice qu'Armand a dû réinstaller l'ensemble de son système suite à une infestation d'un *spyware* destructif. « J'espère que tu fais bien tes sauvegardes après ce qui t'est arrivé, tu comptes le coût du disque NAS dans ton PC à 499€ ? Fais le compte, tu ne trouveras pas moins que l'équivalent de deux jours par an pour gérer ton PC domestique, à coup de petites heures de-ci, de-là. Et, lorsque tu as un problème, cela va beaucoup plus loin…

– De toute façon, Caroline, tant que tes utilisateurs ne feront pas de mesures sur leurs usages, ils seront insatisfaits. Je ne veux pas radoter, mais pas de progrès sans mesure … » Paul se tourne vers Armand, qui voit le directeur de la qualité enfourcher son cheval favori. « Armand, dans ta direction, est-ce que vous mesurez le temps qu'il vous faut pour produire et diffuser un document écrit ? Est-ce que tu connais le temps moyen pour organiser une réunion de 10 personnes ? Qui est en charge de mesurer le temps passé à la recherche d'une information contenue dans les archives de l'entreprise ? Comment évolue le temps que mettent tes équipes pour analyser des données sous Excel et préparer un Powerpoint ? Comment peux-tu dire à Caroline que ses paliers bureautiques ne servent à rien, si tu n'as pas constaté que les performances des fonctions bureautiques stagnent ? Pour mon propre usage personnel, je constate au contraire que je vais plus vite qu'il y a cinq ans … »

– C'est vrai qu'il y a très peu de données accessibles sur la productivité en termes de bureautique, et que les analyses un peu sérieuses sont souvent commanditées par les fournisseurs, ce qui n'en fait pas les meilleurs arguments » ajoute Caroline.

– Votre numéro de duettistes est bien réglé mais ne me convainc pas, reprend Armand. C'est vrai que cela mériterait des mesures, mais mon intuition est qu'elles ne feraient que montrer une dégradation. Depuis qu'on dispose du courrier électronique, tout le monde écrit à tout le monde, beaucoup plus vite assurément, mais cette abondance de la production ne crée pas du temps pour la lecture, la plupart des mails sont mal lus, ou pas lus du tout. Depuis que nous avons cette prolifération de gadgets pour rester connectés, le portable, le *Blackberry*, la carte data du PC, les gens sont de moins en moins joignables, on passe sa vie à se laisser des messages. Depuis que nous avons tous des agendas électroniques et qu'il est si facile de monter des réunions, nous passons notre vie en réunion, il n'y a plus de temps pour le travail personnel, ni même simplement pour préparer les réunions de façon sérieuse.

– Tu ne peux pas mettre sur le compte des outils les transformations de la société. Le monde s'aplatit, j'espère que tu es au courant. La mondialisation, le village global, le raccourcissement des distances, l'aspiration à l'individualisation des produits et des services ... tout cela change le mode de fonctionnement des entreprises. Aujourd'hui, il faut pouvoir travailler *anywhere, anytime, with anyone*. Le réseau des personnes avec lesquelles tu interagis dans ton travail s'accroît sans cesse, les projets auxquels tu participes sont plus complexes en termes de coordination, même si la nature du travail n'a pas changé. Le talent est toujours aussi important, mais le temps du travail génial et solitaire s'éloigne et il faut travailler en équipe, donc faire plus de réunions. Les outils accompagnent cette évolution, en fait ils y participent parce qu'ils la rendent possible, mais ils n'en sont pas la cause. Les causes sont multiples et complexes, je ne vais pas te faire un cours sur la transformation de la chaîne de valeur, mais il est sûr que l'économie mondiale se transforme et que cela a une influence sur notre façon de travailler. Et ce n'est que le début ... En fait, les outils amortissent une partie de ces perturbations. »

Caroline se plaît à observer Julie qui n'est pas moins passionnée qu'Armand Pujol. Caroline n'a pas les mêmes goûts et trouve souvent que les vêtements de Julie sont trop ostentatoires, mais ce n'est pas le cas aujourd'hui et ces chaussures sont vraiment très élégantes. Puis Caroline sort de sa rêverie et se concentre à nouveau sur la conversation.

« ... Nous sommes maintenant en déplacement permanent, je te l'accorde, donc difficiles à joindre, mais quand même connectés. Autrefois, il aurait fallu choisir : chez le client mais non joignable ou à son bureau, très joignable mais pas très efficace. Le mail n'est sûrement pas la bonne façon de joindre de façon urgente, mais cela permet de travailler de façon efficace avec un large réseau, y compris avec des correspondants qui sont sur des fuseaux horaires différents. Tu te plains du nombre de réunions, mais une réunion n'est pas un but en soi, c'est un outil pour travailler en équipe. Avec les outils tels que le *conference call*, la *visio* ou même le portail de partage de documents, nous travaillons mieux en équipe qu'il y a cinq ans.

– Justement, intervient Caroline, le palier YQ est nécessaire pour déployer le nouveau logiciel CTI : *click-to-interact*. Avec les informations de présence qui sont collectées de façon implicite sous YQ, dès que vous cliquez sur le nom d'une personne sur l'écran, dans n'importe quelle application, vous avez accès à la liste des canaux pour la joindre, triés dans l'ordre d'efficacité, c'est-à-dire en fonction de son occupation et de ses préférences. Cela devrait répondre à une partie des frustrations d'Armand et éviter des pertes de temps.

– Et ne me dis pas que c'est encore un outil pour surveiller le travail des collaborateurs, ajoute Paul Bellon en souriant.

– OK, j'ai un stagiaire qui arrive en Janvier pour trois mois, je te propose de lui faire faire une étude de gain de productivité sur ton outil » Armand se sent un peu seul et préfère trouver une porte de sortie honorable.

– Ca c'est vraiment une bonne idée, on peut le mettre en binôme avec quelqu'un de mon équipe pour qu'il produise les bons indicateurs d'usage.

– Pour le dessert, je vous conseille le tiramisu » Paul a regardé sa montre et décidé qu'il était temps de conclure, « Il est servi avec son petit verre de café glacé à côté, c'est un vrai régal. »

5.2 COMMENTAIRE

Ce chapitre aborde deux sujets, qui sont illustrés par le dialogue que nous venons de lire : le rôle du système d'information dans l'efficacité quotidienne de l'entreprise, et la révolution que ce rôle est en train de subir dans un monde de collaboration digitale, exemplifiée par l'avènement de la « voix sur IP » (communications vocales sur un réseau informatique).

En matière d'efficacité dans les tâches quotidiennes, la partie la plus évidente du système d'information qui est concernée est le poste de travail, avec sa suite d'outils bureautiques (tableur, traitement de texte, courrier électronique, etc.). Ces outils ont justifié, le plus souvent, l'introduction du PC sur le poste de travail, et leur usage est devenu partie intégrante de la vie de tous les jours. C'est précisément cette banalisation qui fait que nous ne leur prêtons plus attention et que, contrairement à l'introduction du PC qui a été vécue comme une décision réfléchie, l'évolution est perçue comme un non-évènement, tout au plus une contrainte. Or, nous passons en moyenne 2 heures et demi de notre temps sur un PC chaque jour[1], ce qui en fait, soit un outil indispensable à notre productivité si ce temps est jugé comme bien employé, soit un réservoir de productivité à retrouver dans le cas contraire.

La révolution de la « collaboration sous IP » est un raccourci pour parler de la suppression des frontières entre trois activités quotidiennes : la communication, le travail collaboratif et la recherche d'information. Non seulement le PC, fixe ou mobile, est en train de devenir la plate-forme pour ces trois types d'activité, mais de plus il permet de « supprimer les frontières » et de ne considérer qu'un seul domaine. L'ergonomie et les interfaces permettent de jongler entre la recherche, la production

1. Sur ce sujet, lire l'interview de Louis Nauges dans 01 Informatique du 17/9/2004 « *L'usage des PC au crible du benchmarking* », disponible sur le site de Microcost (www.microcost.com).

et la transmission d'information, en conservant et partageant un contexte collaboratif. Cela permet de travailler mieux et plus efficacement.

Il est parfaitement exact qu'il faut mesurer pour progresser, mais encore faut-il savoir quoi mesurer, savoir comment définir le progrès, avoir une ambition et des objectifs clairs. Il n'est pas évident que ce soit le cas de la majorité des entreprises, lorsque les outils de la bureautique sont concernés. Le premier thème de ce chapitre s'attaque à ce sujet : quelle est la « philosophie » de l'organisation du travail et de la collaboration qu'il est souhaitable de développer, et qui pourrait être servie par les générations successives d'outils ? Il s'agit juste de poser quelques principes, il n'existe pas de réponse universelle. En termes moins prétentieux, qu'attendons-nous des outils qui sont installés sur les postes de travail ?

Il existe clairement une double dépendance entre la transformation des modes de travail et les innovations technologiques qui permettent de développer de nouveaux outils. Les nouvelles formes du travail exigent des nouveaux outils et les nouveaux outils changent la façon dont nous travaillons. Pour éviter que ceci ne se transforme en cercle vicieux – une utilisation du temps non-productive créée et encouragée par l'utilisation désordonnée de nouveaux outils – il est indispensable de réguler cet usage. Il y a un lien direct avec le sujet et le chapitre précédent : la régulation doit correspondre à un objectif partagé, c'est ce qui la rend compréhensible et efficace. La section 5.4 sera l'occasion de revisiter des sujets classiques comme les guides d'usage du mail ou de la prise de réunion.

Le dernier thème que nous aborderons dans ce chapitre est ce que Bill Gates appelle « la révolution de la communication unifiée »[1]. Deux époques peuvent être distinguées dans l'histoire du marketing de la voix sur IP dans le monde professionnel. La première a consisté à mettre en avant la réduction des coûts, en termes d'investissement sur l'infrastructure et d'administration simplifiée. La seconde, depuis quelques années, met l'accent sur l'efficacité de la communication. La voix sur IP se veut une réponse au problème d'Armand Pujol : permettre de joindre plus rapidement ses interlocuteurs, pour augmenter l'efficacité du fonctionnement de l'entreprise.

5.3 L'OUTIL AU SERVICE DE LA « PHILOSOPHIE DU TRAVAIL »

5.3.1 Les mutations du travail dans la « société de la connaissance »

Le point de départ de ce chapitre est une constatation faite dans la plupart des entreprises : nous n'utilisons qu'une petite (voire très petite) partie des fonctionnalités des outils bureautiques. Les documentations sont jugées trop lourdes, trop volumi-

1. « *The Unified Communications Revolution* », executive e-mail du 26 Juin 2006, disponible sur le site de Microsoft : http://www.microsoft.com/mscorp/execmail/2006.

neuses et personne ne les lit. Les formations sont considérées comme des pertes de temps, précisément parce que la liste des fonctionnalités est très longue, pour une appropriation personnelle limitée. Les tutoriaux, les formations à la demande en vidéo et sur le Web n'ont pas rencontré non plus l'ensemble du succès espéré. Même si la nouveauté et l'interactivité ont clairement conduit à l'augmentation de l'acceptation de la part des utilisateurs, le niveau de « compétence bureautique » n'a pas augmenté de façon significative. En revanche, lorsqu'une formation à des méthodes d'efficacité personnelle inclut un volet bureautique, le succès est immédiat[1]. Cela signifie que pour que les utilisateurs s'approprient les nouvelles fonctionnalités d'une suite bureautique, il faut les intégrer à une ambition, à une « philosophie » du travail quotidien, qui donne un sens au-delà du classique « *feature list* ».

Je n'ai pas la prétention de construire cette ambition, ce chapitre va plutôt contenir des éléments de réflexion qui permettent à chacun d'assembler un discours fédérateur pour sa propre organisation. Pour commencer cette première section, voici trois points saillants qui approfondissent l'analyse faite par Julie Tavelle et qui ont ou auront, de plus en plus, un impact sur l'utilisation du poste de travail informatique :

- Nous sommes effectivement rentrés dans la « société de la connaissance », ce qui signifie que dans la plupart des organisations du secteur tertiaire (qui sont aujourd'hui majoritaires dans nos pays), une partie importante des collaborateurs a comme activité principale la recherche, la transformation et la communication d'informations [2].
- Nous vivons dans un monde qui « se rétrécit », une métaphore qui couvre plusieurs dimensions : la mondialisation, l'augmentation de la taille du réseau des contacts professionnels, le raccourcissement des distances et des durées de transport d'information, etc.[3]
- Nous avons commencé une nouvelle phase de la révolution industrielle, l'application de la démarche d'amélioration continue aux processus du secteur tertiaire. Les méthodes qui ont fait leurs preuves dans le monde de l'industrie (réduction des étapes inutiles, standardisation, mesure et optimisation conti-

1. Nous avons expérimenté à Bouygues Telecom, avec un très grand succès, la formation proposée par Xavier Caumont « travaillez m@lin avec Outlook », qui s'appuie sur une démarche d'efficacité personnelle (gestion du temps, des tâches et des priorités) et introduit le « bon usage » des outils bureautiques (agenda et courrier électronique) à partir de concepts d'efficacité (cf. www.fonction2.com).

2. Sur ce sujet, lire *La société de la connaissance : Nouvel enjeu pour les organisations* de Jean-Pierre Corniou.

3. Julie Tavelle faisait référence au livre *The World is Flat*, de Thomas. L. Friedman, qui propose une analyse générale des différentes évolutions de la société qui participent à ce « rétrécissement ». Il faut lire en particulier le chapitre 11, qui illustre avec de nombreux exemples une partie des concepts de cette deuxième partie : l'optimisation des processus, la transformation de la chaîne de valeur, l'apprentissage organisationnel. De façon plus générale, son livre défend la thèse que la véritable révolution des systèmes d'information est sur le point de commencer (cf. p. 233), ce qui est précisément le point suivant sur la nouvelle phase de la révolution industrielle.

nue, ...) vont s'appliquer dans les entreprises de la « société de la connaissance » parce que la technologie le permet[1].

La conséquence du premier point est que la bonne utilisation des outils bureautiques est *un enjeu stratégique pour l'entreprise*. Les outils qui permettent la recherche (moteurs de recherche, accès universel à Internet, portails documentaires, outils de gestions de documents) viennent en amont de la chaîne de valeur du « travailleur de la connaissance ». Se trouvent ensuite tous les outils d'analyse et de production de contenus : traitement de texte, préparation de présentations, outils d'édition multimédia, tableurs, etc. La dernière catégorie d'outils contient les outils de partage et de publication : de nouveau l'utilisation de portails ou gestion documentaire, mais aussi les outils de communication : courriel, fax, messagerie instantanée, etc. L'enjeu de la bureautique n'est rien de moins que de faire fonctionner cette chaîne de valeur de la façon la plus efficace possible.

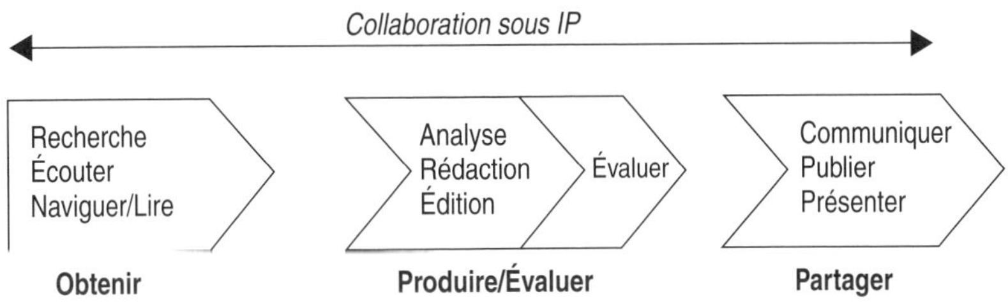

Figure 5.1 – La chaîne de valeur du « travailleur de la connaissance »

La transformation du réseau de contact a également un impact sur les méthodes de travail. Ce réseau se densifie (plus de contacts) et s'agrandit (plus de contacts éloignés au sens organisationnel ou au sens géographique). Comme les journées ne s'allongent pas, cette évolution pose un défi organisationnel. Il faut, avec une consommation de temps stable, augmenter le débit et réduire la latence du transfert d'information. L'augmentation du débit du côté de l'émission n'est pas forcément difficile (cf. la facilité avec laquelle un utilisateur peut générer des avalanches de courriels) mais elle est plus complexe du côté de la réception. La mobilité géographique impose quasiment de facto la notion de connexion permanente, qu'il convient également de gérer du point de vue du poste de travail. La transformation qui se profile est la suivante : le fait de pouvoir joindre une personne donnée (voire une fonction donnée), qui était une responsabilité individuelle (avec des outils fournis par l'entreprise, mais chacun ayant sa méthode), est en passe de devenir un service d'entreprise supporté par le système d'information (qui aura alors intégré le système de télécommunication d'entreprise).

1. Sur ce troisième thème, je ne peux que recommander avec enthousiasme le livre *The Toyota Way* de J. K. Liker. Non seulement, il contient la meilleure introduction au kaizen (l'implémentation japonaise de l'amélioration continue des processus) que je connaisse, mais il permet de saisir pourquoi cette approche va s'étendre au secteur tertiaire.

Nous vivons probablement les dernières années de la « douce anarchie créative » du monde de la production intellectuelle dans l'entreprise. Aujourd'hui, le travail « intellectuel » (lire, réfléchir, écrire) est encore majoritairement peu régulé et mesuré : seul le résultat compte. Néanmoins, certaines entreprises commencent à appliquer des « méthodes industrielles » pour optimiser la productivité de leurs « cols blancs ». Les processus de production et transformation d'information sont, à leur tour, formalisés, mesurés, et optimisés. Cela implique l'apparition sur le poste de travail d'outils comme des moteurs de *workflow*, pour standardiser les processus, de formulaires pour des évaluations multiples, de standards de production, publication et réutilisation de documents. Les processus du secteur tertiaire sont plus volatils et moins structurés que ceux du monde industriel, les premières tentatives d'adaptation des outils du monde industriel n'ont pas été forcément probantes. Mais le pari peut être fait que l'évolution de la technologie, qui apporte plus de flexibilité et d'ergonomie, va permettre d'accentuer cette transformation[1].

5.3.2 Définir une ambition du travail collaboratif

La performance d'une entreprise dans le monde de la « société de la connaissance » n'est pas une somme d'aventures individuelles (une collection d'agents intelligents dont émergerait une création de valeur) mais une destinée collective. La valeur instantanée de l'entreprise, pour reprendre la discussion sur le capital immatériel du chapitre 2, est la somme des connaissances et compétences collectives de l'entreprise, tandis que sa valeur future est liée aux processus qui lui permettent d'acquérir les nouvelles compétences et connaissances dont elle aura besoin, ce qui s'appelle l'apprentissage organisationnel[2]. Une des missions du système d'information est donc de permettre ce passage de l'échelle individuelle à l'échelle collective. C'est pour cela que le terme de collaboration est employé pour fédérer les différentes activités du travailleur de la « société de la connaissance ».

L'ambition du travail collaboratif peut se résumer à deux dimensions : la coordination, dans une vision instantanée, et la gestion des connaissances (plus connue sous le terme anglo-saxon de KM : « *knowledge management* »[3]), dans une perspective à long terme. Ce thème du KM, et les outils qui y sont associés, sont présents dans l'entreprise depuis une quinzaine d'années. Après les phases d'excitation et de

1. À titre d'illustration, voir l'offre de moteur de processus légers incluse dans la nouvelle version d'Office de Microsoft. Il s'agit d'un outil convivial qui permet l'automatisation individuelle ou départementale de petits processus de gestion de l'information.

2. Cette affirmation peut sembler quelque peu massive, ou dogmatique. Pour s'en convaincre, il faut lire le livre de P. Senge *The Fifth Discipline* qui est un classique sur l'apprentissage organisationnel, ou *Management, apprentissage organisationnel et société de la connaissance* de M. Ferrary, qui développe les thèmes exposés dans cette section. Ce deuxième livre est absolument passionnant (en particulier le chapitre 4, « De l'organisation apprenante aux communautés de pratique ») mais sa lecture est réservée à des lecteurs experts.

3. La définition du périmètre de la « gestion des connaissances » dépasse le cadre de cet ouvrage. On pourra consulter, en plus de la référence précédente, l'ouvrage *Knowledge Management* par E.M. Awad, H.M. Ghaziri. Lire en particulier les chapitres 2 et 3 à titre d'introduction.

désillusion, nous sommes entrés dans une phase de croissance mûre. Les premiers outils, proposés par des jeunes sociétés innovantes, sont devenus des standards du marché et ont rejoint les offres de suites bureautiques. Les nouvelles générations d'outils innovants s'intéressent à l'exploitation des connaissances déjà digitalisées et stockées dans le système d'information, au travers des courriels ou des serveurs de stockage de documents. La séparation entre la coordination et la capitalisation est purement intellectuelle : dans la pratique, il faut s'appuyer sur la notion de communauté, sur les outils d'animation de réseaux sociaux de l'entreprise, sur les outils de coordination des processus, pour animer la démarche de capitalisation des connaissances. Nous pouvons même constater que le thème du KM a été relancé par l'apparition des outils communautaires de type blog, wiki, intranet, messagerie instantanée, etc.

La gestion de la connaissance n'est cependant pas une question d'outils, c'est en premier lieu une question de culture et d'ambition partagée. C'est d'ailleurs pour cela que le premier rôle du management est de donner du sens. Si nous prenons l'exemple de la gestion documentaire, ce qui est important n'est pas l'outil de GED (Gestion Electronique des Documents) ou le portail de KM qui sont utilisés, c'est le changement d'attitude implicite. Il est demandé à chaque collaborateur de remplacer un réflexe de sauvegarde (je sauvegarde mon travail contre des incidents extérieurs) par un réflexe de publication (je partage ma production intellectuelle avec une communauté). Une fois le nouveau réflexe acquis, les bonnes pratiques (définir des mots clés, insérer dans une classification, caractériser l'audience, etc.) viennent naturellement. Proposer une nouvelle solution de GED en tant qu'outil a tendance à produire plus de frustration (résistance au changement) que d'adhésion.

Même en termes de moyens, les outils ne sont qu'une partie de la solution. Si la colonne vertébrale du KM est le réseau de « communautés de pratique » qui assurent la capitalisation sur un thème donné, l'animation de ces communautés est un sujet de ressources humaines. Il faut créer et entretenir les occasions de contacts réels, physiques, qui donnent une âme à la communauté. Il faut reconnaître, valoriser, récompenser le travail de partage de connaissance.

En revanche, les outils de gestion de la connaissance font plus que permettre de stocker et retrouver des informations. Ils représentent un des canaux de communication, un sujet que nous avons abordé dans le chapitre précédent[1].

5.3.3 La sociométrie du travail collaboratif

Cet ensemble de principes et d'objectifs, qui commencent à dessiner les contours d'une ambition, nous permet de reposer la question de la mesure. Qu'il s'agisse d'effi-

1. Ce type de communication se décrit par le concept de la stigmergie, une forme de communication sans contact direct et sans transport d'information. Les champions de la stigmergie sont les fourmis qui communiquent par dépôts de phéromones le long de leurs trajets. Le principe de la stigmergie est intéressant car il est collaboratif par nature et se prêt à l'apprentissage organisationnel.

cacité individuelle ou collective[1], la définition d'indicateurs n'est pas simple. Mais, même s'ils sont imparfaits, la mesure de ces indicateurs a de nombreux avantages. Ils permettent de donner de la substance au débat sur l'amélioration ou la stagnation des outils, ils permettent d'évaluer l'appropriation et l'usage de ces outils, et ils permettent enfin d'évaluer les effets induits de façon collective. Ce dernier point est important car c'est le plus difficile à concevoir de façon purement intuitive. Il est possible, face à l'aphorisme « pas de progrès sans mesure », de répliquer qu'il ne s'agit pas forcément d'une mesure quantitative (cf. l'apprentissage du piano), et que l'appréciation de chacun fournit une forme de mesure (d'où l'usage des enquêtes de satisfaction). C'est partiellement vrai en ce qui concerne la dimension individuelle de l'usage, mais beaucoup moins pour la dimension collective, qui est pourtant une source d'inquiétude. Les récriminations d'Armand Pujol dans le sociodrame peuvent être interprétées comme une dénonciation des effets pervers sur la collectivité de l'abus d'une pratique individuelle.

Le tableau suivant est une tentative de réponse, en essayant de définir des indicateurs clairs et indépendants des outils (par exemple, en évitant de mesurer simplement la taille des documents Word ou Powerpoint produits).

	Mesure du temps	Mesure du résultat	Dimension collective
Produire un document	Pourcentage quotidien du temps passé à produire des documents	• nombre de documents • nombre total de caractères produits par mois	• taux de lecture des documents produits • nombre moyen de lecteurs des documents
Courrier électronique	Temps passé à consulter son courrier électronique	• trafic total généré (taille des mails x nombre de destinataires)	• nombre moyen de destinataires • répartition envoi direct vs. copie (cc)
Participer à une réunion	Pourcentage du temps hebdomadaire passé en réunion	Volume global en homme.mois de réunions auxquelles je participe	• nombre moyen de participants • pourcentage de réunions dont je suis l'organisateur
Contribuer au KM	Pourcentage du temps passé à contribuer au knowledge management	Nombre de contributions au KM (documents, forums…)	• nombre moyen de lecteurs • nombre moyen de réutilisations par contribution

1. Nous empruntons le terme de *sociométrie* à J.-L. Moreno – cf. *fondements de la sociométrie* – pour mettre l'accent sur la dimension collective. Ce que nous voulons mesurer est la contribution à la performance de l'ensemble du réseau des acteurs, pas simplement une amélioration de l'efficacité individuelle. Nous pouvons également qualifier chacune des fictions illustratives de *sociodrame*, au sens proposé par J.-L. Moreno dans le même ouvrage. Le lien avec la sociométrie sera encore plus évident dans le chapitre suivant (et dans l'annexe), puisque nous essaierons de qualifier des graphes d'interaction.

Il n'est pas facile de collecter de telles métriques pour l'ensemble des collaborateurs de façon continue. En revanche, il est possible de faire des pilotes, ou de faire réaliser des études par des prestataires externes, de la même façon que des chrono-analyses sont réalisées sur un chantier ou dans une usine. La recherche d'efficacité me conduit à pronostiquer que, dans le cadre de cette nouvelle révolution industrielle du tertiaire, les activités de communication et transformation de la connaissance vont faire l'objet d'analyses de plus en plus détaillées.

Il existe déjà un certain nombre de résultats qui sont directement pertinents pour comprendre comment améliorer l'efficacité globale. Par exemple, il existe de nombreux critères pour qualifier notre vitesse de lecture, d'écriture et d'écoute en termes de nombre de mots par minutes. Pour faire simple, un utilisateur écrit (lorsqu'il le fait en continu devant un terminal, lorsqu'il écrit un mail) à une vitesse de 30 mots par minute, soit 5 fois plus lentement que lorsqu'il parle (la vitesse d'élocution varie grandement d'un individu à l'autre, mais 150 mots/minute est un bon ordre de grandeur[1]). Ceci explique pourquoi il est plus efficace de passer un coup de fil que de taper un mail, modulo la joignabilité de l'interlocuteur. En revanche, du côté de la réception, le même utilisateur lit, en lecture rapide mais sans être un professionnel, de l'ordre de 300 mots à la minute. De plus, il est possible de lire en diagonale (à la recherche de mots clés) pour juger l'intérêt d'un contenu. Il est donc plus agréable et efficace de parcourir sa boîte mail que sa messagerie vocale. Le choix et l'optimisation des canaux de communication ne sont pas simplement une question de débit. La qualité de l'interaction dépend également de la possibilité d'une boucle retour qui permette à l'émetteur de moduler son message (concept de « *bandwith* »)[2].

5.4 RÉGULER LES USAGES POUR FAVORISER L'EFFICACITÉ

5.4.1 Plaidoyer pour la régulation

Un phénomène dont l'optimum global est différent de la combinaison des optimums individuels est un candidat naturel à la régulation. En l'absence de régulation, les dérives dont se plaint Armand Pujol apparaissent, et sont fréquemment observées

1. C'est une simplification, il existe une littérature passionnante et abondante sur le sujet. Pour un résumé et une bibliographie, voir : http://www.keller.com/articles/readingspeed.html.

2. Pour approfondir cette question, lire *Beyond Bandwidth : Dimensions of Connection in Interpersonal Communication* de B. Nardi, in *Computer Supported Cooperative Work* (2005), vol. 14, Springer. La notion de *bandwith* recouvre à la fois la capacité à transmettre l'information mais aussi le feedback, qu'il s'agisse d'une forme explicite (une conversation, pourvu que la latence soit suffisamment faible) ou implicite (transmission des signaux faibles liés aux postures corporelles, aux expressions faciales, etc.). Cet article passionnant s'intéresse aux trois aspects relationnels de la communication : l'affinité, l'engagement et l'attention, pour en déduire des recommandations sur l'usage des technologies comme support de communication, et pour insister sur l'importance de la communication « corporelle ».

dans les entreprises aujourd'hui. La simplicité de l'envoi du courriel, et surtout la simplicité de la mise en copie créent un engorgement des boîtes aux lettres. Mais la même remarque s'applique également au téléphone, puisqu'il est fréquent de voir des boîtes vocales encombrées de longs messages qui sont difficiles à traiter efficacement. Il ne s'agit pas simplement d'un compromis entre le temps de l'émetteur et celui du destinataire, mais bien d'un équilibre global. De la même façon, la facilité à produire des documents, y compris des documents multimédias, riches et de bonne facture, peut aboutir à un écosystème ou la production globale dépasse la capacité de lecture globale[1]. De la même façon, la multiplication des réunions produit rapidement un état de saturation des emplois du temps, ce qui diminue le temps de préparation des dites réunions, ainsi que le temps pour produire et diffuser les comptes rendus. Ceci conduit au cercle vicieux des réunions qu'il faut recommencer plusieurs fois parce qu'elles sont mal préparées, ou parce que les décisions qui sont prises ne sont pas appliquées.

Face à ces dérives, chaque entreprise doit traiter ces sujets de façon globale et édicter des règles et des recommandations pour favoriser l'efficacité collective. Trois catégories générales de règles peuvent être distinguées :

1. Les règles d'usage, propres à chaque outil et à chaque canal, qui maximisent l'efficacité du canal de communication. Nous retrouvons des règles qui rétablissent l'équilibre entre l'émission et la réception, ainsi que des règles pour qualifier et contrôler le flux.
2. Des règles qui établissent des préférences entre les canaux pour différents types de situations. Le fait que ces règles soient un standard d'entreprise et non pas une question de choix personnel favorise l'efficacité globale. Nous y trouvons également des règles de précédence et d'interruption, pour assurer une uniformité du temps de réponse (ce qui s'appelle la latence du canal) et surtout sa prédictibilité. Par exemple, faut-il consulter sa boîte aux lettres toutes les deux heures, tous les jours, toutes les semaines ? Est-ce acceptable de sortir d'une réunion pour prendre un coup de fil ? si c'est son patron qui est au téléphone ? si c'est son directeur général ? Il n'y a pas de bonne réponse : il est parfaitement possible d'imposer l'extinction des téléphones portables en réunion, ou au contraire de tolérer les interruptions si elles sont réservées aux situations urgentes (de toute façon, dans le premier cas, une assistante serait intervenue pour interrompre la réunion). Ce qui importe c'est que les règles soient les mêmes pour tous[2].

1. Pour pousser l'idée à l'extrême, si, dans un réseau de 100 personnes, tout le monde envoie ses documents à tout le monde, le temps de lecture dans la journée doit être dix fois supérieur au temps d'écriture, ce qui est inefficace voire impossible (certains reconnaîtront l'exemple de l'abus des « *bulletin boards* »).
2. Il existe peu de références sur l'effet négatif des interruptions. Le meilleur texte que je connaisse est le chapitre 10 de *PeopleWare* de T. DeMarco & T. Lister. L'université de Londres a publié une étude qui montre que les employés qui sont soumis au flux constant d'interruption de leurs téléphones et autres Blacberry perdent l'équivalent de dix points de quotient intellectuel (*http://news.bbc.co.uk/2/hi/uk_news/4471607.stm*).

3. Des règles qui favorisent la capitalisation des connaissances, donc la réutilisation des informations qui sont transportées, soit durant des communications, soit dans des documents qui sont échangés. Elles incluent, bien entendu, des règles de nomenclature de documents, de classement, d'archivage et de sécurité.

Il ne faut surtout pas tomber dans l'excès inverse, trop de règles tue l'effet positif de la régulation. Il faut introduire les règles avec parcimonie et de façon progressive. Une partie des règles a vocation à se transformer en usage, ce qui permet un enrichissement progressif.

La définition de règles d'utilisation est une clé pour que les outils délivrent leur pleine efficacité, et encore plus pour les outils de communication de nouvelle génération dont nous allons parler par la suite. Le cas de la messagerie instantanée est un bon exemple : il y a plusieurs façons d'utiliser un tel outil dans le contexte professionnel. Il est possible de se servir des indications de présence pour savoir quand passer un coup de fil, ou utiliser le canal texte pour passer des petits messages, encore faut-il positionner cet usage par rapport au SMS et au courrier électronique[1]. Si chacun découvre l'outil à sa façon et expérimente selon son intuition, un effet cumulatif apparaît sur les causes de rejet : certains vont associer l'indication de présence à une surveillance, d'autres vont trouver que l'interruption de la fenêtre de message rompt leur concentration, etc.

5.4.2 Le courrier électronique

L'objectif de ce livre n'est sûrement pas de remplacer les guides de « bonnes pratiques » des outils de communication ou de traitement de l'information. C'est un sujet d'actualité, il est facile de trouver, soit sur le Web, soit par *benchmarking* avec d'autres entreprises, des guides de bon usage dont il faut s'inspirer. L'objectif de cette section est simplement d'illustrer cette notion de règles d'usage de façon pratique pour convaincre le lecteur, quel que soit son rôle dans la conduite du système d'information, de leur utilité. De plus, ce livre s'intéresse à la vision globale, par opposition au point de vue de l'individu, ce qui me semble indispensable et qui est rarement abordé dans les guides précédemment cités[2]. Nous reviendrons à la fin de ce chapitre sur les responsabilités des acteurs de l'entreprise, mais il est clair,

1. L'usage des différents canaux de communication est étudié par les anthropologues, tels que Timothy de Waal Melfyt de Brown University (cf. l'article du 5 Juin 2006 dans *BusinessWeek*). En utilisant un réseau d'enquêteurs sur le terrain, il a découvert que les ados répartissaient les usages en optimisant les avantages de chaque canal : le courriel pour les communications sérieuses, la messagerie instantanée pour les discussions informelles et le SMS pour joindre des correspondants à qui l'on ne désire pas parler. On pourrait penser que cet exemple montre qu'un usage optimisé finit toujours par émerger et qu'il n'est pas nécessaire de réguler. La difficulté est que le temps nécessaire pour stabiliser les usages est long à l'échelle de l'entreprise, en comparaison avec la rapidité d'apprentissage et d'adaptation d'un groupe d'adolescents fortement connectés.
2. Cette vision est une application directe de la citation d'E. Kant : « agis de façon que ton action puisse devenir une règle adoptée par tous ».

puisqu'il s'agit de culture et de conduite du changement, qu'il ne s'agit pas d'une problématique de la DSI mais bien de l'ensemble des directions métiers.

Voici donc, à titre de proposition, cinq thèmes qui méritent une forme de régulation en termes de courrier électronique :

- Il faut faciliter le travail du lecteur[1] : le mail doit contenir une indication directe de ce qui est attendu du lecteur, un mail trop long doit être transformé en note fournie en pièce jointe, et toute pièce jointe doit être décrite par un résumé de quelques lignes.
- Il faut responsabiliser chaque émetteur sur les flux qu'il engendre, d'une part en instituant des mesures (cf. section précédente) et d'autre part en bridant l'émission. Il faut éviter les mails avec trop de destinataires directs : une bonne pratique étant de ne mettre en destinataires directs que les interlocuteurs dont une action est attendue, et en mettant les autres en simple copie. Il faut également éviter les rebonds « sans valeur ajoutée » : la transmission d'un message qui vient d'être reçu doit s'accompagner d'un court commentaire qui présente le message et justifie le rebond.
- Il faut réguler le flot de mails qui contiennent des documents en pièces jointes pour validation. Il y a plusieurs techniques : par exemple, exiger une remontée par la voie hiérarchique (quelque peu « traditionnel » mais efficace) ou instituer des *workflows* de validation (ce qui a l'avantage de responsabiliser le travail de relecture).
- Le courrier électronique est un canal « à faible bande passante »[2], donc qui se prête mal aux messages négatifs. Cette « bande passante » est nécessaire pour transmettre des messages qui peuvent engendrer du stress chez le destinataire, elle permet d'ajuster et de corriger en fonction des réactions. L'absence de cette possibilité conduit à proscrire le courrier électronique pour régler des différents ou pour manifester ses émotions[3] (en règle générale, car il y a trop de risques que celles-ci soient mal comprises).

1. À titre d'illustration, la société Tech Dynamic a réalisé en 2005 un sondage sur 3000 personnes : les causes de frustration les plus importantes sont : l'abus des lettres capitales et des abréviations, le fait de ne pas remplir le champ « sujet » du courrier électronique, le fait d'être mis en copie sans raison et le ton trop familier de certains courriels.

2. La « bande passante » décrit la capacité à faire de nombreux allers/retours informationnels, explicites ou implicites (cf. note précédente). Le maximum est atteint pour un contact direct, où le ton de la voix, les attitudes corporelles, etc. permettent une boucle de rétroaction permanente qui sert à ajuster la façon dont nous transmettons les émotions. Il y a une dégradation progressive lorsque la communication passe sur le téléphone (uniquement la voix), puis sous forme textuelle (IM) et enfin dans un mode asynchrone (courriel).

3. L'étude des communications électroniques est devenu un champ important de la sociologie et la psychologie appliquée (CMC : *Computer Mediated Communication*). À titre d'introduction, on peut lire *Developing Personal and Emotional Relationships via Computer-Mediated Communication* de B. Chenault dans CMC Magazine, May 1998 (disponible en ligne: www.december.com/cmc/mag).

- Il faut convenir d'une règle de bon usage sur le temps acceptable pour prendre connaissance de ses mails[1]. Pour que cette règle fonctionne, il faut mesurer ce temps et s'assurer que la régulation des flux fonctionne et ne produit pas de surcharge. La surcharge (le syndrome de la boîte aux lettres qui déborde) produit à la fois une baisse de moral et une perte d'efficacité.

5.4.3 La gestion des réunions

Le lien entre la gestion des réunions et le système d'information n'est pas forcément évident à première vue, pourtant il existe et ne va faire que s'amplifier dans le futur. Dès aujourd'hui, le système d'information apporte l'infrastructure logistique à la programmation des réunions, ne serait-ce qu'au travers des agendas partagés. Deux tendances vont rendre le rôle de support du SI de plus en plus explicite. D'une part, la technologie va servir de plus en plus à établir des réunions virtuelles, au moyen de visioconférence, de téléconférence, de partage de documents, etc. ou des réunions hybrides qui mélangent des participants physiques et électroniques. D'autre part, la production de la réunion (ordre du jour, supports, compte-rendu, ...) est intégrée de façon de plus en plus complète dans la gestion des connaissances de l'entreprise, en support au processus collaboratif auquel participe la réunion. S'il peut effectivement être reproché au système d'information, comme le fait Armand Pujol, d'avoir contribué à la prolifération des réunions, l'intégration du support aux réunions et de la gestion des connaissances dans le suivi des processus collaboratifs devrait apporter un surcroît de rigueur et d'efficacité dans la conduite de réunion.

Nous allons maintenant donner quelques principes en termes de régulation des réunions :

- Il faut définir une « étiquette » de la planification de réunion (un mélange de courtoisie et de bon usage) qui place plus de contraintes sur le demandeur, pour compenser la facilité créée par l'outillage électronique. Cela implique de s'assurer de la disponibilité des participants obligatoires, le respect des plages horaires, des règles de zonages si elles existent (cf. chapitre 4), d'indiquer, avec l'invitation à la réunion, son ordre du jour et son objectif.
- Il faut chercher à minimiser en permanence le nombre de participants aux réunions (tandis que l'outillage pousse aux invitations larges), pour trois raisons :
  - Diminuer le temps global passé en réunion par l'ensemble des collaborateurs augmente le temps productif.
  - L'efficacité locale de la réunion augmente avec un nombre restreint de participants. Le chiffre idéal est différent pour une réunion de brainstorming

1. C'est une règle générale en « ingénierie de système » : le passage de la communication synchrone à une communication asynchrone apporte un surcroît de flexibilité, mais l'asynchronisme doit être accompagné d'un contrat de qualité de service pour pouvoir identifier les défaillances et garantir le bon fonctionnement (il y a dans la synchronicité une part implicite de « satisfaction » qui doit être définie de façon explicite pour une communication asynchrone).

(de l'ordre de 7) ou pour une réunion de décision, mais il n'y a que les réunions d'information qui peuvent fonctionner avec plus de 10 participants.
– Le faible nombre de participants est un facteur de responsabilisation[1].

- Il faut limiter l'utilisation des réunions physiques aux cas où elles sont nécessaires. L'utilisation de solutions alternatives, depuis la téléconférence jusqu'à la visioconférence, en passant par toutes les formes permises par la communication sous IP, est culturellement en retard en France par rapport aux pays anglo-saxons. C'est pourtant une école de concision et d'efficacité qui mérite un engagement volontariste.
- Il faut bien sûr, cela va de soi, adopter un code de bonne conduite de réunion, en termes de préparation, de déroulement, de compte rendu et de suivi[2].
- Il faut également instaurer des règles qui favorisent le suivi des tâches. En effet, il existe une grande dissymétrie dans la gestion électronique des réunions et des tâches à accomplir. Parce qu'elles sont fixées dans le temps, les réunions sont faciles à gérer ; au contraire, la gestion des périodes de temps allouées à l'accomplissement des tâches relève de l'ordonnancement d'activité et est intrinsèquement complexe. La conséquence est que la gestion électronique donne priorité à ce qui est fixé sur ce qui est flexible, à ce qui est court-terme sur ce qui est long-terme. Il existe de nombreuses façons de pallier ce biais, encore faut-il en avoir conscience.

Au-delà de la bonne conduite des réunions et de leur organisation, l'ensemble des réunions programmées dans une entreprise forme ce qui peut s'appeler le « système réunion », qui est un des canaux les plus efficaces et les plus importants de communication interne. Le deuxième annexe propose quelques pistes de réflexions supplémentaires sur ce sujet.

5.5 LE POSTE DE TRAVAIL DE DEMAIN

5.5.1 La révolution de la « CoIP »

Nous avons employé le terme de « collaboration sous IP » pour désigner la combinaison des domaines de la recherche et manipulation d'information, de l'édition et du partage de documents, de la communication sous toutes ses formes qui sert de

1. Je ne peux que recommander la lecture du livre de Christian Morin *Les décisions absurdes*. Il y décrit en détail « l'effet du spectateur », qui fait que chacun se désinvestit progressivement de ses responsabilités s'il pense n'être qu'un spectateur parmi plusieurs. Cet effet se démontre dans les cas d'agression, où la probabilité d'être secouru est inversement proportionnelle au nombre de témoins. Le livre permet également d'apprécier à quel point la dilution des responsabilités est souvent un facteur de prise de décision inadéquate.
2. Plutôt que de poursuivre dans l'énoncé de truismes, je renvoie le lecteur, par exemple, à l'excellent article « *How to Run a Meeting* » de J. Ware dans *Managing People and Organization*, édité par J. Gabarro.

support à la collaboration autour des processus métiers. La colonne vertébrale de cette transformation (la disparition progressive des frontières qui donne lieu à un domaine unique) est l'avènement de la VoIP (la voix sur IP). Le fait de pouvoir traiter de façon égale le contenu (par encodage) ou la signalisation (avec des protocoles tels que SIP) des communications en tant qu'objets informatiques permet l'intégration « sans coutures » avec toutes les applications du monde bureautique.

Cette transformation mérite le qualificatif de « révolution » pour plusieurs raisons :

- L'ergonomie unifiée apporte un véritable gain en efficacité avec la capacité de basculer entre différentes activités communication/production sans rupture de contexte. Des fonctionnalités aussi simples que le « *click-to-talk* », qui permet d'initier une conversation téléphonique d'un simple clic de souris, ont un impact immédiat et il est difficile de s'en passer lorsque l'habitude est prise.
- La communication sous IP apporte une réponse au problème de la difficulté à joindre ses interlocuteurs, tel que le mettent en avant Bill Gates[1] ou Andy Mattes, le CEO de Siemens US[2]. Cette difficulté ne se traduit pas simplement en perte de productivité mais aussi en manque de réactivité. Dans une étude faite sur 1750 personnes, Siemens a relevé les résultats suivants : 67% des personnes se plaignent de devoir laisser des messages multiples alors qu'elles ont besoin d'une réponse immédiate, 65% sont obligées de reporter des décisions parce qu'un collègue ne répond pas à temps et 48% regrettent de ne pas pouvoir répondre suffisamment rapidement à un client dont l'appel a été manqué.
- L'unification entre les outils de communication et de collaboration casse une barrière ergonomique qui explique que nous ne tirons pas assez parti aujourd'hui de la richesse des outils de support au travail collaboratif. L'adoption des outils de gestion de connaissance, de partage de document et de processus a été plus lente que prévue, en partie parce que ces outils étaient perçus comme trop complexes et pas assez intégrés. Ceci est en train de changer très rapidement.
- De façon réciproque, l'intégration des outils de communication dans les outils collaboratifs remet l'individu au centre de la gestion des connaissances. Il devient difficile (et inutile) de savoir si un blog ou un portail SPS (SharePoint Server™, une offre de portail collaboratif de Microsoft) sont des outils de communication ou de capitalisation de connaissance. Cette génération d'outils permet de multiplier les réseaux associés aux communautés de pratique.

---

1. Dans le mémo « *The Unified Communication Revolution* » déjà cité, Bill Gates fait de la joignabilité le premier argument. Il cite une étude qui affirme que 70% des appels professionnels se terminent sur la messagerie vocale. Ce qui n'est pas étonnant si tout le monde est en réunion… cette question de la compétition entre les canaux de communication est évoquée en annexe.
2. Lors du Accenture Global Forum d'Avril 2005, Andy Mattes a déclaré « *VoIP is about collaboration, not cost reduction* ». Il a cité l'exemple de Nissan USA qui a obtenu un double succès en déployant la voix sur IP, une réduction des coûts d'opération mais surtout la « stimulation de la coopération » qui a conduit à l'optimisation des processus.

- Cette plate-forme unifiée de collaboration permet de donner une nouvelle dimension à la mobilité. Nous retrouvons ici l'idée de pouvoir travailler *anywhere, anytime*, ce qui est plus qu'un slogan lorsque l'utilisateur peut effectivement être joint de façon indépendante de sa localisation physique, et lorsqu'il a accès non seulement à l'information en général (Internet) mais plus précisément à l'ensemble des documents, et leur « contexte collaboratif » (qui fait quoi ?), associés aux processus auxquels il participe.

Cette dernière transformation correspond aux attentes et besoins des nouvelles générations de collaborateurs, un sujet sur lequel nous reviendrons dans le chapitre 6. L'évolution rapide des technologies de communication a conduit progressivement à un effacement des repères, dans le temps et dans l'espace, en termes de travail et de communication. Aujourd'hui, les « nouvelles générations » font tout, tout le temps, n'importe où et en même temps. Ce nouveau type de comportement est une opportunité pour les entreprises, puisqu'il est adapté à une culture de la mondialisation et de « transversalité » des projets, et une menace, car la plupart des cultures d'entreprise sont construites sur des bases d'organisation taylorienne (spécialisation des tâches, un lieu et un temps approprié pour chaque chose).

5.5.2 La bureautique comme outil de transformation

Au cours de ce chapitre nous avons utilisé les termes de système d'information et de bureautique de façon quasi-interchangeable. C'est parce que la séparation entre le monde des applications bureautiques et des applications métiers est en train de s'estomper[1]. Plus précisément, voici trois fonctions qui vont devenir des enjeux du système d'information en collaboration avec l'environnement du poste de travail :

- Le pilotage des processus, qu'il s'agisse de processus métiers ou de processus collaboratifs. En d'autres termes, la gestion du temps est le premier actif de l'entreprise qui est couvert également par les applications bureautiques et les applications métiers. Cette tendance s'illustre, par exemple, avec l'intégration de plus en plus forte entre des progiciels métiers (Siebel, SAP...) et les outils de gestion du temps de la suite Microsoft Office.
- La gestion des connaissances, qui devient de plus en plus un enjeu métier (par exemple, l'interrogation et la mise à jour d'une base de connaissance partagée fait partie d'un nombre croissant d'applications métiers). La verticalisation (une base par domaine métier) ne peut être qu'une solution temporaire, chacun a déjà fait l'expérience frustrante de devoir faire la même requête sur

1. Certains vont jusqu'à penser que les applications bureautiques vont disparaître « dans » les applications métiers (par exemple, au travers de l'utilisation de clients légers). Bien que l'intégration de plus en plus forte entre ces deux types d'application rende cette question de moins en moins pertinente, je ne vois pas la disparition des applications bureautiques se produire dans un futur proche. Bien entendu, compte-tenu de ce qui a été dit en introduction, ce qui suit est plus applicable à une banque ou une agence de voyages qu'à une usine de montage de moteurs ou à un restaurant.

plusieurs silos du système d'information, et comprend que la recherche dans un environnement unifié est nécessairement une meilleure solution. Les différentes offres professionnelles des fournisseurs de moteur de recherche illustrent cette tendance à une perspective plus globale.

- La gestion des flux de communication est un domaine un peu plus spéculatif parce que nous n'avons pas assez de recul pour juger l'impact de l'introduction à grande échelle de la communication sous IP. Mon intuition est clairement que, dans le monde des communications IP, le système d'information jouera un rôle important de support, pour optimiser l'efficacité, et intégrer la gestion des communications avec la gestion des connaissances.[1]

Pour conclure, ce chapitre a décrit une évolution conjointe du fonctionnement de la « société de la connaissance » et des outils qui sont hébergés sur le poste de travail. Cette évolution est en premier lieu une évolution dans les habitudes et les méthodes de travail. Il s'agit donc d'une transformation de longue durée, pour laquelle la bureautique et les nouvelles technologies sont des outils d'accompagnement. Cette transformation est difficile à mesurer, pour l'instant, puisqu'il s'agit d'objectifs collectifs tandis que les outils sont majoritairement individuels. À chaque entreprise et chaque direction métier de se faire sa « propre religion » sur l'opportunité et la nécessité du changement. La DSI a un rôle d'accompagnement à jouer, mais toute tentative d'installer des outils de « collaboration sous IP » au titre d'une maintenance ou d'un palier de l'environnement du poste de travail risque de se solder par un échec. Il ne faut pas sous-estimer la conduite du changement à mener pour transformer les habitudes en matière de gestion du temps, gestion des connaissances ou gestion des communications interpersonnelles.

5.6 RÉSUMÉ

– Le fait de pouvoir joindre une personne donnée (voire une fonction donnée), qui était une responsabilité individuelle (avec des outils fournis par l'entreprise, mais chacun ayant sa méthode), est en passe de devenir un service d'entreprise supporté par le système d'information (5.3.1).

– Les processus de production et de transformation d'information vont suivre le même sort que les processus industriels : ils seront formalisés, partiellement automatisés et optimisés (5.3.1).

☞

1. Si nous nous projetons dans le futur, la gestion des flux d'information et de communication débordera sur la gestion de l'environnement, sous la forme d'une informatique ambiante ou « *pervasive* » (voir, dans la bibliographie, le livre *Mobilité.net*). L'évolution naturelle de la stigmergie est de peupler l'espace d'écrans et d'instruments de saisie, pour faire des lieux collectifs des outils de partage et de capitalisation d'information, dans la tradition des tableaux blancs et des *paperboard* sur les murs des salles de réunion.

☞

– La valeur future d'une entreprise est liée aux processus qui lui permettent d'acquérir de façon continue les nouvelles compétences et connaissances dont elle a besoin (5.3.2).

– Même si elle est imparfaite, la mesure de l'efficacité des outils bureautiques permet d'évaluer l'appropriation et l'usage, en particulier dans leur dimension collective (5.3.3).

– Face aux dérives de l'usage individuel des outils électroniques, l'entreprise se doit de traiter ces sujets de façon globale et d'édicter des règles et des recommandations qui favorisent l'efficacité collective (5.4.1).

– En matière de régulation du courrier électronique, il faut viser à faciliter le travail du lecteur et responsabiliser chaque émetteur sur les flux qu'il engendre (5.4.2).

– La gestion électronique des tâches et réunions donne la priorité à ce qui est fixé sur ce qui est flexible, à ce qui est court-terme sur ce qui est long-terme (5.4.3).

– La « collaboration sous IP » apporte un véritable gain en efficacité avec la capacité de basculer entre différentes activités de communication et de production sans rupture de contexte (5.5.1).

– La transformation des modes de travail, au travers de nouveaux outils installés sur le poste de travail, est du ressort de chaque direction métier (5.5.2).

6 Ressources humaines

6.1 ILLUSTRATION : « PRÉPARER LE RENOUVELLEMENT DES GÉNÉRATIONS »

« J'ai écouté une interview intéressante sur BFM », Laurence de V. vient de prendre l'ordre du jour entre ses mains, « d'un auteur américain, Mark Persky, qui parlait des différences entre les générations, et en particulier de l'émergence de nouvelles formes de savoir et d'apprentissage. Par exemple, il faisait la promotion du jeu vidéo comme un outil d'apprentissage mieux adapté pour le monde moderne, interconnecté et instantané, que des méthodes plus traditionnelles fondées sur l'écrit.

– C'est vrai que lorsque je regarde mes ados, ils sont toujours connectés sur MSN, en train de lire un mail ou de consulter un forum, font leurs devoirs d'une main, regardent leur téléphone portable de l'autre, et le tout avec leur casque sur les oreilles. » Paul Bellon ne peut pas s'empêcher de témoigner, sur un sujet qui l'a bien inquiété jusqu'à ce qu'il se rende compte que le phénomène était généralisé, que tous les adolescents autour de lui avaient le même comportement.

« Ce changement d'habitude et d'aptitude est important, la présidente n'aime pas se faire interrompre, non seulement ces jeunes disposent de capacités qui correspondent aux nécessités du travail moderne, mais à l'inverse, si nous ne nous adaptons pas à cette façon de travailler et de vivre, nous ne pourrons pas recruter les talents dont nous avons besoin. L'attractivité de MonEpargne.com auprès des nouvelles générations est un enjeu stratégique. J'ai demandé au professeur Pierre Duluc de venir nous faire un exposé pour débuter ce comité exécutif, pour nous aider à apprécier ces opportunités, mais surtout les challenges que nous pose l'intégration de ces nouvelles générations de collaborateurs ».

La porte s'ouvre et l'assistante laisse entrer un petit homme trapu, avec un collier de barbe et un nœud papillon, qui est tiré à quatre épingles et se déplace en sautillant, en dégageant beaucoup d'énergie.

« Madame la présidente, mesdames, messieurs, je suis très honoré d'être parmi vous ce matin. En titre d'introduction, je voudrais souligner la pertinence de l'analyse que votre présidente m'a présentée la semaine dernière. En tant que parents, nous sommes facilement agacés devant ces formes nouvelles, voire surprenantes, d'activités intellectuelles et collaboratives. Pourtant il existe une formidable adéquation entre les mutations sociétales et professionnelles. Les habitudes de travail en réseau, avec un groupe fortement connecté, avec le support d'une communauté d'intérêt sont parfaitement appropriées aux enjeux de transversalité des entreprises modernes. Le « *multi-tasking* », la capacité à mener différentes activités en parallèle, apporte naturellement une plus grande flexibilité dans la gestion du temps et des priorités. C'est aussi une méthode qui est très appropriée pour la résolution de problèmes complexes. La culture internationale, la plus grande ouverture des jeunes au monde dans sa globalité, les liens qu'ils tissent avec des communautés qui couvrent la planète, enrichissent leurs points de vue et stimulent leur créativité. Enfin, et vous l'aurez sûrement remarqué, les jeunes vivent dans l'instant – une caractéristique de la jeunesse qui ne date pas des TIC, mais qui était déjà citée dans l'Antiquité – cette instantanéité est amplifiée par un mode de vie en « connexion permanente ». Cette culture de la communication instantanée est un gage de réactivité si elle est importée dans l'entreprise … »

Pierre Duluc poursuit son exposé de façon claire et imagée. C'est un sujet de société et chacun l'écoute avec intérêt. Après avoir exposé certains traits et usages des « nouvelles générations », il aborde ensuite la question de la nécessaire adaptation de MonEp pour devenir un recruteur attractif.

« … Je me suis penché sur l'exemple de la DSI, en essayant de la regarder avec les yeux d'un adolescent. J'ai passé une journée à observer et me promener dans les salles de réunions et je dois dire que vous avez effectivement un problème. L'échelle de temps sur laquelle vit la DSI est trop longue pour un jeune, – et, ajoute-t-il avec malice, pour vos clients –, vous parlez de projets qui durent 6 mois, 12 mois, voire des années, qui suivent des procédures lourdes, complexes … C'est le contraire de la spontanéité et de l'instantanéité ; un monde de structures, de documents écrits longs et ennuyeux. Le poids de la hiérarchie, du savoir, des habitudes est omniprésent. Surtout, pendant vos réunions, les modes de communication sont hermétiques et peu engageants. J'ai observé des attitudes corporelles fermées, les bras croisés, vos collaborateurs sont tassés sur leurs chaises, ils parlent à voix basse, dans un jargon incompréhensible. On ressent le mélange d'un complexe de supériorité, une sorte de façon de dire « de toute façon, nous sommes indispensables » et une crainte face au changement qui anime l'entreprise.

– Cette attaque en règle me laisse sans voix, je ne pense pas qu'elle appelle une réponse. C'est à la fois une caricature et un procès d'intention ! » La voix de Caroline tremble, elle n'aime pas interrompre un exposé, mais ces propos l'ont mis en colère.

– Je suis désolé et je vous prie de m'excuser, je voulais juste attirer votre attention et je me laisse aller à forcer le trait … mais ce n'est qu'un procédé rhétorique, rassurez-vous. J'en viens d'ailleurs à mes trois préconisations, que j'ai décidé de placer sous le triptyque « fraîcheur – mouvement – expression ». La première idée est fort simple, il s'agit simplement d'accentuer l'effort de recrutement de jeunes pour augmenter le taux de 20-30 ans chez MonEp. C'est encore la façon la plus simple de vous assurer que vous n'êtes pas coupés des changements dont nous parlons. Votre taux est de 25% aujourd'hui, vous pourriez le porter à 30% d'ici deux ans.

– C'est un effort considérable que vous nous proposez, intervient Ludovic Niège. Je surveille avec attention notre pyramide des âges puisqu'elle permet de prédire l'évolution de nos coûts salariaux. Nous ne sommes plus en période de croissance, et la tendance naturelle est au vieillissement. En deux ans, le taux des 20-30 ans va baisser de 5%, je ne sais pas si le renversement de tendance est réaliste, mais je laisse Noémie s'exprimer… ».

Noémie Lagourd ne souhaite pas s'exprimer. Elle n'aime pas beaucoup les chiffres et encore moins les débats avec un financier. Elle se contente de se féliciter intérieurement de ne pas avoir eu le temps de dire à quel point cette proposition lui semblait une excellente idée. En revanche, il est temps qu'elle s'affirme, puisque c'est son territoire et qu'elle a construit les préconisations avec Pierre Duluc.

– La seconde proposition, qui s'inscrit dans le thème du mouvement, est de garantir des changements de postes fréquents, des missions courtes, et surtout un rythme rapide de promotions. Nos collaborateurs se plaignent constamment de la trop faible mobilité interne. Avec les huit niveaux de qualification que nous avons introduits, nous devrions pouvoir garantir une promotion tous les deux ou trois ans pour les meilleurs et tous les quatre ans pour tous ceux qui font bien leur travail.

– Attention néanmoins à laisser aux collaborateurs le temps d'acquérir, puis de transmettre leurs compétences. Je ne veux pas être cataloguée comme un dinosaure, mais nous avons réellement besoin de compétences et de procédures – Caroline n'a pas digéré l'épisode précédent – pour faire tourner nos systèmes.

– De toute façon, interrompt Armand Pujol, cette proposition est encore moins réaliste que la première. Je me suis peut-être trompé dans mes calculs, mais à moins d'avoir un turn-over de plus de 15%, tu ne peux pas assurer un cycle de promotions tous les quatre ans, même avec huit niveaux de qualifications.

– Je ne vois pas le rapport avec le turn-over, s'exclame Noémie qui commence à être exaspérée par cette « fronde des ingénieurs ».

– La troisième proposition répond à une question que votre présidente m'a posée ». Pierre Duluc s'est empressé de reprendre le contrôle de la réunion. Il n'a pas beaucoup l'habitude des comités de directions, mais il a une grande expérience des réunions entre collègues universitaires qui se transforment en règlements de comptes. « Je vous suggère d'ouvrir un espace sur votre portail pour que chaque collaborateur dispose de son propre blog. L'expression est un droit et un devoir naturel pour les nouvelles générations. En frustrant cette attente, vous créez le sentiment d'une « chape de plomb », et vous vous privez de la créativité de certains de vos collaborateurs.

– Mais on ne peut pas ouvrir un espace d'expression sans en donner les règles, s'alarme Armand Pujol. Il faut au minimum s'appuyer sur l'équipe de communication interne et animer cet espace, trouver des thèmes et proposer des objectifs. De toute façon, je n'ai pas très bien compris l'objectif d'une telle démarche. « Il n'y a pas de vent favorable pour celui qui ne sait pas où il va », comme disait Sénèque. Il faut un minimum d'« alignement stratégique ».

– Sauf si précisément tu laisses émerger les objectifs, les thèmes, les centres d'intérêt communautaires des interactions qui naissent autour des blogs. Il n'y a pas que la philosophie antique qui soit pertinente, il arrive que la bonne stratégie, au lieu de s'obstiner sur une destination préalablement fixée, soit précisément de se laisser pousser par le vent ». Caroline reconnaît le style et la pensée de Ravi Mutatsuru. « Un des intérêts des blogs est qu'ils permettent de construire une trace, digitale mais réelle, des réseaux sociaux d'interaction de l'entreprise. Plutôt que d'imposer une démarche analytique « top-down », tu peux déduire de l'analyse des blogs les thèmes qui méritent d'être approfondis, et qui sont les contributeurs pertinents. Le management par l'« émergence » n'est pas lié aux blogs, c'est une pratique sociologique, qui donne de bons résultats en termes de recherche et développement, ou dans l'auto-structuration de mouvements associatifs, pour prendre deux exemples très différents.

– Nous avons dépassé l'heure, et je sais à quel point votre présidente est sensible au respect des horaires, conclut Pierre Duluc. Je vous remets le document que j'ai préparé en support à cette réunion. »

Caroline profite de la pause pour rejoindre Ravi. Elle compte bien profiter de cette réunion, en tant que feu vert pour déployer plus largement les outils communautaires sur le portail d'entreprise, blogs ou pas. Elle se dit que Ravi ferait un parrain de choix pour le lancement, et qu'elle doit lui faire écrire un éditorial pour son journal interne.

6.2 COMMENTAIRE

Dans son livre[1], Mark Persky fait l'apologie des jeux vidéo, et plus généralement d'un certain nombre de comportements associés aux adolescents, en tant qu'outils d'acquisition et de transmission de connaissance. Il fait également la constatation que ce qui oppose les différentes générations est avant tout le degré de familiarité avec les technologies. Il propose une distinction entre les « *digital immigrants* » et les « *digital natives* ». Les premiers sont ceux qui ont connu le monde sans courriels, Web, SMS, blogs ou messagerie instantanée. Ils ont appris l'usage du téléphone portable et de l'ordinateur. Ils représentent la grande majorité des collaborateurs des

1. Le livre dont il s'agit est *Don't Bother Me Mom – I'm Learning*. Cet excellent livre, très sérieux contrairement à ce que le titre pourrait laisser penser, contient de nombreuses réflexions et références sur le sujet de l'adaptation de la « nouvelle culture technologique » au monde de l'entreprise.

entreprises. Les seconds sont précisément nos adolescents qui ont grandi dans ce monde des technologies de communication. La thèse de Marc Persky, détaillée avec bonheur, est qu'un « *digital native* » est forcément différent, mais aussi plus efficace, dans l'utilisation de ces outils modernes[1]. La question posée par la présidente de MonEp peut être reformulée : que doit faire une entreprise avec une majorité de « *digital immigrants* » pour accueillir les « *digital natives* ».

Ce chapitre est consacré à deux sujets : l'évolution de l'entreprise pour mieux tirer parti des compétences de ses jeunes collaborateurs, et le pilotage des effectifs et de leur structure sur le long terme. Il n'est pas surprenant de les rassembler, le pilotage des recrutements et des évolutions de carrière est, fort logiquement, une condition nécessaire pour que la question de l'adaptation de la culture de l'entreprise au monde « *digital native* » ait un sens. Ce deuxième thème s'inscrit également dans la suite du chapitre 4 sur l'organisation de l'entreprise. Nous allons utiliser des abstractions, classiques mais fort utiles, telles que la pyramide des âges ou la pyramide des qualifications. Nous nous contenterons de faire des constatations simples et fondées sur l'expérience, mais il est possible d'aller plus loin dans l'utilisation de modèles pour le pilotage à long terme des ressources humaines, ce qui est esquissé dans l'annexe III.

Le lien avec le système d'information est double. D'une part, une partie des changements dont nous allons parler dans ce chapitre est liée aux technologies de l'information et de la communication (les TIC). D'une façon simplifiée, la question posée à la DSI est : comment allez-vous intégrer, dans le SI de l'entreprise, ces nouveaux outils qui sont devenus naturels et indispensables pour les nouvelles générations ? Comme nous allons le voir, l'adaptation de l'entreprise est avant tout une question de culture, mais il reste une composante technologique forte. D'autre part, une des idées centrales du chapitre est que la gestion des ressources humaines se fait sur le long terme et représente des enjeux complexes, qui se prêtent bien à la modélisation. Une grande partie des sujets que nous allons traiter sont des candidats naturels à l'appui méthodologique du système d'information. Cela peut aller du simple tableur Excel jusqu'à l'utilisation de techniques de programmation par contraintes pour réaliser des systèmes d'aide à la décision[2]. Le pilotage prospectif à cinq ou dix ans est un terrain de collaboration naturel entre la DSI et la direction des ressources humaines.

La section suivante porte sur la gestion à long terme de la pyramide des âges et sur le recrutement des nouvelles générations de collaborateurs. L'émergence des outils de communication abolit les frontières entre le monde professionnel et le monde personnel, c'est à la fois une opportunité et une contrainte pour l'entreprise. La section 6.4 va approfondir le débat entre Noémie Lagourd et Armand Pujol, sur

---

1. Sur la distinction entre *digital natives* et *immigrants*, lire le chapitre 6. La conclusion de Mark Persky est « *someone's got to give – and it's us* » : il faut que quelqu'un s'adapte, et c'est à nous de le faire. Parmi les thèmes clés, se retrouvent les notions de complexité et de coopération.

2. L'armée est, de façon historique, un des employeurs les plus avancés sur la modélisation de l'évolution de ses effectifs à long terme. Elle a fait réaliser par des sociétés de services, spécialisées en recherche opérationnelle, différents outils, que ce soit pour prévoir l'évolution des recrutements par classe d'âge, ou les profils types d'évolution de carrière.

la gestion des carrières et le taux de promotions. Nous allons également reprendre le sujet des filières d'expertise évoqué dans le chapitre précédent, et constater l'interpénétration des sujets de la gestion des individus et des connaissances (ce qui n'est pas une surprise, les connaissances étant, en premier lieu, portées par des personnes). La dernière section est consacrée au partage et à la gestion des compétences. Même s'il est périlleux d'évoquer ce sujet de façon générale et non dans le contexte d'une entreprise, nous évoquerons la question des compétences stratégiques qui semblent utiles pour préparer l'entreprise et son système d'information aux transformations que nous évoquons dans ce livre.

6.3 GESTION DES RESSOURCES HUMAINES SUR LE LONG TERME

6.3.1 Gérer la pyramide des âges

J'ai eu la chance, en 2003, d'entendre Michel Godet évoquer « le choc démographique 2006 »[1]. À la suite d'une intervention en séminaire de réflexion, nous avons construit un « plan à trois ans » pour corriger un certain nombre de caractéristiques qui nous posaient problème en termes de distribution d'âge, d'équilibre interne-externe, etc. Une grande partie de ces difficultés nous était déjà apparue, mais la discussion avec Michel Godet nous a permis de « remettre les choses en perspective » et de donner un sens plus large à notre action. Surtout, les problèmes « structurels » que nous constations à cette époque nous semblaient insolubles, parce qu'ils n'étaient pas à l'échelle d'une correction court-terme (sur un an), mais nécessitaient une action à long terme (cinq à dix ans). À l'inverse, trois ans plus tard, il est possible de constater qu'une action volontaire sur trois ans a eu un effet important, et s'est même avérée plus efficace que ce que nous avions anticipé. La seule morale de cette anecdote est qu'en matière de gestion globale des ressources humaines, il faut prendre son temps pour agir (mais, comme le ferait remarquer Michel Godet, pas pour prendre des décisions).

Nous allons dans un premier temps nous intéresser à la pyramide des âges. La figure suivante offre une représentation de la pyramide sous une « forme couchée », ce qui signifie que l'axe horizontal est l'axe du temps. Cette représentation est plus intéressante que la forme habituelle pour mener une analyse différentielle de la forme de la pyramide (voir son évolution dans le temps). Le sort naturel de cette courbe (comme de tout être humain) est de se décaler d'une unité vers la droite chaque année. Cette tendance au vieillissement est compensée par les flux d'échange, qu'ils soient entrants (en noir) ou sortants (en gris). Nous avons indiqué sur la figure quelques-uns des flux classiques. Les surfaces hachurées indiquent les flux nécessaires

1. Je fais référence au livre *Le choc de 2006 : Démocratie, Croissance, Emploi pour une société de projets*, qui est toujours très intéressant mais qu'il valait mieux, du point de vue de l'efficacité, lire au moment de sa sortie qu'aujourd'hui.

pour que la courbe soit stable d'une année sur l'autre (différence entre la pyramide et sa translatée d'un an).

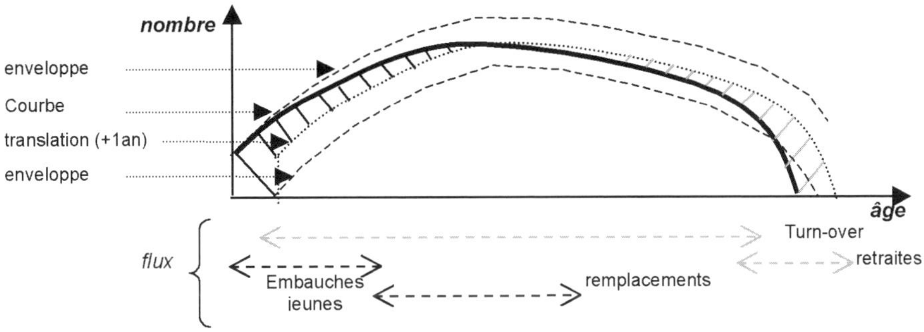

Figure 6.1 – La pyramide des âges et son évolution

Nous avons également représenté sur la figure la courbe enveloppe (en pointillé) des différentes évolutions possibles d'une année sur l'autre. Elle est simplement obtenue en décalant la courbe d'un an et en intégrant le « vecteur de correction » lié aux embauches et aux départs, qui sont connus sous forme d'intervalle. Nous donnons dans l'annexe III l'exemple de cette méthode appliquée au cas de MonEp, qui permet de comprendre pourquoi l'objectif proposé par Pierre Duluc n'est pas réaliste.

Cette enveloppe permet de comprendre deux choses : d'une part, les capacités d'évolution d'une année sur l'autre sont limitées, mais, en revanche, sur une durée de cinq ou dix ans, la liberté d'action est beaucoup plus grande (effet multiplicatif des variations)[1].

Il est néanmoins important de suivre cette pyramide des âges et de formuler une stratégie à son sujet pour plusieurs raisons :

- la forme de la pyramide détermine l'âge moyen, et par conséquent, un des facteurs déterminants du coût de la masse salariale,
- la distribution des classes d'âge joue un rôle important dans la culture de l'entreprise. C'est tout l'enjeu du débat qui a servi d'introduction à ce chapitre, mais ce thème pourrait être décliné de nombreuses autres façons,
- la forme de la pyramide, plus précisément sa pente, détermine les efforts qu'il faut faire en termes de recrutement ou d'allègement d'effectif pour conserver sa stabilité.

La stabilité de la pyramide des âges n'est pas un but en soi, mais c'est, par construction, une propriété de la forme cible que l'entreprise cherche à atteindre. Nous donnons dans l'annexe III des exemples (caricaturaux) de formes de pyramide et des politiques de recrutement associées. À titre d'illustration, la pente décroissante sur

1. Le même raisonnement s'applique bien entendu au remboursement de la dette de l'état français…

l'extrémité droite de la pyramide détermine la politique RH en termes de « seniors ».

Chaque entreprise est différente, et la seule conclusion de cette section est qu'il faut piloter cette pyramide. La conjecture suivante peut néanmoins être proposée. Si ce travail d'analyse, puis de prospective est fait de façon sérieuse, deux conclusions se présentent naturellement :

- il faut embaucher des jeunes (une conséquence directe de la stabilité de la pyramide),
- il faut construire une fin de carrière pour les « seniors » (une conséquence directe de l'allongement de la vie, qui rend anachronique la solution des départs anticipés en préretraite).

Nous allons évoquer ces deux sujets dans la suite de ce chapitre.

6.3.2 Ruptures générationnelles

Le changement d'usage et d'attitude à chaque génération est un sujet très vaste, et d'une grande constance dans l'histoire de l'humanité[1]. Néanmoins, les différences que nous avons évoquées au travers de Pierre Duluc en introduction, et qui sont détaillées pour une grande partie dans le livre de Mark Persky, correspondent à une rupture, qui est en grande partie liée au déploiement des technologies de communication. D'un point de vue sociologique, nous assistons, chez les « nouvelles générations » à une déstructuration du temps et de l'espace, ce qui signifie qu'elles font tout, tout le temps, n'importe où. Il est difficile pour quelqu'un de plus de 40 ans d'y voir un progrès, mais c'est une tendance de fond[2]. Commençons par résumer les caractéristiques de cette « nouvelle génération » qui est sur le point de rentrer dans nos entreprises :

- *Ses méthodes de travail sont différentes.* Les jeunes sont habitués à travailler en réseau, qu'il s'agisse d'un petit groupe fortement connecté, ou d'une commu-

1. Comme nous l'avons souligné précédemment, il faut filtrer dans l'incompréhension entre générations, ce qui relève du conflit éternel et salutaire. Pour illustrer cette permanence, voici une citation de Socrate (470-399 av. JC) : « Notre jeunesse (…) se moque de l'autorité et n'a aucune espèce de respect pour les anciens. Nos enfants d'aujourd'hui (...) ne se lèvent pas quand un vieillard entre dans une pièce. Ils répondent à leurs parents et bavardent au lieu de travailler. » (cf. le site web www.croixsens.net/enfant/enfantsdhier.php où l'on peut trouver d'autres citations du même ordre).

2. Il existe de nombreux « signaux faibles » qui permettent d'apprécier cette transformation. On peut parler des professeurs qui regrettent la difficulté qu'ont les adolescents à rester trois heures au même endroit à travailler sur le même sujet, tandis qu'ils ont une plus grande facilité que leurs aînés à travailler en groupe ou à aller chercher des points de vue étrangers. De la même façon, une personne qui anime un club d'échecs depuis 40 ans me signalait la très grande capacité des jeunes joueurs dans les parties multi-joueurs en blitz (jeu rapide), tandis que les parties de plusieurs heures sont vécues comme des épreuves physiques.

nauté d'intérêt. Ils sont également « multi-tâches »[1], ce qui signifie qu'ils apprécient, voire qu'ils ont besoin, de faire plusieurs choses en même temps[2].

- *Ses attentes sont différentes*[3]. Les jeunes diplômés expriment une volonté forte d'équilibre entre leur vie professionnelle et personnelle. Cela conduit à dire qu'au « multi-tâche » correspond la notion du « multi-objectif ». Ils sont également très sensibilisés à la question du développement durable.
- *Sa culture de communication est différente*. Le « *digital native* » a besoin d'être connecté en permanence à son réseau. Cette culture de la communication permanente a produit d'autres traits : le besoin de variété, évoqué en introduction, et une certaine forme de liberté d'expression. Cette grande habitude et pratique de l'expression publique fait que « donner son avis » devient naturel et attendu.

Face à ces transformations, il n'est pas possible de donner des règles de conduite. C'est à chacun d'apprécier la situation de sa propre entreprise, en fonction de ses contraintes et de sa culture. Ce qui suit est une liste de quatre suggestions, dont l'unique objectif est d'alimenter la réflexion :

- L'émergence du monde professionnel dans le monde personnel doit être contrebalancée par une plus grande tolérance à la vie personnelle dans le monde de l'entreprise[4]. Puisque les outils de communication moderne permettent de continuer son activité professionnelle à la maison, y compris le week-end, il est « juste » de voir apparaître quelques manifestations de la vie personnelle pendant les heures de bureau, en particulier pour rester en communication avec son groupe familial ou son groupe d'amis (mais également pour régler des petits tracas de la vie quotidienne). Si l'abolissement

1. Par ailleurs, le *multi-tasking* explique l'engouement pour la messagerie instantanée : il est facile de faire de l'IM avec cinq personnes ou d'envoyer un SMS pendant qu'on fait autre chose, c'est plus difficile avec une communication vocale.
2. La thèse de Mark Persky est que ces deux compétences sont développées, entre autres, par la pratique des jeux et des outils électroniques. Evidemment, à côté de cette argumentation positive, on trouve des craintes sur les propriétés émergentes de ces réseaux sociaux. Une bonne synthèse de cette « culture du chaos » se trouve dans la dernière partie du livre de R. Sussan « Les utopies post-modernes ».
3. Il existe sur le web une quantité d'informations compilées à partir des interviews des jeunes qui viennent de terminer leurs études à l'université. À titre d'illustration, voir « *The New Student Generation: Are We Ready? Do We Care?* » par George C. Dehne, qui détaille une partie des thèmes cités ici (www.dehne.com/news_research/research_new_student.html)
4. Ce thème est détaillé de façon très intéressante dans le numéro de *Business Week* du 3 octobre 2005. L'article de M. Mandel: « *Why Americans are working too hard … and what they can do about it* » fournit de nombreuses informations sur le thème de cette seconde partie. Par exemple, il existe un sondage MacKinsey selon lequel 25% des managers dans les grandes entreprises considèrent que leurs communications électroniques sont devenues impossibles à gérer. L'article suivant de C. Farrell « *The overworked, networked family* » poursuit sur le thème de l'équilibre travail-famille et l'impact des outils électroniques en termes de suppression de frontières : « *Blackberrys, cell phones and e-mail create endless possibilities for communication and can help increase family time* ».

progressif de la frontière entre le monde du travail et le monde domestique est à sens unique, il engendrera une frustration (voire un rejet dans les pays à culture revendicative comme la France).

- *La connexion avec le reste du monde est un droit acquis.* Cela signifie évidemment l'accès libre à Internet, pour tous et partout (par exemple, avec une couverture Wifi des espaces publics). Cela signifiera rapidement la capacité à utiliser une messagerie instantanée ouverte sur le reste du monde.
- *L'entreprise doit s'habituer à une plus grande liberté d'expression*, même si celle-ci reste canalisée. Cela passe par la mise à disposition d'outils d'expression, qu'il s'agisse de forums, de wiki, de blogs, etc. Il faut savoir ensuite exploiter ce qui est écrit, ce sur quoi nous reviendrons dans la section 6.5.1. Les questions de sécurité et de propriété intellectuelle ne peuvent pas être éludées, il faut donc prévoir plus de formation, sur un mode plus ludique et moins coercitif. Enfin, et c'est le plus important, cette liberté d'expression doit s'accompagner d'une transformation du rôle du management, qui passe du contrôle au conseil. Il ne s'agit pas de saper l'autorité du manager, mais, dans le cadre précis de la gestion de la communication, le manager doit devenir un éditeur et un mentor.
- L'engagement dans le développement durable est une attente légitime, et (par exemple) la réduction des transports au moyen des technologies de communication est à l'ordre du jour. L'utilisation des outils de communication et collaboration modernes est une alternative à une partie des transports professionnels. Cet usage relève d'une démarche volontariste (cf. Chapitre 4), mais il est légitime de penser que la pression sur les coûts des transports ne va faire que s'accentuer, qu'ils s'agissent de transports domicile-travail ou professionnels.

Pour conclure cette section, il est important de noter que le terme de « rupture » relève de la rhétorique. Le changement a déjà commencé : les habitudes et les aspirations attribuées aux « nouvelles générations » sont déjà celles des collaborateurs les plus jeunes de l'entreprise. En s'adaptant, non seulement l'entreprise augmente sa capacité à recruter les plus jeunes, mais elle fidélise ses propres collaborateurs. En particulier, les attentes en matière d'équilibre pro/perso correspondent à une évolution de fond de la société qui a commencé il y a plus de dix ans. Cette évolution, dans la société occidentale, se décline en termes de rôles au sein des couples et de structure familiale. Cet équilibre « pro/perso » ne doit plus être considéré comme une attente, mais comme un besoin.

6.4 GESTION DES CARRIÈRES

6.4.1 Carrières, promotion et qualification

L'aspiration aux « changements fréquents » est une caractéristique de la jeunesse, qui est probablement légitime, et de toute façon éternelle. À un tel point qu'il est difficile de savoir s'il existe un changement en ce début de XXIe siècle ou si nous sommes dans une complète continuité. En revanche, il existe également une aspiration à la « promotion rapide » qui s'est intensifiée au cours des deux dernières décennies. Elle s'explique par plusieurs facteurs :

- L'expansion économique forte des années 80-90 a produit beaucoup d'entreprises en forte croissance, dans lesquelles l'ascension rapide était mécanique (cf. annexe III).
- La « bulle Internet » et la profusion de start-ups ont créé une image valorisante de l'accès à des fortes responsabilités à un « jeune âge ».
- Le rajeunissement sensible des comités exécutifs et des directeurs généraux sur les vingt dernières années a conduit mécaniquement à des modèles de carrière plus courts.

Je me garderais bien d'avoir un avis sur la légitimité ou non d'une telle évolution, c'est un sujet qui dépasse mes compétences (et mon expérience). En revanche, il est clair qu'une telle culture crée des attentes chez les collaborateurs et qu'à l'inverse, le cycle des carrières et des qualifications obéit à des règles simples qui ne peuvent pas être transgressées. C'est cet aspect que nous allons évoquer dans cette section, et qui est repris plus en détail dans l'annexe III.

Le point de départ de l'analyse est la « pyramide des qualifications » représentée dans la figure suivante. Cette figure commence sur la gauche avec une représentation simplifiée d'un organigramme (un triangle), dont le nombre de postes disponibles peut être déduit, pour cette organisation, selon le « niveau hiérarchique ». Ces chiffres sont reportés dans la matrice qui est en position centrale sur le dessin, qui calcule les effectifs cibles par niveau de qualification, en fonction de la correspondance avec le type de poste. La partie gauche de la figure (qui contient le « couplage » entre le triangle hiérarchique et le « L » des qualifications ») exprime qu'il existe forcément un « numerus clausus » sur les qualifications, lié à la structure hiérarchique de l'entreprise et au nombre de postes « à responsabilité » qu'il est possible d'identifier.

La pyramide des qualifications, à droite sur la figure, s'obtient en représentant chaque qualification par un rectangle dont la surface est proportionnelle à l'effectif cible et dont la largeur est proportionnelle à la durée moyenne qu'un collaborateur passe à ce niveau de qualification. C'est pour cela qu'il s'agit d'une « pyramide couchée », dont l'axe horizontal est l'axe de temps.

Notons tout de suite que la définition des effectifs cibles ne s'obtient pas forcément à partir de la structure hiérarchique ! On peut par exemple construire la pyramide de l'avancement au mérite (un cylindre), mais c'est une solution peu performante en termes de motivation et peu réaliste du point de vue de la gestion des rémunérations (l'écart entre les niveaux de qualification dépend clairement de la pente de la pyramide : plus elle est pentue, plus la différence peut être significative). Les approches retenues pour construire cette pyramide cible peuvent varier et être plus sophistiquées, le résultat est néanmoins une pyramide avec une certaine pente, qui traduit le taux de sélection des promotions, et une certaine longueur, qui représente la « carrière théorique moyenne » du dirigeant de cette entreprise.

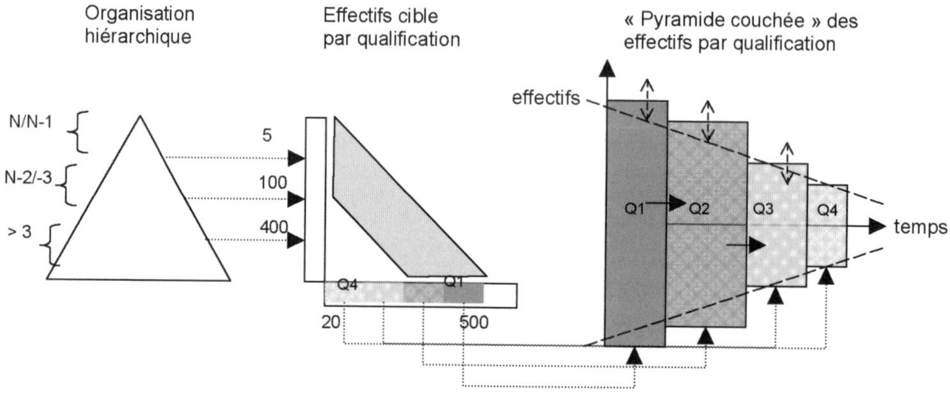

Figure 6.2 – La pyramide des qualifications

La pyramide des qualifications, tout comme la pyramide des âges, est un « objet animé » avec des flux (les flux de promotions et les flux d'entrée/sortie). Les règles que nous évoquions sont données en annexe et expriment simplement une conservation des flux. La pyramide est animée par un flux interne - la promotion qui fait passer d'une catégorie à l'autre – et elle « respire sur sa surface » avec un flux d'entrée sortie qui est précisément proportionnel à la longueur des segments qui sont représentés. La pyramide est équilibrée si sa longueur permet de compenser le flux interne d'arrivée par « transpiration » (si je peux oser cette métaphore).

Il en ressort, de façon intuitive, que :

- Une entreprise en croissance n'a pas de problème, le flux interne alimente la croissance de la surface totale[1].
- Pour une entreprise stable, la pente maximale est fonction du turn-over : le turn-over est ce qui dimensionne la « respiration » (il s'agit du turn-over global, qu'il soit spontané ou stimulé).
- Par conséquence, plus le turn-over est faible, plus la pyramide doit être longue. Autrement dit, les taux de promotions deviennent plus faibles et l'attente à l'intérieur de chaque niveau de qualification augmente.

Dans le cas de MonEp, les huit niveaux de qualification forment une pyramide dont les effectifs décroissent de 50% à chaque niveau (de 400 jusqu'à 20 personnes). Les équations du modèle fourni dans l'annexe III permettent de vérifier ce que l'intuition inspire à Armand Pujol[2].

1. Sur la transition pour passer de la croissance à la maturité, lire le chapitre 11 du livre *Competitive Strategy* de M. Porter, en particulier la section « *Organizational Implications of Maturity* ».
2. Sans entrer dans le détail du calcul, le bilan des flux est simple : le flux sortant est lié au turnover, multiplié par la durée de vie dans un niveau de qualification, et le flux entrant est lié au taux de promotion, multiplié par la différence de taille entre les niveaux successifs (ici 50%).

Comment pouvons-nous réconcilier la réalité froide de ce modèle et l'aspiration légitime au changement ? Tout simplement par la mise en œuvre systématique des « promotions latérales », c'est-à-dire en inscrivant des changements « iso-qualification ou iso-position hiérachique » entre les promotions. Il se trouve qu'il s'agit d'une préconisation de « bon sens », parce que la pratique des mouvements latéraux a de nombreux avantages. Du point de vue de l'entreprise, cela favorise la transversalité, c'est-à-dire améliore la circulation d'information entre les différents services ou les différentes directions. C'est également une méthode préventive pour éviter l'apparition de méfiances ou conflits personnels. C'est une façon de former des « généralistes » de l'entreprise, dont nous avons vu qu'ils jouent un rôle important, par exemple pour la conduite des processus métiers. Du point de vue du collaborateur, c'est une façon d'améliorer son employabilité, de continuer sa formation, et d'améliorer la couverture de son réseau interne.

L'intérêt de ce petit intermède de modélisation est de montrer que cette approche est indispensable, et accessoirement d'éviter de faire des promesses qui ne peuvent pas être tenues.

6.4.2 Formation et filières

L'attente d'un cycle de promotion rapide et de carrières raccourcies est entrée en conflit avec un phénomène sociétal majeur : l'allongement de la durée de vie. Au fur et à mesure que l'espérance de vie augmente, le « modèle » de la course à la productivité, du culte de l'énergie et de la jeunesse dans l'entreprise se trouve pris à son propre piège en générant une population « non-employable » dont le coût du traitement social devient un handicap de plus en plus lourd. Le propos est beaucoup plus large que la « simple » question des départs en pré-retraite ou du taux de non-activité des plus de 55 ans qui est en France l'un des plus élevés du monde[1]. Notre intérêt ici est simplement de constater qu'il est plus que probable que la conséquence naturelle de l'augmentation de l'âge de la retraite (lui-même inévitable pour de simples raisons économiques) soit un (ré)allongement des carrières dans l'entreprise. Ce n'est pas la seule solution, il est possible d'imaginer plusieurs étapes de vie professionnelle, comme cela se fait aux USA, où la retraite perçue à la fin d'un premier emploi est souvent complétée par un « deuxième, voire troisième job ». Cependant cette solution alternative me semble peu crédible dans la société française.

La notion de « promotion latérale » évoquée dans la section précédente n'est pas l'unique réponse à la question de l'allongement des carrières. Il est possible, de façon complémentaire, de donner à une carrière qui se déroule lentement, d'un point de vue hiérarchique, un « sens dans une dimension alternative » au travers de la notion

1. Sur ce thème, voir le livre de Michel Godet précédemment cité. Le véritable sujet, qui sort complètement du cadre de ce livre, est le fait que toute augmentation volontariste de la productivité, sous la forme d'augmentation des objectifs de production ou de réduction du temps de travail, correspond à une « hausse » de la barre virtuelle de l'employabilité, qui réduit d'autant la population des actifs « aptes ».

de filière. La filière est une hiérarchie parallèle qui ouvre un axe de progression différent de celui de la « filière management ». Plusieurs filières peuvent être créées, dès lors qu'elles sont associées à une spécialité pour laquelle les notions de progression, de reconnaissance et de formation sont légitimes du point de vue du collaborateur et de l'entreprise.[1] La multiplicité correspond au besoin d'excellence de l'entreprise sur de nombreux axes. En dépassant le côté « mono-dimensionnel », le problème d'engorgement, décrit dans la section précédente, est évité et l'efficacité et l'attractivité de l'entreprise augmente. En fait, le concept de « filière » s'impose dans le contexte d'une organisation moderne pour trois raisons :

- Si les préconisations du chapitre 4, d'une organisation qui combine une hiérarchie plate et des structures transverses, sont suivies, il devient difficile d'ancrer un système de qualification sur la seule hiérarchie.
- Nous avons évoqué le besoin « schizophrène » de l'entreprise de disposer à la fois de généralistes et de spécialistes. La filière est un outil de développement des compétences approfondies qui complémente l'approche des rotations rapides.
- La filière permet également de reconnaître et de structurer certains réseaux sociaux qui sont essentiels à la gestion des connaissances et des compétences de l'entreprise. Nous allons y revenir dans la section suivante : la gestion des compétences n'est pas un phénomène spontané.

Le cas de la filière expert est exemplaire. Le rôle d'expert n'est pas simple à jouer dans une entreprise moderne, en particulier parce que les notions de spécialistes et de compétences pointues deviennent « contre-culturelles ». Se faire qualifier d'expert est souvent vécu comme un enfermement, une marque de « non-généraliste » qui restreint les perspectives d'évolution. L'objectif d'une filière expert est double. D'une part il s'agit de valoriser, de récompenser et de fidéliser les experts. La filière permet également de permettre aux experts de poursuivre leur formation et de développer leur excellence. D'autre part, et dans le sens inverse du bénéfice pour l'entreprise, la filière sert à renforcer le rôle des experts dans la transmission du savoir. La filière, en tant qu'outil de formation, sert à développer des experts communicants, qui sont des piliers de la politique de gestion de connaissance.

Le principe de la filière est également doublement pertinent sur le sujet de l'allongement des carrières et de l'employabilité des seniors[2]. Premièrement, la notion de progression dans une filière permet, comme nous l'avons remarqué, d'ouvrir des espaces de progression alors que la « voie hiérarchique » est le plus sou-

1. Nous avons créé trois filières pour la DSI de Bouygues Telecom : une filière expert, une filière de direction de projet et une filière du métier du test.

2. Pour conclure cette section avec une deuxième note personnelle, en dehors du sujet et politiquement incorrecte, il existe d'autres adaptations qui sont nécessaires pour un allongement harmonieux des carrières. Il faut que l'entreprise s'adapte à une palette plus étendue de productivité. Il existe déjà des mouvements de « seniors » qui demandent de pouvoir travailler plus longtemps (que 35h) et plus lentement pour réduire le stress. Il faut aussi, très probablement, un système de rémunération créatif qui permette une phase descendante après la phase ascendante.

vent fermée. Deuxièmement, le rôle de gestion des compétences est un rôle pour lequel les seniors sont naturellement qualifiés. Certaines entreprises, qui ont laissé leurs spécialistes partir trop hâtivement en préretraite, en ont fait l'amère expérience. Dire que l'entreprise doit capitaliser la connaissance accumulée par ses anciens en fin de carrière remporte l'assentiment général. Il se trouve que ce n'est pas si simple, et que la notion de filière professionnelle (ainsi que celle de compagnonnage, de mentor, etc.) est une solution pertinente pour que cette transmission se fasse d'une génération à l'autre. La filière fournit le lieu, le temps et la culture propice à ce passage de relais.

6.5 GESTION DES COMPÉTENCES ET APPRENTISSAGE

6.5.1 Partage des connaissances et apprentissage organisationnel

Un des best-sellers du management de l'entreprise est le livre de P. Senge *The Fifth Discipline* que nous avons déjà cité. Ce livre passionnant permet de prendre la mesure de ce qui pourrait s'appeler l'émergence de l'intelligence collective de l'entreprise, qui conduit naturellement à la notion de compétences et de connaissances collectives. Cette collectivisation de la réflexion et de l'analyse n'a rien d'évident, elle est le résultat de l'évolution de l'entreprise pour s'adapter dans un monde de plus en plus compétitif et exigeant. L'analyse des systèmes et de leur complexité est un des thèmes majeurs du livre, elle est l'enjeu de cet apprentissage organisationnel[1].

Le partage des connaissances est un sujet qui n'est ni simple ni intuitif. Il existe un florilège de citations trompeuses, qui expliquent que partager sa connaissance enrichit, que la connaissance est le seul bien dont le partage n'appauvrit pas le donneur, etc. Dans la pratique, le partage de connaissance est difficile, il consomme du temps (et n'est donc pas un acte gratuit) et il peut donner le sentiment de perte de valeur à celui qui « partage ». La condition préalable est donc de créer une culture qui valorise le transfert de connaissance, à la fois de façon générale (sur le principe) et de façon précise (pour que le temps passé soit reconnu et apprécié).

Le terme de « gestion des connaissances » a une mauvaise réputation car il a été associé à des projets lourds et coûteux, à des technologies qui semblaient ésotériques. En fait, le terme de « *knowledge management* » (KM) désigne à la fois la gestion de connaissance en tant que processus (ce qui nous intéresse ici) et en tant que projet. Les projets d'extraction de connaissance (interview d'un ensemble de spécialistes

1. Peter Senge introduit une distinction essentielle entre la complexité de détail (nombreuses sous-parties) et la complexité dynamique (nombreuses étapes des processus associés). Les chapitres 6 et 7 illustrent de façon très concrète ce qu'est le « *system thinking* » (une des expressions favorites du livre), tandis que le chapitre 12 traite du « *team learning* », qui est précisément l'apprentissage organisationnel. Pour P. Senge, l'apprentissage organisationnel est la cinquième marche d'une échelle de maturité, à la suite d'étapes plus classiques qui relèvent de la gestion de la qualité totale.

pour construire une « base de connaissances ») ont été très à la mode il y a une dizaine d'années. Ils restent pertinents dans des cas spécialisés, mais cette méthodologie est trop lourde et trop statique pour être appliquée de façon continue[1].

La figure suivante est une tentative de représentation de la transformation complexe que nous évoquons dans cette section. La partie gauche de la figure représente la situation de l'entreprise « traditionnelle », pour laquelle chaque collaborateur est reconnu et apprécié pour ses actions. Nous avons représenté la connaissance de façon classique, comme le processus qui transforme l'information en action. Dans une vision traditionnelle, la connaissance est une affaire personnelle (même si l'information est partagée). Le domaine de l'entreprise est la coordination des actions individuelles en actions collectives, ce qui est représenté par le triangle en pointillé. Le mode global de gouvernance est indiqué dans la bulle, c'est celui du « contrôle-commande » dont nous avons parlé dans le chapitre précédent.

La partie droite de la figure représente le résultat de cette transformation. La première différence est que le domaine de la connaissance n'est plus uniquement individuel et intègre une notion de connaissance collective (qui est précisément le sujet du KM). Comme l'entreprise évolue dans un monde en changement permanent, cette connaissance collective doit être constamment revisitée et enrichie, ce qui est l'objectif du processus d'apprentissage organisationnel. Remarquons que dans un contexte de changement, gestion des connaissances et apprentissage organisationnel sont synonymes. La deuxième différence qui est illustrée par la bulle est le mode de management « distribué », pour lequel la propagation hiérarchique « top-down » est remplacée par un double flux : la situation provoque la réaction, et l'objectif engendre l'analyse de la situation. Les objectifs de l'entreprise sont réévalués en fonction de la situation et peuvent être interprétés localement par des managers plus responsables. C'est cette distribution du contrôle qui renforce l'intérêt d'une gestion des connaissances collectives, la cohérence n'étant plus simplement assurée par une vision centralisée et autocratique[2].

Nous pouvons résumer les idées clés qui concernent le processus de gestion des connaissances de l'entreprise de la façon suivante :

- La capitalisation des connaissances est avant tout un processus de communication interne. C'est pour cela que les outils qui permettent aux communautés de pratique d'émerger (cf. la discussion précédente sur les blogs) sont fondamentaux.

1. Sur ce sujet, voir le livre précédemment cité de E. Awad et H. Ghaziri *Knowledge Management* qui est très complet, même s'il reste très descriptif. On y trouvera les définitions classiques des termes information et connaissance, ainsi qu'une typologie des types de connaissances et des processus d'extraction et de capitalisation qui y sont associés.
2. Pour un développement de ce thème, je recommande la lecture de l'annexe 4 du livre *Français et Américain – L'autre Rive* de Pascal Baudry.

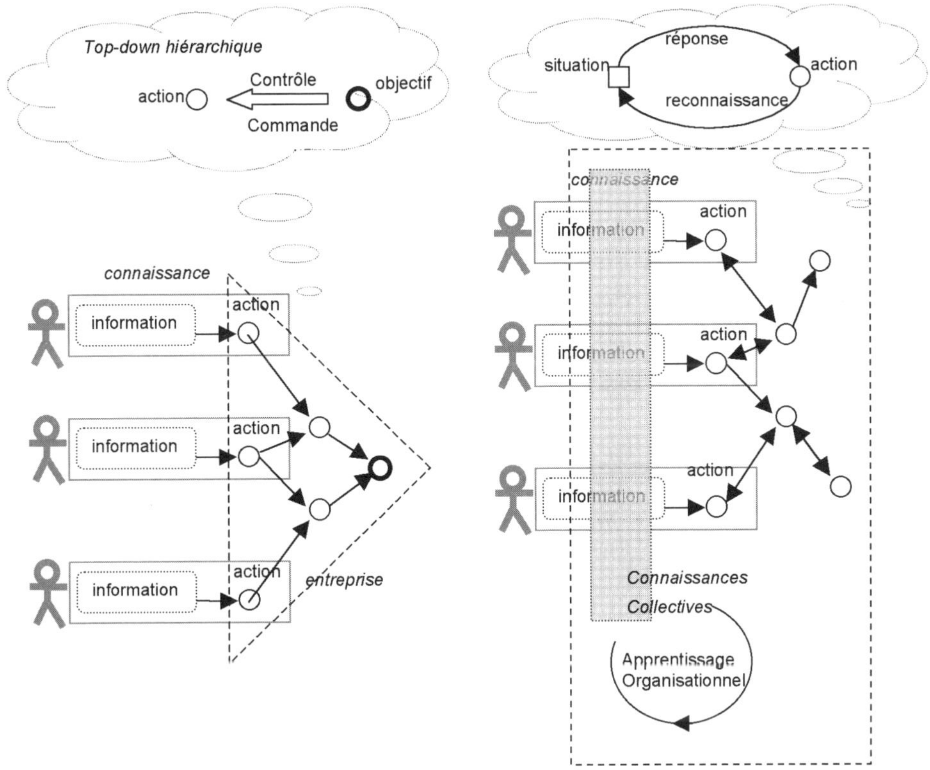

Figure 6.3 – Gestion collective des connaissances et de l'apprentissage

- La gestion globale des connaissances de l'entreprise est rendue nécessaire par la distribution du management et des prises de décision[1].
- La structuration des connaissances collectives est un processus émergent, qui n'est pas dirigé par des finalités, mais qui produit des opportunités[2].

La gestion des connaissances ne peut être séparée de la gestion des compétences, et plus généralement de celle des ressources humaines. La gestion des compétences suppose de faire des bilans, des cartographies et de définir des stratégies. Contraire-

1. Nous retrouvons les idées du livre de L. Morris cité dans le chapitre précédent *Managing the evolving corporation*. En particulier, il faut lire le chapitre 5 qui est une des sources d'inspiration pour mon propre chapitre, et qui explique les relations entre information, connaissance et décision de façon beaucoup plus claire et détaillée.
2. Sur ce sujet, qui est fascinant mais complexe, je ne peux que recommander la lecture des livres de F. Jullien : *conférence sur l'efficacité* et *traité sur l'efficacité*. La comparaison entre la pensée stratégique militaire occidentale et chinoise sert de point de départ lumineux à une réflexion sur l'efficacité, la stratégie dirigée par sa finalité (par les objectifs) par opposition à une « intelligence de la situation ». Une grande partie des livres de management qui traitent de l'entreprise en réseau peuvent être revisités à la lumière de ces principes et de cette analyse.

ment à la gestion des connaissances pour laquelle l'émergence semble appropriée, la gestion des compétences se prête à une approche planifiée et « top-down ». Les compétences nécessaires s'achètent, se recrutent, se forment ... mais cela prend du temps, sur une échelle pluriannuelle. La gestion des compétences est une responsabilité des directions opérationnelles, mais qui demande l'assistance méthodologique de la direction des ressources humaines. Non seulement parce que les compétences sont attachées à des personnes, mais aussi parce que l'horizon nécessaire pour développer une stratégie efficace dépasse une vision purement opérationnelle.

6.5.2 Quelles compétences pour quelles transformations ?

Nous allons conclure ce chapitre avec quelques réflexions sur un ensemble de compétences liées aux systèmes d'information dont l'importance augmente avec les transformations que nous avons évoquées à différentes reprises. Essayer de dégager une cartographie des compétences critiques n'aurait pas de sens de façon indépendante d'une entreprise, ou au moins d'une industrie. Il s'agit donc plutôt de lancer quelques pistes de réflexions qui peuvent concerner un nombre important de DSI (et d'entreprises par extension) :

a. Le système d'information est de plus en plus au contact du client de l'entreprise, ce qui valorise les compétences d'ergonomie au sens large. Il s'agit, bien sûr, de la facilité d'utilisation, mais également de la performance ou de la capacité à utiliser les différents canaux de communications qui plaisent au client final. Cette transformation est la conséquence du rôle croissant du « front-office » dans la création de valeur. Si la chaîne de valeur de M. Porter[1] est décomposée de façon approximative (production – back-office –, marketing, vente, service), la part consacrée à la production va en se réduisant. Cela correspond à une banalisation des produits (la tendance actuelle est de les faire fabriquer tous en Asie dans les mêmes usines) et, au contraire, à une augmentation de la valeur créée, en premier lieu par le marketing puis par les services associés aux produits. Du point de vue du système d'information, cela signifie une plus grande personnalisation, qui suppose des compétences en termes d'analyse de données, voire d'apprentissage.

b. Le client joue un rôle de plus en plus central dans la création de valeur autour des produits et services qui lui sont proposés. Cette idée a été développée avec talent dans l'excellent livre de C. Prahalad & V. Ramaswami *The Future of Competition : Co-Creating Unique Value with Customers*. Premièrement, nous nous sommes déplacés progressivement d'un monde de produits (dont la différenciation est tirée de la valeur intrinsèque) qui s'intéresse à des groupes de clients, vers un monde de services, qui s'intéresse à chaque client (cf. le point précédent) puis vers un monde de combinaisons de produits et services qui

1. Pour une introduction au concept de chaîne de valeur, lire le chapitre 2 du livre de M. Porter *Competitive Advantage*. Une partie des idées classiques sur l'influence de la technologie sur la chaîne de valeur se trouve dans le chapitre 5. Une synthèse se trouve dans le livre de C. Prahalad & V. Ramaswami dont nous parlons plus loin.

forment une « expérience ». Deuxièmement, l'utilisateur veut être lui-même l'architecte de cette expérience. C'est la rupture la plus importante puisque l'entreprise ne doit plus concevoir « des services de bout en bout » mais des « éléments composables »[1]. L'impact sur le système d'information est non moins important puisqu'il faut concevoir un système d'information « par morceaux » qui expose des services ouverts et interopérables.

c. Le système d'information se transforme depuis une collection d'applications faiblement intégrées vers un système global complexe. Cette complexification est la conséquence des augmentations des exigences des clients en termes de personnalisation, de délai (vers du quasi temps réel), de fluidité du déroulement des processus. En termes de compétence, l'architecture et l'intégration de systèmes (l'ingénierie de systèmes est une discipline très vaste) jouent un rôle de plus en plus important. Cette exigence croissante en termes de qualité de service est également un facteur de standardisation des composants. Ce mouvement est amorcé pour les parties « back-office » des systèmes d'information.

d. Le périmètre du système d'information touche des processus qui sont de plus en plus complexes et de plus en plus changeants[2]. Nous retrouvons ici le concept d'optimisation des processus métiers du secteur tertiaire. Les contraintes de flexibilité et de réactivité (désignées sous le terme d'agilité) qui portent sur le « front-office » au contact du client conduisent à une informatique « de proximité », qui utilise au mieux les méthodes de développement itératives et les outils de pilotage de processus.

Les deux premiers points sont très généraux et dépassent le cadre de cet ouvrage. Ils ne sont cités ici que parce qu'ils forment un ensemble cohérent avec les autres « tendances macro-économiques » qui sont évoquées dans les chapitres précédents. Le lecteur est renvoyé aux notes bibliographiques pour approfondir ces sujets. En revanche, les deux points suivants sont liés de façon plus directe au système d'infor-

1. Ce point est également expliqué de façon lumineuse dans le chapitre 11 du livre de M. Friedman *The World is Flat* : il s'agit de laisser le client « se servir lui-même » plutôt que de construire un système complexe qui permette de servir chaque client en tant qu'individu (non seulement ce second type de système est plus difficile à construire mais la chance de se tromper est grande).

2. Ce sujet est évoqué avec talent dans le livre *Une politique pour le système d'information* de l'équipe d'OCTO (L. Brisse, J. Cabot, G. Laborderie, P. Pezziardi, C. Thibaut). Le livre contraste de façon brillante une approche classique du développement pour des sujets « industriels » dont les spécifications sont stables et les nouveaux besoins des organisations, pour lesquels il est aussi difficile (voire plus) de spécifier que de réaliser. Une des thèses de ce livre est que l'essentiel de ce qui devait être fait avec la première approche l'a été fait (et de plus le reste peut être externalisé en Inde ou dans un autre pays à faible coût de main d'œuvre), tandis que les nouveaux territoires à conquérir pour le SI sont dynamiques et complexes, et requièrent une très grande proximité entre les utilisateurs et les réalisateurs. Il s'agit d'une proximité symbolique, en termes de compréhension mutuelle, et temporelle, en termes de fréquence des échanges, ce qui se traduit presque nécessairement en proximité physique.

mation et à son évolution. Nous y reviendrons dans la dernière partie, en particulier dans le chapitre 9.

6.6 RÉSUMÉ

– Il faut suivre et anticiper les évolutions de la pyramide des âges. Cela signifie construire une cible à long terme et aligner sa politique de gestion des ressources humaines (6.3.1).

– L'irruption de la vie professionnelle dans la sphère personnelle, qui est rendue possible par les outils modernes de communication, doit être équilibrée par une certaine réciprocité, une tolérance à l'émergence du personnel dans le contexte professionnel (6.3.2).

– L'évolution naturelle des usages et des technologies conduit à un plus grand désir, et une plus grande pratique, de l'expression de ses idées, ce à quoi les entreprises doivent s'adapter (6.3.2).

– Le principe des « promotions latérales » (de la rotation des collaborateurs dans les différentes directions) permet de créer du mouvement dans des entreprises stables, tout en favorisant la transmission des informations et la formation des « généralistes » (6.4.2).

– La « filière » professionnelle est l'outil idéal pour permettre la transmission des connaissances dans l'entreprise, en particulier entre les générations. Elle permet d'ouvrir des espaces d'épanouissement et de formation (6.4.2).

– Le partage des connaissances est difficile, prend du temps, et exige une grande confiance en soi et dans l'entreprise. Seul un engagement volontaire sur le long terme permet de dépasser ces difficultés (6.5.1).

– La capitalisation des connaissances est avant tout un processus de communication interne. C'est pour cela que les outils qui permettent aux communautés de pratique d'émerger sont fondamentaux (6.5.1).

– La structuration des connaissances collectives est un processus émergent, qui n'est pas dirigé par des finalités, mais qui produit des opportunités (6.5.1).

– La transformation qui a le plus d'impact sur le système d'information est l'émergence du client comme le propre architecte de la combinaison de produits et services qu'il utilise. Elle implique l'ouverture (l'inter-opérabilité) et la capacité à composition des services fournis par le SI (6.5.2).

TROISIÈME PARTIE

Management du système d'information

Chapitre 7 : Fiabilité du système d'information

Chapitre 8 : Piloter le budget de la DSI

Chapitre 9 : Systèmes d'information et ingénierie logicielle

7

Fiabilité du système d'information

7.1 ILLUSTRATION : « L'INCIDENT IMPOSSIBLE »

Comme tout le monde s'y attendait, Laurence de V. a entamé ce comité exécutif en posant une question à Julie Tavelle sur la situation de la relation client depuis l'incident informatique dont tout le monde parle à MonEpargne.com.

« Le portail d'accès aux services financiers proposés par nos partenaires a été indisponible pendant deux jours, de mardi 14h jusque jeudi vers 18h. Cela a provoqué une avalanche de plaintes sur le site Web, un doublement des courriers électroniques et une bulle d'appels sur le centre d'appel. Nous sommes en train d'évaluer le manque à gagner d'un point de vue économique, mais il s'agit du plus gros incident depuis trois ans.

– Sans compter les problèmes que cela nous pose vis-à-vis de nos partenaires, renchérit Armand Pujol en sa qualité de directeur du *business developpement*. Je suis constamment au téléphone avec nos différents fournisseurs et ils sont très remontés. La plupart me menace d'appliquer des pénalités. Cet incident est totalement inadmissible au regard des sommes extravagantes que nous avons dépensées pour assurer la sécurisation de ce portail. Je vous rappelle que nous avions investi plus de trois millions d'euros pour un ensemble de machines haut-de-gamme, précisément pour garantir la disponibilité !

– De plus, je me suis investi personnellement dans le plan de secours, à la demande des équipes informatiques, intervient Ravi Mutatsuru qui est le patron de Julie Tavelle. Ce qui signifie que nous avions également un autre ensemble de machines sur un site distant qui pouvait prendre le relais en cas de crise grave, telle qu'un incendie ou un sabotage. Nous avions donc une double sécurité, je dois avouer que je ne comprends pas comment nous avons pu en arriver à cette situation ».

Caroline se dit qu'il est temps d'intervenir avant que la question ne soit reformulée de façon plus froide et beaucoup plus incisive par la présidente. Elle a apprécié de ne pas ouvrir le débat, mais elle sent la tension qui règne dans la pièce. Elle a passé la soirée précédente à préparer cette explication, il est temps de mettre cette épreuve derrière elle.

« Nous avons eu une panne de climatisation dans une des salles machines, donc le fait d'avoir un cluster haute disponibilité n'a servi à rien, il a fallu basculer sur la machine de secours. Même les machines « haut-de-gamme » ont besoin d'une température stabilisée pour fonctionner …

– Ce n'est vraiment pas de chance, intervient Paul Bellon qui est responsable des moyens généraux et donc de l'équipement des salles machines, nos blocs de climatisation sont tous redondés, mais la panne de ventilateur que nous avons eu sur l'un des blocs s'est produite pendant le jour le plus chaud de la canicule exceptionnelle de cet été. Même si les blocs sont dimensionnés pour couvrir l'ensemble de la salle de façon unitaire, nous n'avons pas réussi à maintenir la température de la salle en faisant tourner le deuxième bloc au maximum. Pourtant les deux unités venaient d'être révisées et le fabriquant nous avait garanti le fonctionnement pour les six mois suivants.

– Paul, je n'y connais rien en matière de climatisation, mais à priori que la clim' tombe en panne pendant la canicule, c'est plutôt normal, non ? » Cette remarque acide d'Antoine Viener indique à Caroline qu'il faut reprendre le contrôle de la discussion.

– La bascule sur le site de secours a parfaitement fonctionné, mais elle a pris plus de deux heures, le temps de restaurer les données et de lancer les applicatifs. Le site de secours est un site passif, conformément aux demandes de notre client – Caroline se retourne vers Ravi – ce qui signifie que la bascule n'est pas instantanée. Ceci est qualifié par la DMIA – la durée maximale d'interruption admissible – pour laquelle nous avions retenu quatre heures. Un site de secours actif aurait été possible, mais il coûtait plus cher …

– C'est normal que nous ayons choisi une solution simple et plus économique, rétorque Ravi, puisque nous avions retenu une configuration haute disponibilité très chère pour le site primaire, et que nous étions sûrs que nous n'aurions pas besoin d'utiliser le site secondaire.

– Lorsque le site secondaire – de secours – a redémarré, poursuit Caroline, nous avons dû faire face aux ordres en retard. Le portail B2B sert à la fois pour les interactions avec les clients physiques, mais aussi pour les échanges électroniques B2B avec des partenaires financiers. Ces ordres se sont accumulés pendant les deux heures et ont créé une surcharge au moment de la reprise. Les performances se sont dégradées, et nous sommes tombés sur une anomalie logicielle du module que nous avons installé pour gérer les délestages que nous faisons lorsque le site est trop fréquenté et que les performances se dégradent. Il nous a fallu moins de deux jours pour diagnostiquer, corriger l'anomalie, tester et installer le patch correctif, ce qui est excellent et ce pourquoi je tiens à remercier notre fournisseur et nos équipes. » Caroline sent bien qu'il y a une pointe de provocation dans cette dernière remarque, mais c'est pourtant la stricte vérité. « Pendant ces deux jours, nous avons pu installer un palliatif et faire fonctionner 70% de nos services, mais il est vrai qu'une partie des services les plus populaires du portail financier était indisponible.

– Nous avons rétabli le service à la date que nous avions annoncé aux clients sur la page « bouchon » du site Web, souligne Julie, mais nous avons eu des ralentissements et des performances dégradées pendant près de quatre jours après le rétablissement. »

Caroline est sensible au soutien implicite et à la mesure des propos de Julie depuis le début de la réunion. Elle remarque que les déjeuners opérationnels de Paul ont réduit la distance et créé un meilleur climat depuis quelques mois.

« La machine du site secondaire est dimensionnée de façon « optimisée » pour le flux quotidien, le rattrapage lié à la situation de crise a pris beaucoup de temps, même si nous avons utilisé toutes les ressources et travaillé toutes les nuits.

– Ce sous-dimensionnement, cela semble être une erreur d'architecture du système ? Était-ce sous notre responsabilité ou celle de notre fournisseur ? demande Antoine.

– Il s'agit plus d'une limitation que d'une erreur, réplique Caroline. Cette limitation était connue et avait été exposée à notre client, Ravi, mais comme il l'a expliqué, nous avons considéré que les inconvénients liés aux ralentissements ne justifiaient pas l'investissement dans une deuxième configuration haute performance.

– En revanche, l'anomalie qui vous a coûté 36 heures d'interruption est bien une erreur, reprend Paul Bellon, comment se fait-il qu'elle n'ait point été détectée pendant les tests ? Quand on voit ce que coûtent les tests pour chaque projet informatique, je ne comprends pas qu'on puisse laisser passer des anomalies aussi flagrantes ...

– Les tests que nous réalisons sont avant tout des tests fonctionnels et des tests d'interface. Nous réalisons également des tests de performance et des tests d'exploitabilité, mais nous n'avons pas de jeux de données « réels » qui correspondent à des véritables situations de crise. Nous sommes obligés de mettre les systèmes sous stress avec des générateurs de données qui ne représentent pas la complexité fonctionnelle de ce qui se passe en opération. C'est pour cela que certaines anomalies de fonctionnement liées à des portions du logiciel qui sont utilisées dans des situations exceptionnelles peuvent échapper à la détection.

– En fait, nous investissons beaucoup mais cela ne sert pas à grand-chose ? », interroge Laurence de V. La présidente a regardé les échanges, telle l'arbitre d'un match de tennis. Elle n'est pas convaincue par les explications de Caroline ; pour elle, un problème informatique est de la responsabilité de la direction informatique.

– Tout au contraire ! Nous avons eu deux incidents en trois ans sur le site primaire du portail, un lié à une panne disque et l'autre à une carte de contrôleur réseau, qui ont été tous les deux invisibles parce que l'architecture du *cluster* a bien fonctionné. Si nous n'avions pas investi dans ces nouvelles machines, nous aurions eu des interruptions de quelques heures à chaque fois. Nous ne pouvons également que nous féliciter d'avoir mis en place un plan de secours. Sans lui, ce n'est pas une indisponibilité partielle de 30% que nous aurions eu, mais bien une indisponibilité totale en attendant le retour de la climatisation. Il faudra attendre le bilan économique pour pouvoir tirer des conclusions, mais, pour ma part, je crois que nous devrions augmenter la puissance des machines de secours, compte tenu de l'enjeu économique.

– Ludovic, je voudrais que tu prennes la main sur ce sujet et que tu fasses un audit complet. Caroline, il faut renforcer vos procédures et vos équipes, même si cela doit nous coûter un peu plus cher. Préparez-nous une proposition pour le mois prochain » Caroline regarde sa montre et attend la prochaine pause avec impatience, en faisant l'amère constatation qu'elle est seule pour « porter le chapeau ». Elle pensait pourtant avoir bien expliqué l'implication des directions métiers lors de l'établissement du plan de secours, mais il est difficile de partager une aussi lourde responsabilité.

7.2 COMMENTAIRE

Ce chapitre traite de la question incontournable des incidents majeurs et de la qualité de service du système d'information. La petite scène d'introduction a le mérite de montrer les différentes facettes d'un incident, à la fois dans son déroulement et dans le jeu des acteurs qui sont les parties prenantes de la qualité de service du système d'information. C'est un sujet complexe, aussi ce chapitre ne peut-il être conçu que comme une prise de contact avec le sujet de la fiabilité du système d'information[1].

Le premier objectif de ce chapitre est d'expliquer pourquoi les incidents et les pannes surviennent, et plus précisément pourquoi on s'en aperçoit. Nous vivons dans un monde où la plupart des produits et des services « ne tombent plus en panne ». En fait, si l'on regarde de près un avion, une voiture, un restaurant … chacun de ces systèmes complexes connaît des défaillances, mais qui sont masquées ou rendues non significatives. À l'inverse, les pannes informatiques semblent aléatoires,

1. Le concept central de ce chapitre est la notion d'AMDE (Analyse des Modes de Défaillances et leurs Effets). Dans cet acronyme, tous les termes sont importants : « Défaillances », de toute sorte, matérielle, logicielle ou humaine ; « Mode », ce qui permet de passer des composants au système, on parle de mode parce qu'il s'agit d'un système ; « Effets », c'est l'impact sur le système élargi qu'il faut étudier. Le lecteur pourra facilement approfondir sa culture en entrant « AMDE » sur son moteur de recherche favori. Il existe une déclinaison étendue à l'analyse de la criticité : AMDE(C). Voir par exemple : http://www.univ-angers.fr/docs/qualit%C3%A9/Surete_de_fonctionnement.pdf.

massives … et trop fréquentes. Nous allons donc décortiquer le système d'information pour comprendre la nature de sa fragilité[1] :

- Les composants matériels tombent en panne, avec des fréquences de plus en plus faibles, mais qui restent non nulles. C'est également vrai pour tous les autres systèmes physiques, donc cela n'explique pas la « fragilité » du SI, mais cela y contribue néanmoins. L'avantage des pannes matérielles est qu'elles sont le plus souvent franches, et le plus souvent détectables.
- Le logiciel est un composant plus complexe, présentant de nombreux états, dont le « bon fonctionnement » est souvent partiel. À l'inverse, les défaillances sont également partielles et peuvent être très difficiles à détecter. La difficulté principale des composants logiciels est que leurs défaillances sont « intrinsèques » (je pourrais dire « génétiques » ou génériques) : si un composant ne fonctionne pas, toutes ses copies ne fonctionnent pas non plus (ce qui est rare pour les systèmes physiques dont les défaillances sont le plus souvent unitaires[2]).
- Les systèmes d'information sont des systèmes véritablement complexes. Il est possible de faire l'analogie grossière entre un point de fonction et un composant physique élémentaire, et en conclure qu'un gros système d'information possède la complexité d'un avion. Cela rend les pannes et les tests beaucoup plus compliqués.
- Les systèmes d'information, dans leur ensemble, ne sont que partiellement automatisés et font recours aux opérations manuelles. Toute intervention humaine est soumise à des erreurs. Il existe des méthodes pour réduire et maîtriser ces erreurs, telles que celles qui sont utilisées pour la conduite des centrales nucléaires, mais ces méthodes sont lourdes et chères, et ne sont majoritairement pas utilisées dans le monde du système d'information.

Le second thème du chapitre est le corollaire du premier : si l'occurrence d'incidents est inévitable, le sujet de la qualité de service se décline dans la « maîtrise » des incidents. Il s'agit bien entendu de limiter la fréquence de ces incidents, mais surtout de les détecter rapidement, de savoir les pallier efficacement et de disposer de solutions temporaires « de secours » pour gérer la continuité de service le mieux possible pendant que le palliatif est appliqué.

La première section traite des notions d'incident et de fiabilité, de disponibilité et des classes de solutions disponibles. Nous étudions en particulier la relation dia-

1. La citation humoristique suivante, due à Russel Baker : « *les objets inanimés peuvent être classés en trois catégories : ceux qui ne fonctionnent pas, ceux qui tombent en panne et ceux qu'on ne retrouve jamais* » pourrait facilement être détournée pour s'appliquer à l'informatique avec les trois mêmes catégories : le logiciel, le matériel et les plans (de test ou d'architecture système).

2. Ce qui n'est vrai qu'en première analyse : le retour d'expérience de la maintenances des domaines nucléaires ou aéronautiques montrent que les défaillances individuelles sont souvent les symptômes de défaillances intrinsèques/génériques.

lectique entre la crise, le plan de fiabilisation (qui évite la crise) et le plan de secours (qui atténue ses effets, une fois qu'elle se produit néanmoins).

La section 7.4 revient plus en détail sur la fiabilisation du système d'information, sans rentrer dans un niveau de détail qui restreindrait la lecture aux seuls informaticiens. Au contraire, nous essaierons de dégager les grands principes, les bonnes pratiques et les ordres de grandeur de coût associés.

La dernière section traite de la fiabilisation sous l'angle de l'amélioration continue et de la professionnalisation. Ce que, dans les secteurs à risques, on appelle le « REX » (retour d'expérience) et qui peut sembler une « demi-mesure » (par rapport à l'importance des enjeux), est en fait une approche efficace, si elle se combine avec l'établissement d'une culture d'intégrité et de responsabilité en matière d'opération de systèmes informatiques.

7.3 FIABILITÉ, INCIDENTS ET ALÉAS

7.3.1 Fiabilité et complexité

Nous allons commencer ce chapitre avec un petit rappel sur la notion de fiabilité, qui est avant toute chose un concept statistique. L'analyse de la fiabilité utilise les concepts suivants, qui sont illustrés sur la figure 7.1 :

- Le temps moyen d'occurrence d'une panne (MTTF = *Mean Time To Fail*) est le temps constaté entre le début et la fin d'une période de fonctionnement normal. La notion de moyenne ici s'effectue sur un ensemble d'équipements, pas sur la vie d'un équipement donné (cf. la notion de durée de vie dont nous allons reparler). L'inverse du MTTF est la fréquence d'une panne, appelé également taux de panne.
- Le temps moyen de réparation (MTTR = *Mean Time To Repair*) est le temps qu'il faut pour détecter une défaillance, la réparer et remettre l'équipement en condition de fonctionnement.
- Le temps moyen de défaillance (MTBF = *Mean Time Between Failure*) est la somme des deux, soit le temps constaté entre deux débuts de cycle de fonctionnement, ou encore entre deux défaillances successives.
- La disponibilité est le ratio (MTTF/MTBF)[1].

1. Pour aller plus loin que l'introduction que nous faisons dans ce chapitre, il existe d'excellents livres, comme celui de E. Marcus et H.Stern *Blueprints for High Availability*. Il couvre l'essentiel de tout ce qu'il faut savoir, mais c'est un livre technique destiné aux informaticiens. Les lecteurs curieux feront néanmoins un bon usage des trois premiers chapitres. Un autre exemple est le livre de K. Schmidt *High Availability and Disaster Recovery* dont le chapitre 6 contient une description détaillée des *clusters*.

Un matériel ou un système fiable dispose à la fois d'une bonne disponibilité, mais également d'un taux de panne faible. L'importance de ces deux critères dépend de la structure des coûts provoqués par l'indisponibilité, comme nous le verrons dans la section suivante. Chaque indisponibilité a un coût fixe (lié à l'interruption du processus nominal) et un coût variable (lié, entre autres, à la perte de revenus). Maximiser la disponibilité est lié au coût variable, tandis que réduire le taux de panne évite les coûts fixes des incidents.

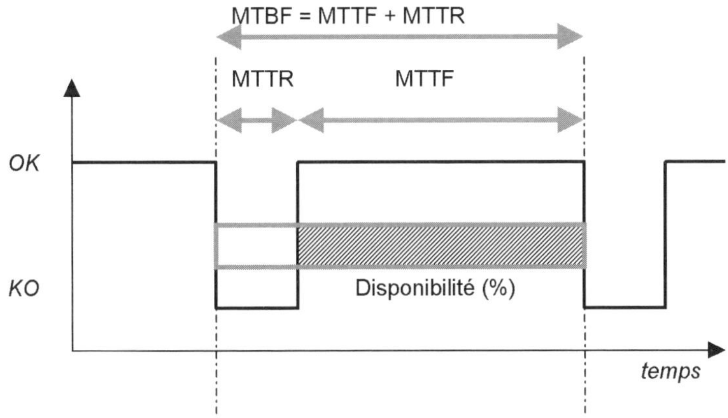

Figure 7.1 – Fiabilité et MTBF

La disponibilité (qui est, en fin de compte, l'indicateur le plus important) est un pourcentage qui est très proche de 100 % (ce qui est souhaité). Il est d'usage, en informatique, de parler du « nombre de neufs », en créant de la sorte une unité logarithmique :

- « trois neufs »[1] représente 99,9%, soit une indisponibilité cumulée de 8h (un jour de travail) sur une année,
- « quatre neufs » représente 99,99%, soit une indisponibilité cumulée de 1h (52 minutes précisément) sur une année,
- « cinq neufs » représente 99,999%, soit une indisponibilité cumulée de 5 minutes sur une année.

Comme nous l'avons souligné, le temps moyen d'occurrence de panne est une indication statistique qui n'est pas liée à la durée de vie. La courbe de la figure suivante représente la fréquence de panne en fonction de l'âge du composant (tous les composants présentent des courbes de ce type, couramment désignées comme des « baignoires »). La fréquence de panne est élevée au début, durant la phase de

1. Je donne ici des temps approchés qui correspondent à une disponibilité calculée sur un horaire de fonctionnement 24/24. La disponibilité est en fait ramenée aux horaires de fonctionnement : pour une application qui n'est disponible que 8h par jour, une disponibilité de « 5 neufs » correspond à 1,7 minute d'indisponibilité par an.

« jeunesse ». Pour un composant matériel, il s'agit de la phase de détection des erreurs de fabrication. Pour un composant logiciel, il s'agit de la suppression (de la majeure partie) des anomalies résiduelles. Le composant entre ensuite dans une phase stable, sur laquelle il est possible de mesurer la disponibilité, avant d'atteindre la fin de vie du produit liée à l'usure. Pour reprendre un exemple donné sur Wikipédia, une chaussure a une durée de vie de quelques années et un temps moyen de panne de plusieurs milliers d'années : il n'y a qu'une chance sur mille de devoir changer sa chaussure avant d'avoir atteint la phase d'usure (le taux de panne prend son sens sur un échantillon d'un million de chaussures). Cet exemple montre qu'il ne faut pas confondre le MTFB et l'espérance de vie.

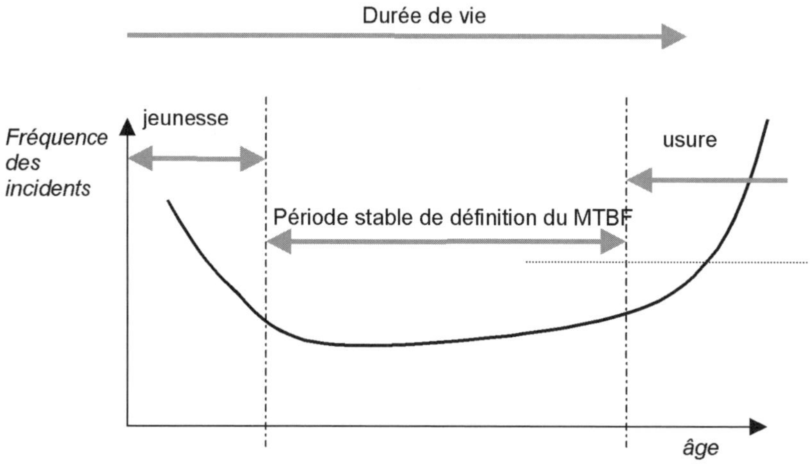

Figure 7.2 – Durée de vie et MTBF

Ce modèle de fiabilité a été développé et éprouvé pour les composants matériels. Comme il est pertinent, il est possible de passer des statistiques aux probabilités, c'est-à-dire utiliser le passé pour prédire l'avenir. La disponibilité est alors interprétée comme une probabilité de fonctionnement. Dans la pratique, les serveurs informatiques produisent des disponibilités qui vont de 99.9% pour des matériels bas de gamme à 99.99% pour des serveurs haut de gamme. La corrélation avec le prix est une approximation, il y a des matériels chers et fragiles, ainsi que des serveurs Intel Windows ou Linux (serveurs d'« entrée de gamme ») avec de très bonnes disponibilités. Il y a presque un ordre de grandeur de différence entre ces chiffres qui reflètent « la vraie vie » et ce qui est observé en laboratoire et qui est publié dans les brochures. N'étant pas un spécialiste du hardware, je ne peux que me hasarder à deux conjectures pour expliquer cette différence. Premièrement la charge et les conditions de charge (température, mode de fonctionnement, etc.) sont plus régulières en laboratoire que dans la vraie vie. Deuxièmement le « MTTR pratique » est plus long que le MTTR de laboratoire qui est proche du MTTR théorique (dans la vraie vie, il y a les week-ends, les mauvais diagnostics, les pièces en rupture de stock, les encombrements, etc.).

En revanche, les défaillances logicielles n'obéissent pas aux mêmes lois et il n'est pas judicieux de transformer des statistiques en probabilités. La notion d'échantillon n'a pas non plus de sens (plusieurs copies d'un même logiciel sont vraiment identiques, et des logiciels différents sont trop différents pour qu'il soit possible d'établir des lois de distribution d'occurrence de défaillance). Cela ne signifie pas que les statistiques n'ont pas d'intérêt pour étudier la fiabilité des logiciels : nous y reviendrons dans la section 7.4 lorsque nous parlerons de densité d'anomalies et de test. Cela signifie que les prévisions de la « prochaine défaillance » sont sujettes à caution, et que les méthodes de fiabilisation sont différentes. Ce que nous pouvons retenir pour l'instant est que les logiciels présentent des anomalies, qui se révèlent ou non sous forme de défaillances. L'objectif du test (cf. 7.4.2) est de réduire le nombre d'anomalies, mais il est scientifiquement établi qu'il est impossible de garantir qu'un logiciel significatif soit exempt d'anomalies.

Maintenant que nous disposons de composants élémentaires plus ou moins fiables, nous pouvons nous intéresser à la fiabilité d'un système complexe, construit avec un ensemble de composants[1]. L'effet de construction va à la fois améliorer et dégrader la fiabilité de l'ensemble par rapport à la fiabilité individuelle des composants. L'amélioration est obtenue par redondance, le fait que plusieurs composants peuvent fournir la même fonction pour le système global, de telle sorte que si l'un des composants est défaillant, l'autre continue de fonctionner et le système reste disponible. C'est le principe premier de la fiabilisation, qui est le sujet de la section suivante[2].

À l'inverse, la combinaison de composants qui sont nécessaires pour rendre un service global accentue la fragilité en fonction du type d'interface. Une interface directe, qui exige la disponibilité des deux composants pour que l'échange ait lieu, produit une disponibilité pour l'échange qui est le produit des disponibilités. Par exemple, une dizaine de systèmes de disponibilité 99.99%, qui collaborent de façon synchrone, vont produire un service dont la disponibilité est de 99.9%. Pour éviter cet effet multiplicatif, des techniques de découplage, temporel ou fonctionnel[3], sont utilisées. Malgré ces méthodes, nous pouvons retenir que la complexité des systèmes est un facteur aggravant en termes de fiabilité, pour plusieurs raisons :

1. Dans une vision « système », nous pouvons considérer l'opérateur humain comme un des composants. Il existe une très grande richesse d'information sur les « défaillances » d'un humain en tant que composant d'un système complexe (tapez « *human reliability* » sous Google). À titre d'illustration et pour donner un ordre de grandeur, un opérateur qui rentre un texte à la vitesse de 150 mots à la minute (un professionnel) se trompe de touche une fois sur 1000 – le même taux est observé pour l'entrée de chiffres sur un clavier de téléphone par un non-professionnel – tandis que le taux d'erreur de saisie en environnement industriel est plutôt de l'ordre de 1%.
2. Le terme consacré dans l'ingénierie des systèmes est le SPOF (*Single Point Of Failure*), qui représente un composant dont la défaillance entraîne l'indisponibilité de l'ensemble du système. La fiabilisation consiste à identifier puis supprimer les SPOF.
3. La notion d'architecture de systèmes est en dehors du cadre de ce livre. On pourra se référer au livre *Urbanisation et BPM* pour trouver une bibliographie complète ainsi qu'une introduction aux principes de l'architecture des systèmes distribués et des méthodes de découplage. Pour un exposé complet, lire *Ingénierie et Intégration des systèmes* de J.-P. Meinadier.

- *Structurelles* : les techniques de découplages ne sont pas toujours compatibles avec les exigences de services ou les capacités technologiques, et des chaînes de dépendance subsistent, qui sont d'autant plus longues que le système est complexe.
- *Culturelles* : la maîtrise intellectuelle d'un système est inversement proportionnelle à sa complexité (ou au nombre de personnes nécessaires pour le comprendre)
- *Opérationnelles* : le temps nécessaire pour faire les tests qui permettent d'évaluer la fiabilité, augmente fortement avec la complexité, de façon non-linéaire. Un système dont la charge de test augmente de façon linéaire en fonction de la capacité est dit modulaire, parce qu'il peut être assimilé à une collection de modules indépendants. Dans la pratique, les systèmes sont rarement complètement modulaires et une partie des tests d'interface augmente de façon quadratique avec la taille.

La conclusion de cette section est que les incidents (défaillances partielles) font partie de la vie d'un système complexe. Cependant, le sujet de notre sociodrame n'est pas réellement celui d'un incident, mais d'une « crise ». La différence n'est pas simplement subjective. L'incident est le fait générateur, la défaillance d'un des composants internes. La crise est liée à l'indisponibilité prolongée du système dans son ensemble. L'objectif de l'architecture du système d'information est précisément que les incidents soient, le plus souvent possible rendus invisibles, de telle sorte que l'indisponibilité du système global soit limitée en dessous d'un seuil « admissible ». Cette notion de seuil admissible est liée à la notion de contrat de service, qui sera discutée dans la section 7.5. Pour l'instant, nous allons nous intéresser à la situation de crise, celle où l'indisponibilité globale dépasse ce qui est « raisonnable », pour pouvoir étudier dans la suite du chapitre les façons d'y remédier.

7.3.2 Anatomie des crises

Parler des crises de façon générique relève de la gageure, parce que chaque crise est unique. Il vaudrait mieux, en suivant l'exemple de Christian Morin dans son livre *Les décisions absurdes*, analyser une dizaine de crises précises dans leur contexte, ce qui permet réellement de comprendre ce qui s'est passé. Un tel travail est en dehors du cadre de ce livre, et de plus, comme le constate Christian Morin, il existe dans la variété des crises des éléments récurrents qu'il est intéressant de signaler.

Commençons par définir la chronologie de la crise, vue depuis le système d'information, telle qu'elle est illustrée dans la figure suivante. Le point de départ (la cause) est l'occurrence d'un ou de plusieurs incidents. Dans certains cas, l'effet est immédiat et le système s'arrête, dans d'autres cas, commence une longue dégradation (qui sera un facteur aggravant lorsqu'il faudra restaurer les données). Lorsque la défaillance est détectée, la phase de réparation commence, avec trois étapes : l'analyse, l'action de correction et son déploiement lorsque la correction est validée. Il est alors possible de restaurer le système à partir de deux sources : un état cohérent des données avant l'incident initial, et, le cas échéant, les données qui correspondent aux événements qui se sont produits depuis l'incident. S'il existe un plan de secours et si l'analyse préliminaire détermine que la durée d'indisponibilité risque d'être supérieure, d'une part à ce qui est admissible (situation de crise) et d'autre part à la durée de mise en œuvre du plan de secours, celui-ci est déployé.

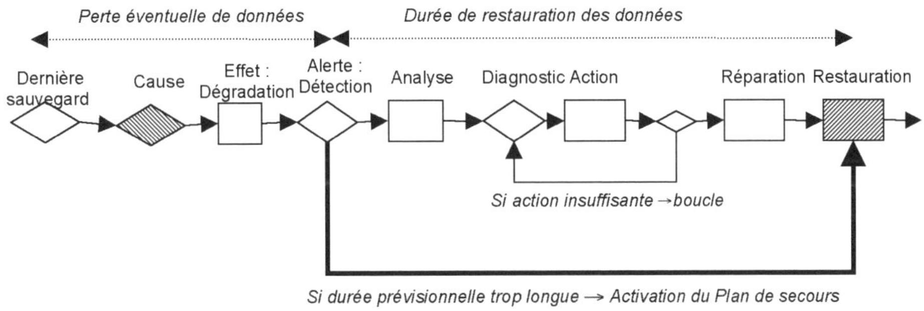

Figure 7.3 – Déroulement synoptique de la « crise »

Ce synoptique permet de mettre en évidence quelques facteurs récurrents qui apparaissent dans l'analyse des crises à posteriori :

1. Les causes sont le plus souvent multiples. C'est ce qui fait que le premier niveau de protection (à chaque cause possible sa prévention) ne fonctionne pas.
2. Le fait qu'il existe un plan de prévention pour chaque cause possible crée un excès de confiance. C'est cet excès de confiance, c'est-à-dire la certitude que la solution de secours ou de prévention d'incident doit forcément fonctionner, et non pas la nature aléatoire des incidents, qui crée la majorité des crises[1].
3. Le temps de détection est souvent plus long que ce qui était supposé à priori. C'est en particulier le cas pour les logiciels, pour lesquels il existe des défaillances « douces » (*soft failures*). Le temps « non détecté » peut représenter une part majeure du MTTR et également une part importante des impacts. Pour éviter cela, il faut renforcer la supervision du système d'information (une supervision plus « fonctionnelle » et plus « métier », par opposition à une simple supervision technique qui vérifie si les composants sont actifs)[2].
4. Le fonctionnement du système pendant le déroulement du processus de la figure 7.3 sort du cadre nominal, qu'il s'agisse de procédure, de volumes à traiter ou de calendrier des opérations. Il est alors fréquent de voir un phénomène

1. On pense ici à la citation du capitaine du Titanic : « *I cannot imagine any condition which could cause this ship to founder. I cannot conceive of any vital disaster happening to this vessel.* » – 1912

2. Le cas le plus fréquent des crises sur « des équipements redondants réputés fiables » est la non-détection, souvent liée à une panne « partielle ». La non-détection implique que les mécanismes de bascule n'opèrent pas.

de cascade, c'est-à-dire le déclenchement d'un deuxième incident qui est lié à ce mode différent de fonctionnement (c'est ce qui est illustré dans l'exemple de MonEp, avec une anomalie qui apparaît dans un contexte d'exécution exceptionnel).

5. Le temps de réparation (le cycle complet diagnostic/réparation/restauration) est presque toujours sous-estimé lors de l'établissement du plan de secours, ce qui est la conséquence indirecte du point (2). En particulier, les temps de migration de données sont souvent sous-estimés : le volume finit par être supérieur à ce qui était prévu, et les machines sont rarement dimensionnées en fonction de la charge exceptionnelle d'une période de rattrapage.
6. Les procédures de reprises sont souvent incomplètes. On s'aperçoit souvent qu'il est impossible de récupérer ou de ré-injecter les données.

7.4 LA FIABILISATION ET SES COÛTS

7.4.1 Haute disponibilité et fiabilisation matérielle

La présentation précédente permet de déduire la tautologie suivante : pour fiabiliser, il y a deux axes de travail :

- réduire le taux de panne,
- réduire le temps de traitement des pannes.

La redondance est le principal concept qui permet de réduire le nombre de pannes liées à des incidents sur les composants matériels. Sans rentrer dans le détail, nous pouvons dire qu'il existe quatre catégories de fiabilisation hardware :

- la redondance interne, qui consiste à installer des serveurs qui sont eux-mêmes fiabilisés par la redondance de leurs composants internes. C'est implicitement le cas pour la plupart des baies de stockage (par exemple, le terme de « RAID » qui est souvent employé désigne un protocole de redondance de l'information sur un ensemble de disques), mais c'est également le cas sur des serveurs « haut-de-gamme » (suivant le prix, le matériel va proposer une redondance des processeurs, des alimentations, des cartes, etc.).
- la redondance passive, qui consiste à disposer d'une machine « de secours » qui peut être utilisée en cas de défaillance de la machine principale. Une machine de secours est mutualisable, mais cela augmente le temps « de bascule », c'est-à-dire l'installation des logiciels et des données pour la reprise. Elle peut être dédiée (le logiciel est pré-installé), ce qui est désigné par le terme de « cluster ». L'utilisation d'un cluster double les coûts d'investissement matériel d'un projet (comme nous l'avons remarqué précédemment, il ne s'agit pas seulement des machines de production).

- la redondance active, consiste à déployer deux machines identiques qui sont toutes les deux en activité. Le cluster dispose d'un outil logiciel qui lui permet de répartir les requêtes (la charge de calcul), soit de façon unique mais dynamique, soit en partageant la charge en fonction des capacités des serveurs (ce qui s'appelle le *load balancing*). L'intérêt d'une configuration active est que le temps de bascule est considérablement réduit puisque les deux serveurs sont maintenus en condition d'activité (par exemple, les données nécessaires sont maintenues dans le bon état de fraîcheur). La redondance active est préférable, mais elle est plus complexe et donc plus chère en termes d'opération.
- le partage de charge combiné avec un surdimensionnement est une généralisation du cas précédent à une configuration à « N + 1 » serveurs, dans laquelle N + 1 serveurs sont utilisés en « partage de charge », pour une charge qui nécessite N serveurs. Si l'un des serveurs devient indisponible, l'ensemble continue de fonctionner (il serait bien sûr possible d'envisager une solution à N + 2 serveurs pour augmenter la disponibilité).

Le choix entre l'une ou l'autre de ces solutions est complexe et dépend de nombreux facteurs, en particulier liés aux performances. Il n'y a pas de règles générales en termes de coûts : dans certains cas il est plus efficace de construire une solution redondante en partage N + 2 à partir de machines simples non redondées (c'est le cas de ce qui s'appelle une « ferme de serveurs », ou également le cas de la configuration des « serveurs à lame »). Dans d'autres cas, il est préférable d'utiliser des machines « à meilleure disponibilité », puis de les agencer en cluster ou en partage de charge. En revanche, il est clair que la redondance a un coût, en termes d'investissement en premier lieu, mais aussi en termes de déploiement (m_ et test) et d'opération.

La redondance est la méthode la plus efficace, mais il y existe, bien entendu, des règles de l'art à respecter dans l'installation et l'exploitation des machines pour diminuer les risques d'incident. En particulier, et sans rentrer dans le détail, la maintenance régulière joue un rôle très important, par exemple pour l'installation régulière des « patchs correctifs » des fournisseurs. La plupart des anomalies liées aux logiciels systèmes (ce qui s'appelle les « couches basses ») se sont déjà produites dans d'autres entreprises et peuvent être évitées si les mises à jours sont installées de façon régulière. Malheureusement, ce flux continu de modifications est en conflit d'une part avec les propres projets de l'entreprise, et d'autre part avec le principe qui veut que le risque d'incident soit proportionnel au taux de changements. Il y a un équilibre à trouver qui relève de la compétence de la DSI.

Pour ce qui concerne le temps de rattrapage, il s'agit surtout d'une question de processus, d'outils et de compétence, ce que nous allons aborder dans la suite du chapitre. Les ressources matérielles ont néanmoins un rôle qui a déjà été signalé : il est utile de disposer de ressources supplémentaires, voire de surdimensionner les serveurs. L'optimisation consciencieuse du parc matériel pour réduire les coûts du socle ne doit pas se faire au détriment de la capacité de rattrapage en cas d'incident. Nous l'avons déjà dit (7.3.2), la supervision joue un rôle essentiel dans la réduction du

MTTR. Ce rôle est double : d'une part, réduire le temps nécessaire pour la détection de l'incident et, d'autre part, détecter plus tôt, ce qui permet d'éviter les aggravations par effet d'accumulation, qui sont le propre du fonctionnement en mode dégradé.

7.4.2 Fiabilisation logicielle et test

Nous allons maintenant aborder le sujet de la fiabilisation du logiciel, et la question centrale sera : comment éviter ou contourner (masquer) les anomalies ? Une anomalie est un dysfonctionnement dans un programme, dont la conséquence peut être légère (une fonction ou une donnée sont incorrectes mais l'exécution du service se poursuit) ou désastreuse (le service s'arrête). L'expérience montre que ce sujet est source de nombreuses incompréhensions en dehors de la communauté informatique, à la fois sur le pourquoi (pourquoi y a-t-il autant d'anomalies en premier lieu ?) et le comment (comment se fait-il qu'elles n'aient pas été enlevées ?). L'image de la correction d'un texte écrit est souvent prise, de façon implicite, comme métaphore. Après tout, un programme correspond à un fichier de texte écrit. Il suffirait de le valider ligne à ligne (en conséquence, la complexité serait proportionnelle à la longueur). L'erreur dans cette analogie est que le programme (ce qui s'appelle le fichier source) est une abstraction (linéaire : une suite de caractères) d'un espace de calcul qui est beaucoup plus large et beaucoup plus complexe. Il faut imaginer un graphe (au sens abstrait) qui décrit des opérations à effectuer, avec un niveau d'imbrication et de circulation très élevé, ainsi que les données manipulées par ces traitements. Pour s'assurer que le programme fonctionne, c'est cette structure abstraite qu'il faut explorer, branche après branche. Pour peu que nous disposions d'un langage de programmation puissant (celui dans lequel le fichier source est écrit), la complexité de cette structure est telle que les mathématiciens ont montré qu'il n'existe pas de méthode scientifique pour prouver la validité d'un programme, voire simplement sa terminaison (théorème du « *halting problem* » de Turing[1]).

Le test est, par conséquent, un processus laborieux qui consiste à comparer les résultats produits par le programme avec ce qui est attendu, en utilisant un grand nombre de contextes d'exécution qui vont permettre d'explorer certaines parties du graphe que nous venons de décrire (l'espace de calcul). Il existe de nombreuses méthodes et lois statistiques sur la distribution des anomalies qui peuvent aider à contrôler cette recherche. Sans rentrer dans le détail, nous allons commenter une courbe classique, qui est reproduite dans la figure suivante, et qui donne le fondement du pilotage économique des tests. La courbe en gras nous montre le nombre

1. Il ne faut pas se laisser impressionner plus que de raison par ce type de résultats. En effet, d'un point de vue théorique, la preuve de l'indécidabilité de l'arrêt repose sur la capacité infinie de stockage de la machine de Turing, qui n'est pas une caractéristique de nos machines. Toujours d'un point de vue (très) théorique, un serveur réel étant fini, l'ensemble des programmes est fini, donc les problèmes de validité ou de terminaison sont décidables (on peut énumérer les programmes et les états). Ce que ce résultat de complexité théorique nous enseigne, c'est la complexité structurelle du test qui nous réduit à chercher les anomalies comme la proverbiale aiguille dans une botte de foin.

d'anomalies détectées pendant la progression des tests (en ignorant la phase préliminaire de montée en charge). Les observations statistiques nous prédisent que la fréquence de détection (qui est la dérivée de la première courbe) suit approximativement une exponentielle décroissante. Ceci nous permet de faire deux choses : premièrement, de façon très approximative, de prédire le nombre résiduel d'anomalies, et deuxièmement, c'est le plus important, d'arrêter les tests lorsque la fréquence de détection est en dessous du seuil marginal. Ce seuil est simplement le rapport du coût mensuel du test (le coût complet, additionné du coût de correction) sur le coût d'une anomalie en production (cf. section 7.5.1). Nous retrouvons la logique précédente : plus l'application est critique (le coût d'une défaillance est élevé), plus il faut pousser loin le test (plus longtemps, donc plus cher)[1].

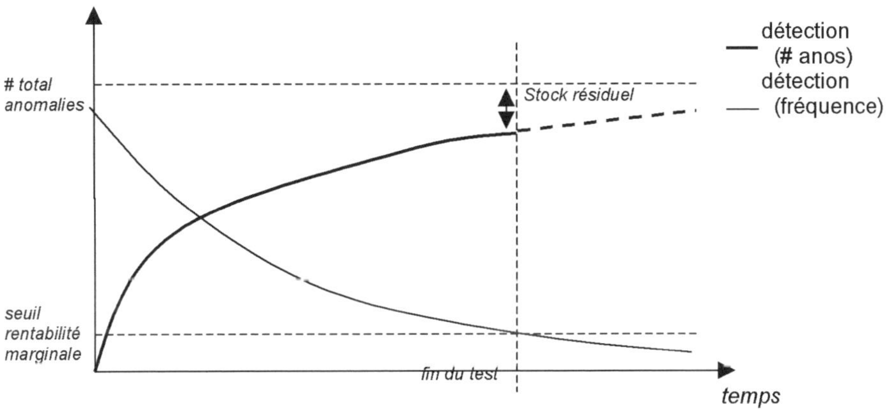

Figure 7.4 – Le test comme outil de détection d'anomalies logicielles

Les deux propriétés qu'il faut retenir de cette section sont les suivantes. Premièrement, le test ne supprime pas les anomalies, il en enlève le plus possible, jusqu'à ce que le coût marginal de la détection devienne prohibitif. Deuxièmement, la difficulté du test vient de sa « couverture » (la capacité d'aller explorer le plus grand nombre de branches possibles de l'espace de calcul que nous avons évoqué). Une conséquence est qu'il est préférable, le plus possible, d'utiliser des données réelles, obtenues sur le site de production, pour faire des tests. Les données synthétisées pour les besoins du test se révèlent le plus souvent incomplètes[2].

---

1. Il existe de nombreux ouvrages sur le test, mais je recommande en particulier la lecture de la cinquième partie du livre *Une Politique pour le système d'information*, due à C. Thibaut. On peut également lire le livre classique *Effective Methods for Software Testing* de W. Perry. Les liens entre les tests et la fiabilité sont également abordés de façon très claire dans le 8e chapitre de *Five Core Metrics* de L. Putnam et W. Myers, dont nous reparlerons au chapitre 9.
2. Dans les cas extrêmes, on a recours à un test « de non régression » qui compare le nouveau composant avec l'ancien, en utilisant les flux de données réelles en production, ce qu'on appelle le « *parallel run* ». Ce principe est détaillé dans mon livre *Urbanisation et BPM*.

Puisque l'existence d'anomalies non détectées semble une condition inévitable du logiciel[1], il est donc naturel de se tourner, comme pour le matériel, vers le contournement de cette situation au travers de la redondance. Malheureusement, comme nous l'avons déjà indiqué, ce principe est beaucoup plus difficile à mettre en œuvre puisqu'une copie d'un composant logiciel présentant une anomalie va présenter la même anomalie. Néanmoins, l'application de ce principe se retrouve sous deux formes :

- De façon interne, sous la forme de logiciels « résistants aux pannes » (*fault-tolerant*). Un tel logiciel est capable de détecter les défaillances de ses modules internes et d'appliquer des traitements d'exception. La grande difficulté avec ce type d'approche est que, si elle est efficace contre les défaillances majeures qui sont « faciles » à détecter, elle est beaucoup plus problématique contre les anomalies fonctionnelles (qui pourront, à leur tour, déclencher des défaillances graves). Détecter une anomalie est une sorte de test durant l'exécution du programme (et donc ce n'est pas plus simple). Il existe des méthodologies pour construire des programmes qui ont cette capacité d'introspection, mais ce n'est pas une panacée et cela coûte cher.
- De façon externe, sous la forme de systèmes « *fault tolerant* » qui utilisent une véritable redondance en faisant réaliser des composants logiciels identiques par des fournisseurs différents pour assurer des procédés de fabrications différents. Cela fait plus que doubler le coût de façon automatique (deux développements et une intégration). Qui plus est, nous venons de remarquer que la spécificité des défaillances logicielles tient à la difficulté qui est rencontrée, la plupart du temps, pour leur détection. En conséquence pour savoir contourner une anomalie, il faut trois composants identiques au lieu de deux : l'anomalie est détectée lorsqu'une divergence apparaît, mais il en faut trois pour décider (à la majorité) qui a raison. Il en résulte que ce type de système est réservé à des usages véritablement critiques (aviation, défense, médical, etc.) et pour des fonctions qui sont parfaitement spécifiées (complète, non ambiguë, etc.). Si cette approche est appliquée à un domaine moins mature, il sera très difficile de faire converger les composants « identiques » (des divergences entre les différents composants seront constatées, qui ne seront pas des anomalies mais des différences d'interprétation de la spécification)[2].

Quel que soit le soin apporté à la fiabilisation matérielle et logicielle, il faut néanmoins construire un plan de secours. Le plan de secours décrit le mode alternatif de fonctionnement du processus métier lorsque le système informatique est indisponible. Il s'agit le plus souvent d'une autre solution informatique, mais il est également possible d'avoir recours à des solutions manuelles. Il faut avoir un plan de

1. Une des plaisanteries favorites des fabricants de circuits imprimés est : « *hardware eventually fails, software eventually works* ».

2. En conséquence, cette approche n'est quasiment jamais utilisée en informatique de gestion, ni pour des composants dont les spécifications évoluent trop rapidement. En revanche, pour des services critiques, il est possible d'installer deux chaînes applicatives séparées (pour le même besoin fonctionnel), l'une étant le secours de l'autre.

secours pour deux raisons : d'abord en vertu de ce que nous avons vu, les défaillances existent malgré la fiabilisation la plus poussée, et également parce qu'il existe des circonstances exceptionnelles, les « désastres », comme un incendie ou un acte de sabotage. L'ampleur et le coût d'un plan de secours doivent être évalués en fonction de l'analyse des risques, de façon classique (cf. le chapitre 8 sur l'analyse des projets).

Un plan de secours informatique ressemble à un plan de fiabilisation par redondance, s'appuie sur les mêmes concepts et peut présenter les mêmes faiblesses. La redondance matérielle passe par l'utilisation de machines distantes (pour se protéger contre les risques de destruction de site). Il est d'ailleurs possible de mutualiser les deux démarches : utiliser une architecture redondante active dont les ressources sont sur plusieurs sites, de telle sorte que chaque site peut fonctionner (éventuellement en mode dégradé) de façon autonome. Cette approche n'est pas toujours possible pour des raisons de performance (la distance induit une latence dans l'échange des informations) et il arrive même qu'il faille faire les deux (par exemple, installer deux clusters sur deux sites, soit une multiplication par quatre du coût des serveurs). Il faut également garder à l'esprit que la redondance est une bonne protection contre les risques matériels (dont les désastres) mais pas contre les risques logiciels tels qu'un virus ou une anomalie logicielle grave. Un plan de secours complet doit donc comporter un volet de contournement pour pallier les déficiences logicielles, que nous allons aborder dans la section suivante.

7.4.3 Fiabilisation organique

La fiabilisation par la redondance est la méthode classique en informatique, directement inspirée par les méthodes de fiabilisation des systèmes techniques. C'est l'approche de la « pièce de secours », une approche qui pourrait être qualifiée de « mécanique ». Depuis quelques années, un courant de pensée différent se développe, qui s'inspire de ce qui peut s'appeler une vision « biologique ». Le point de départ de cette approche est une double constatation :

1. Malgré tous nos efforts, les systèmes informatiques comportent toujours des anomalies. La poursuite de méthodes permettant de construire des systèmes « sans failles » semble être une quête vaine.
2. Le monde du vivant (le monde organique) fournit une approche différente de la résolution des anomalies (des « bugs ») : les organismes s'adaptent aux défaillances par des moyens multiples de contournement (dont la redondance, bien sûr).

Cette pensée a été largement développée au sein de l'approche « *autonomic computing* » (AC), une vaste initiative lancée par IBM, autour de l'idée suivante : la maîtrise de la complexité passe par le fait de rendre les systèmes informatiques « autonomes ». Plus précisément, la notion d'autonomie est définie par quatre propriétés[1] : la capacité à se configurer de façon automatique, la capacité à s'« auto-

1. Pour une excellente introduction au sujet de l'« autonomic computing », il faut commencer par lire l'article « *The dawning of the autonomic computing era* » de A.G. Ganek et T.A. Corbi, que l'on trouve facilement sur Internet.

réparer », la capacité à « auto-optimiser » ses propres ressources et la capacité à se protéger contre les agressions extérieures. L'analogie avec un organisme vivant est frappante. Nous n'allons pas ici développer la notion d'« *autonomic computing* » (ce qui est fait dans un autre de mes livres), mais nous intéresser à l'application de la vision biologique à la fiabilisation des opérations, ce que nous avons appelé la « production organique ».

Le principe de la « production organique » suit la démarche exposée plus haut : malgré tous nos efforts, les systèmes connaissent des défaillances graves, et les mécanismes de fiabilisation par redondance ne sont pas toujours suffisants (la section précédente a fourni l'exemple de la défaillance logicielle). Ce qui fonctionne sur le terrain, c'est le « contournement », un détournement des flux et des processus informatiques en utilisant des outils différents et une logique innovante. La « production organique » consiste simplement à reconnaître cet état de fait et à construire un environnement favorable à la création de ces contournements lorsqu'ils sont nécessaires.

La notion de résolution par contournement s'appuie en premier lieu sur la compétence et l'état d'esprit des collaborateurs (et sur la confiance qui leur est accordée). L'expérience montre qu'elle s'appuie également sur la qualité de la cartographie, et plus généralement sur la qualité des outils de support à la connaissance. Nous retrouvons ici les préoccupations de « gestion de la connaissance » des chapitres précédents. Il faut savoir, en premier lieu, localiser les experts mais également faire fonctionner la mémoire collective. En troisième lieu seulement, se trouve la notion d'outillage. La solution de contournement est, presque par définition, une solution spécifique à chaque situation. Il n'existe donc pas de « cahier des charges » de l'outillage approprié. Il s'agit plutôt de disposer d'une variété d'outils pour l'extraction et l'injection de données, en particulier d'outils adaptés « au traitement de masse », c'est-à-dire au traitement de gros volumes. Un point commun aux « crises majeures » est qu'il faut tôt ou tard effectuer des opérations correctives sur un très grand nombre de clients (c'est précisément ce qui fait que la crise est « majeure »).

La fiabilité des systèmes d'information est une discipline complexe que nous n'avons fait qu'effleurer. Il n'est cependant pas besoin d'être un spécialiste pour comprendre les principes les plus généraux. À titre d'exemple, nous reproduisons ici huit des vingt recommandations de E. Marcus et H. Stern :

1. Il faut simplifier l'architecture et la conception du système d'information car chaque point complexe est une source de problèmes (le principe KISS : *Keep It Simple, Stupid*).
2. Il faut choisir des équipements dans une phase mature de leur vie commerciale, qui ont déjà été déployés et utilisés avec succès par d'autres entreprises. Cette préconisation s'applique au matériel comme au logiciel (la notion de la courbe en « baignoire » s'applique aussi à la vie commerciale : il faut éviter les premières versions qui ne sont pas éprouvées et les versions trop anciennes qui posent tôt ou tard des problèmes de compatibilité).

3. Il faut tout tester, et de façon régulière. C'est la recommandation qui semble la plus triviale, c'est pourtant celle qui arrive en premier dans la bouche de tous les spécialistes. C'est la conséquence de la section 7.4.1 : chaque système est un nid à problèmes potentiels.
4. Il faut construire des systèmes « scalables », c'est-à-dire penser à la croissance dès le début, même si les spécifications ne font pas mention de ce besoin. C'est l'expérience qui parle : une très grande partie des problèmes en production vient de systèmes qui ont atteint les limites de leur « zone de confort », c'est-à-dire le volume de traitement pour lequel ils avaient été conçus originellement.
5. Il ne faut pas faire des mauvaises économies (« *don't be cheap* »). Cela s'applique bien sûr au matériel et au logiciel, mais aussi aux ressources humaines, en termes de nombre et de niveaux de compétence.
6. Il faut s'appuyer sur des contrats de services, qui sont eux-mêmes rendus explicites et propres au pilotage quantitatif par la notion de niveaux de services. Nous aborderons ce point dans la section suivante.
7. Il faut automatiser le plus possible, pour éliminer le facteur humain qui est source d'erreur, et pour pouvoir industrialiser la gestion des configurations.
8. Il faut surveiller la performance de façon continue, les ralentissements étant souvent les symptômes annonciateurs des incidents.

7.5 L'AMÉLIORATION CONTINUE DE LA QUALITÉ

7.5.1 Les « SLA » et l'amélioration continue

Le contrat de service est effectivement un outil indispensable dans le pilotage des opérations de la DSI. Chaque mot est important : la notion de « service informatique » est essentielle pour que le système d'information soit « orienté client » dans le sens du chapitre 5, ce qui signifie qu'il serve au mieux les besoins et les intérêts des directions métiers de l'entreprise. La notion de contrat est ce qui sépare un service d'une « mise à disposition ». Les enjeux du système d'information sont très importants, dans les dimensions positives (participation à la création de valeur) et négatives (impact des défaillances). Le contrat est ce qui permet à la DSI de comprendre formellement ce que ses clients attendent d'un point de vue métier et aux directions clients de comprendre ce que la DSI sait offrir.

Le contrat est la conclusion d'une négociation, et représente un compromis entre des objectifs contradictoires. La qualité de service se mesure en termes de disponibilité, mais aussi de performance (temps de traitement, volumes traités, réactivité par rapport à des événements, etc.). Face aux exigences de qualité de service s'opposent des contraintes techniques et économiques (ce que l'entreprise sait faire et ce qu'elle a les moyens de faire). Le SLA (*Service Level Agreement*) est ce qui permet le débat contradictoire et le pilotage quantitatif du contrat de service. Le SLA fixe le niveau de qualité de service attendu, selon les différentes dimensions. Pour comprendre les fondements du pilotage économique des SLA, il faut approfondir l'impact économique des défaillances de service. Il est d'usage de distinguer trois catégories d'impact (nous allons retrouver des arguments qui ont été exposés dans les chapitres précédents) :

- L'impact économique direct, qui est la perte de revenus, et qui est proportionnel à la durée de l'indisponibilité.
- La perte de productivité, qui est liée à la sortie des processus nominaux.
- La perte indirecte, telle que la perte d'image ou les pertes entraînées par un effet de cascade, qui se produisent lorsque la durée de l'indisponibilité devient trop longue.

La combinaison de ces trois impacts est représentée sur la partie gauche de la figure suivante. La combinaison produit une courbe non-linéaire, ce qui explique la notion de « crise » (lorsque l'entreprise rentre dans la zone d'amplification). Nous avons également représenté en pointillé une courbe qui indique la probabilité d'occurrence, pour poser un principe qui sera détaillé dans le prochain chapitre (déjà esquissé dans la section 2.3.2). Lorsque les probabilités sont très faibles, il est vain de vouloir faire des analyses quantitatives. Le traitement des situations de crises relève de l'analyse de risque. En revanche, les indisponibilités courtes, qui sont plus fréquentes et dont le temps global est gouverné par le SLA, se prêtent à la mesure et à l'analyse quantitative.

Ceci signifie que les ressources allouées à la fiabilisation sont gouvernées par un double principe :

- Un réglage macroscopique qui est fonction de l'analyse des risques. L'entreprise choisit d'installer une classe de solution (incluant le plan de secours) en fonction de son analyse du risque (quel est le risque et est-il tolérable ?).
- Un réglage fin, qui est gouverné par le SLA, et qui s'appuie sur les impacts économiques des « petites indisponibilités ». Comme ce type d'impact est linéaire, il est possible d'agréger et de raisonner sur l'indisponibilité annuelle (et son coût).

Cette optimisation économique est représentée par la partie droite de la figure. Nous avons représenté le coût de l'indisponibilité, et (en tirets) le coût de la démarche de fiabilisation pour obtenir ce niveau d'indisponibilité[1]. Le SLA théorique se situe logiquement à l'intersection de ces courbes. Cet exercice est bien sûr théorique, c'est un modèle de la discussion qui a lieu de façon intuitive entre les parties prenantes. Il sert à montrer pourquoi il est indispensable que la direction métier

1. On vérifiera que, si l'hypothèse est que l'on réduit les causes de défaillances avec une densité exponentielle décroissante en fonction du temps, le coût en fonction de la disponibilité est proportionnel à – (log (1 – disponibilité)). Ceci explique la forme de la courbe grise, qui représente le coût nécessaire pour obtenir un niveau d'indisponibilité donné (plus ce niveau est bas, plus le plan de fiabilisation est cher).

comprenne les coûts de production en fonction de ses exigences, et que la DSI comprenne les pertes encourues par la direction métier en fonction des indisponibilités.

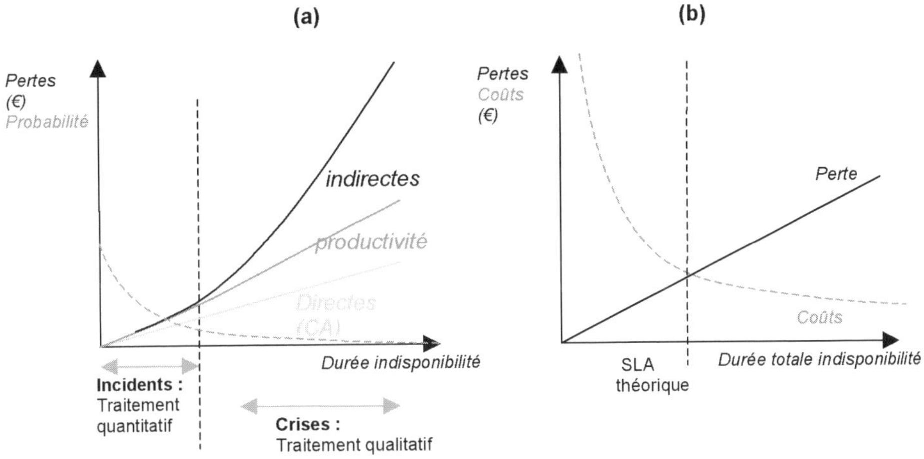

Figure 7.5 – Le pilotage économique des SLA

7.5.2 L'amélioration continue de la qualité de service

Dans les sections précédentes nous avons parlé de la fiabilisation des systèmes au moment de leur conception. Dans la pratique, l'amélioration de la qualité de service, et par conséquent la fiabilisation, est un processus continu. Il y a deux raisons à cela. D'une part, la réalisation d'un système fiable, c'est-à-dire de haute disponibilité, est difficile et il est donc rare d'atteindre directement la cible du premier coup. D'autre part, une partie importante des causes de non-fiabilité est liée à l'assemblage et non aux composants, et il est plus facile de les observer, les détecter et les corriger pendant le fonctionnement réel que pendant la période de test.

L'axe central de l'amélioration continue de la qualité de service est la capitalisation des connaissances liées au fonctionnement et aux dysfonctionnements des systèmes. C'est d'ailleurs ce que mettent en œuvre toutes les industries sensibles au risque, qui organisent leur exploitation et leur maintenance dans ce sens. Une des leçons de l'exploitation quotidienne des systèmes d'information est que la « mine des incidents » contient des trésors. À titre d'illustration, la DSI de Bouygues Telecom a utilisé depuis 2002 un « comité fiabilisation » hebdomadaire, dédié à la résolution des problèmes, et organisé autour des principes suivants :

- La qualité de service est l'affaire de tous à la DSI, ce n'est pas un sujet limité à la production. Cela implique la représentation de tous les métiers (en fonction de ce qui est nécessaire sujet par sujet) lors de ce comité. Ce n'est pas simplement une question de participation à un comité, il faut établir une « culture orientée-exploitation » qui fait de la qualité de service une préoccupation majeure des architectes, des responsables de domaines, des chefs de projets, etc.

- Tout ne peut pas être traité en même temps et il faut concentrer son énergie. Il est préférable de choisir quelques problèmes parmi les plus ennuyeux (ce qui est subjectif mais fortement inspiré par la réaction des clients) et de les traiter jusqu'au bout.
- Il faut aller « au fond des choses », parce que c'est nécessaire pour résoudre les problèmes difficiles et parce que cela contribue à la capitalisation des connaissances. Aller au fond des choses signifie remettre à jour et approfondir la documentation si nécessaire, participer à la formation collective.
- Comme toute démarche d'amélioration continue, il faut s'appuyer sur la mesure et se fixer des objectifs de « résolution de problème » en termes de seuil. De la sorte, la fiabilisation participe à la professionnalisation de la conduite des opérations à la DSI.

Ce processus de capitalisation a tout intérêt à s'appuyer sur un standard, et il existe un standard pour le monde de la production informatique. Il s'agit d'ITIL, né au Royaume-Uni dans les années 80 de façon très pragmatique, et qui est construit comme un ensemble de bonnes pratiques structuré par dix processus métiers et un vocabulaire bien défini[1]. L'adoption d'ITIL progresse de façon constante, et ITIL est en passe de devenir le standard international de fait. L'utilisation d'ITIL n'est pas une « recette pour améliorer la QoS » mais elle offre une « colonne vertébrale » sur laquelle la DSI peut appuyer ses principales actions. Les principaux avantages de cette approche peuvent être résumés comme suit :

- Tout simplement, l'existence d'un vocabulaire commun et documenté est un facteur d'efficacité fonctionnelle.
- Comme nous l'avons vu dans le chapitre 5 (section 5.3.1), les processus métiers fournissent le socle de l'amélioration continue. ITIL permet de formaliser et standardiser les processus de la production informatique.
- L'adoption d'ITIL pousse à la professionnalisation des métiers de la production, ce qui favorise le développement des compétences de niveau « spécialiste », qui permettent d'aller plus loin dans l'amélioration du fonctionnement.
- La standardisation autour d'ITIL crée un contexte favorable à l'apparition d'outils et permet d'augmenter l'automatisation d'une partie de l'activité. Un exemple est fourni par les outils de gestion des configurations, ou ceux de gestion des changements, deux des processus ITIL qui ont un impact très fort sur la qualité de service.

1. À titre d'exemple, ITIL fixe la différence entre un incident, qui est une défaillance isolée d'un des composants, et un problème, qui est lié à la persistance répétée d'un même incident. Tous les incidents n'appellent pas nécessairement un plan d'action, tandis qu'un problème doit être corrigé. Pour aller plus loin sur ITIL, on peut consulter le site web de l'itSM (www.itsm.org) ou différents livres tels que *IT gouvernance* (précédemment cité), ou *ITIL et la gestion des services* de T. Chamfrault et C. Durand.

7.5.3 Prévenir les crises : la culture de l'intégrité

Nous allons conclure ce chapitre en insistant sur une valeur fondamentale de l'ingénierie de systèmes : l'intégrité. Dans un article passionnant et qui n'est pas sans rappeler *Les décisions absurdes* de Ch. Morin que nous avons déjà évoquées, Bob Colwell[1] raconte un certain nombre de crises liées à des défaillances de systèmes complexes, pour promouvoir le rôle et l'importance des métiers de concepteur et d'opérateur de systèmes (ce qui s'applique aux systèmes d'information, mais pas uniquement). Le thème général de l'article s'inscrit dans un courant qui peut être qualifié de professionnalisation de la conception de système : être responsable d'un système complexe est forcément un sujet grave, qui devrait être mieux régulé (d'où l'idée d'un « permis de programmer » qui commence à émerger[2]). L'intégrité est requise dans le monde du système d'information dans de multiples contextes et sous de multiples formes :

- Dans la plupart des désastres qui ont été analysés, les problèmes qui sont à l'origine de la crise sont connus, et dont la résolution a été bloquée par des raisonnements approximatifs ou des décisions douteuses de management : l'intégrité du professionnel des systèmes d'information consiste à ne pas laisser les messages d'alerte se perdre.
- La plupart des problèmes sont causés par des changements. Si le changement fait partie de la vie de l'entreprise, l'intégrité peut signifier savoir résister à un rythme qui n'est pas raisonnable.
- Les « règles de l'art » doivent être appliquées, la construction du plan de secours étant un parfait exemple. Les règles de l'art sont la seule protection contre la recherche d'un coupable lors d'une crise grave, puisqu'il n'existe pas de méthode absolue de fiabilisation.
- Les tests ne sont utiles que s'ils sont appliqués. Comme cela a été souligné, tous les ouvrages ou témoignages sur la fiabilisation, sans exception, insistent sur le rôle des tests. Il faut une véritable intégrité pour conduire les plans de test sous situation de stress liée au délai, et pour imposer le test de l'ensemble des composants, y compris le plan de secours.

La conclusion de cet article de Colwell est un plaidoyer pour l'intégrité : « Si vous possédez cette intégrité, vous allez devoir faire sortir les manipulateurs de votre

1. Bob Collwell a été le « *chief architect* » d'Intel pour les Pentiums II à 4. Il écrit de nombreux articles sur les systèmes et leur fiabilisation, dont « *Near Misses : Murphy's Law is Wrong* » qui est paru dans IEEE Computer, Avril 2002. Le thème de l'article est que précisément, on ne peut pas faire confiance à la loi de Murphy (si quelque chose doit dysfonctionner, cela va se produire) pour faire des tests.

2. Sur le sujet passionnant de la certification et de la responsabilité des programmeurs, on peut lire l'article de John Earles, « *Software Engineering : Myth or Reality ?* », disponible sur le net : http://www.cbd-hq.com/articles/2000/000515je_softwareengineering.asp.

bureau, faire appel à vos vrais experts[1] et construire vos propres jugements. Si vous n'avez pas cette qualité d'intégrité, merci de vous abstenir de construire des systèmes ou de les valider … ».

7.6 RÉSUMÉ

– Les modèles de fiabilité du matériel permettent de comprendre et de prévenir les incidents, en s'appuyant sur les concepts statistiques de taux de panne et de durée de réparation (7.3.1).

– Malgré la possibilité de redondance, la complexité est un facteur aggravant de la disponibilité des systèmes. Un système important présente des pannes plus complexes et exige un volume de tests plus important (7.3.1).

– Le fait que chaque cause première d'incident soit couvert par son plan individuel de prévention donne un faux sentiment de confiance : la plupart des crises sont causées par la conjonction d'incidents multiples (7.3.2).

– La redondance du matériel est une méthode efficace pour améliorer la disponibilité, mais avec un coût d'autant plus élevé que l'entreprise souhaite réduire la DMIA (durée maximale d'incident autorisée) (7.4.1).

– Le test ne supprime pas les anomalies logicielles, il en diminue le nombre jusqu'à ce que le coût de recherche soit considéré comme plus élevé que le risque résiduel (7.4.2).

– La fiabilisation par redondance logicielle exige une très grande formalisation des spécifications et se prête, par conséquent, mal à la grande majorité des applications d'une entreprise (7.4.2).

– La négociation du contrat de service, qui définit les niveaux de services attendus, permet à la DSI de comprendre les attentes métiers de ses clients, et aux directions clientes de comprendre ce que la DSI sait offrir (7.5.1).

– Il faut distinguer la gestion des « petits incidents », qui relève de la statistique et de l'optimisation économique, de celle des « incidents majeurs » qui relève de l'analyse de risque (7.5.1).

– La capitalisation des connaissances, liée à la résolution des incidents, est essentielle pour améliorer la qualité de service et doit s'appuyer sur un référentiel, comme celui proposé par ITIL (7.5.2).

– La fiabilisation du système d'information n'est pas une science exacte, mais le respect des « règles de l'art » est toujours exigé à posteriori lorsqu'il y a eu un incident grave (7.5.3).

1. Un peu plus tôt dans le même article, Bob Colwell écrit : « *Nothing can replace having a deep understanding of the overall system and the way its various subsystems interact and function* ». À méditer au moment de la signature d'un contrat d'externalisation …

8

Piloter le budget de la DSI

8.1 ILLUSTRATION : « COMMENT LE BUDGET EST-IL CONSOMMÉ ? »

Voici de nouveau l'automne, pense Caroline en insérant distraitement un CD de Shania Twain dans son auto-radio, la saison des feuilles mortes et des budgets.

« Ka-ching ! » … les paroles de cette chanson qui critique la société de consommation la font sourire. Il va être temps de penser aux cadeaux de Noël. Caroline engage sa voiture dans le parking souterrain en se félicitant d'échapper à cette bruine matinale.

L'air froid et humide semble avoir déteint sur l'humeur de ses collègues, tout le monde semble morose ce matin en comité exécutif. Caroline se demande si le chauffage est en panne ou s'il s'agit d'un nouveau plan d'économies. Le groupe se presse autour de la machine à expresso, comme si le liquide brûlant pouvait réchauffer les âmes. Le premier sujet à l'ordre du jour n'est pas sans rapport avec le soupçon d'inquiétude que Caroline entend dans les apartés, pendant que chacun s'installe avec son café. C'est Ludovic Niège qui commence, avec un premier rapport de synthèse sur l'ensemble des budgets prévisionnels qui ont été présentés à la présidente durant la semaine.

« J'ai commencé à établir le budget consolidé sur la base des documents que vous avez bien voulu me faire parvenir, je suis étonné par la part en forte croissance de vos dépenses informatiques. » La voix de Ludovic est aussi froide que la salle. La DSI fonctionne en centre de service et refacture ses prestations à chaque direction métier. Le document envoyé à la direction financière inclut le montant chiffré par la DSI en fonction des demandes pour l'année à venir.

« Ce sont les tarifs de la DSI qui sont en constante augmentation ! Armand Pujol a été le plus rapide à réagir. Pour ma direction, nous avons une part projet, qui correspond à nos demandes, qui reste constante ; chaque projet est justifié soigneusement avec une analyse du retour sur investissement. Tous mes projets ont un excellent ROI sur 24 mois et la plupart sont rentabilisés sur un an.

– La part projet est constante, réplique Caroline, mais la part d'exploitation augmente parce que nous rajoutons chaque année des systèmes nouveaux correspondant à des projets nouveaux. La vitesse de croissance de notre parc applicatif est trop forte pour que la DSI puisse l'absorber. Nous sommes obligés d'ouvrir une nouvelle salle machine cette année ...

– Il n'y a pas que la ligne budgétaire liée à l'exploitation qui augmente, fait remarquer Julie Tavelle, la « taxe » pour l'infrastructure d'intégration, est également en forte augmentation cette année ...

– C'est normal, nous sommes en train de déployer une infrastructure de sécurité mutualisée, avec SSO, *Single Sign On*, – Caroline se souvient trop tard qu'elle doit modérer son usage des acronymes – ce qui permet à chaque client de ne s'authentifier qu'une seule fois et de pouvoir ensuite naviguer sur l'ensemble de nos sites. Cette infrastructure nous permettra également de déployer ce qu'on appelle une authentification forte. Tous les clients dont les transactions dépassent 1000 euros recevront une clé USB, qui leur permettra de passer leurs ordres d'où ils veulent dans le monde, sur n'importe quel PC, avec un niveau de sécurité inégalé.

– Caroline, tu sais que je suis à 100% en faveur de ce projet, reprend Julie, mais je ne comprends pas pourquoi il est financé sous forme de taxe, ce qui complique la présentation métier de notre propre budget. Il s'agit d'un enjeu stratégique, qui devrait être porté par la direction générale, ou par la direction stratégique.

– Vous m'avez déjà entendu m'exprimer sur le sujet, la présidente intervient avec une douceur qui n'est pas habituelle mais qui ne trompe personne. Il est indispensable que les investissements collectifs pour le bien de l'entreprise soient portés par tous d'un point de vue financier, c'est la seule façon pour être sûr qu'ils sont portés par tous en termes d'engagement et de support.

– Mais le *payback* de ce projet est de plus de quatre ans, s'interroge Ravi Mutatsuru.

– Cet investissement est également nécessaire pour aller vite dans l'ensemble de nos projets, pour pouvoir faire les évolutions que vous réclamerez dans deux ans. Le ROI est calculé sur les économies de fonctionnement et sur les réductions pour les projets que nous connaissons. D'ici quatre ans, il y aura sûrement d'autres projets qui vont en bénéficier. À l'inverse, si nous ne faisons rien, nous allons prendre plus de temps sur les prochaines évolutions de la sécurisation de nos sites.

– OK, je comprends l'importance de la sécurité, mais pourquoi construire également un *datawarehouse* commun cette année ? C'est également un gros investissement.

– Nous avons deux nouveaux projets de *datamart* cette année, et nous continuons à faire évoluer les deux qui existent. Il est temps de mutualiser pour réduire les coûts de possession, réplique Caroline.

– Mais ces projets décisionnels ont tous un fort intérêt métier et un *payback* rapide, intervient Nicholas Spencer, le directeur des études et analyses. Plutôt que freiner leur développement par une approche industrielle lourde, ne vaut-il pas mieux favoriser l'agilité et laisser chaque département gérer son *datamart* ?

– Ces ROI sont calculés à partir des premières applications décisionnelles qui correspondent à un besoin urgent, mais que fait-on ensuite ? Les années sont différentes, la valeur produite par les analyses n'est pas toujours capable de justifier les coûts d'exploitation, et la désinstallation n'est jamais acceptable. Il faut donc trouver un moyen de faire baisser les coûts à long terme. Prenons l'exemple du nouveau datamart sur les produits de crédit, pour lesquels tu espères augmenter le taux de pertinence de 25% lors de notre prochaine campagne d'automne. Tu ne peux pas espérer faire le même gain chaque année, tandis que le ROI se dégrade fortement si on ajoute les coûts d'exploitation et de maintenance, et qu'on le calcule sur cinq ans.

– Je comprends ces raisonnements, mais je ne comprends pas comment justifier des investissements qui se fondent sur des scénarios à trois ou quatre ans, pour lesquels nous sommes en pure spéculation, reprend Ravi.

– Il est important de raisonner à trois, voire cinq ans, et de ne pas toujours décider à court terme, Antoine Viener défend son territoire et apporte un soutien inattendu. C'est la seule façon de mettre en œuvre des plans de rationalisation et de mutualisation. C'est un peu plus compliqué, mais comme le disait Emmanuel Kant, *on mesure l'intelligence d'un individu à la quantité d'incertitudes qu'il est capable de supporter.* »

La présidente reprend la parole pour éviter que cette passe d'armes ne dérape.

– Je suis allée visiter le nouveau centre d'appel de BPN, et ils nous ont présenté leur nouveau portail d'auto-assistance pour les clients. Ils ont installé une fonction très astucieuse : il y a des forums pour discuter des produits et de leurs utilisations comme chez nous, les clients répondent entre eux, mais il existe un système de parrainage et de vote. Chaque fois qu'une réponse d'un client aide un autre à mieux utiliser un service, le second le signale en votant et augmente le « score de pertinence » du premier, ce qui le met en visibilité dans sa communauté des internautes et lui crédite des points de fidélité. Ils ont réduit leur taux de prise d'appel téléphonique de 5% en les détournant sur le portail Internet; je ne comprends pas que nous n'ayons pas fait la même chose. Caroline, pourquoi n'y avez-vous pas pensé ?

– Laurence, ce n'est pas le job de Caroline, intervient Ludovic Niège. Nous avons assez insisté sur le fait que les métiers sont responsables de l'évolution de leur SI. Mais qu'en pense Armand, est-ce une nouvelle opportunité, cette façon de faire travailler nos clients pour nous ?

– Moi je ne comprends rien à l'informatique, déclare Armand Pujol, chaque fois que nous discutons avec la DSI d'un nouveau projet, cela coûte très cher. Ca fait des années que je rêve de créer des réseaux coopératifs avec nos clients. Au lieu de cela, cette année, la moitié de mon budget est consacrée à la « refonte » de notre système de gestion des partenaires. Cela ne m'apporte rien d'un point de vue métier, et cela nous empêche d'innover, faute de ressources ».

Caroline s'est échappée du débat pendant quelques secondes, elle se souvient des paroles de la chanson du matin « *All we ever wanted is more* ». Les débats budgétaires avec Armand Pujol sont les plus tendus car la posture « moi je ne comprends rien … » est une façon de ne pas avoir à écouter les arguments de la DSI.

– Nous avons déjà eu ce débat plusieurs fois … la refonte du SI partenaire est nécessaire, nous sommes arrivés en fin de vie et de capacité du système, alors que notre activité est en croissance. Tu ne peux pas dire que cela ne t'apporte rien d'un point de vue métier : s'il y a un incident, c'est toi que les partenaires appellent, comme tu nous le fais souvent remarquer. Et si nous sommes incapables d'implémenter un nouveau service l'an prochain parce que le système est saturé, ce sera un problème « métier ».

– Pourquoi ne pas trancher le débat en triant les projets par ROI sur une période de trois ans ? propose Antoine. Si les refontes sont nécessaires, cela doit se voir quelque part.

– Si nous ne faisons pas les refontes parce que le calcul du ROI montre que ce ne sont pas les meilleurs investissements sur trois ans, nous allons laisser se détériorer la performance économique de notre parc informatique, les coûts unitaires vont augmenter, qu'il s'agisse de l'exploitation ou de la maintenance, et tous les ROI des projets que vous voulez engager vont devenir faux parce que vos coûts complets sur cinq ans seront grossièrement sous-estimés…

– Ça c'est astucieux, s'amuse Antoine, puisque tes ROI ne sont pas bons, tu détériores ceux des concurrents.

– Ce ne sont pas les refontes de la DSI, rappelle Ludovic Niège, mais les vôtres. Je vous propose d'arrêter ici cette discussion. Je vais travailler avec la DSI pour chiffrer deux scénarios, un qui favorise les nouveaux projets et un qui favorise la performance économique des systèmes actuels, et nous pourrons comparer les impacts à trois ans lors du prochain comité.

8.2 COMMENTAIRE

Ce chapitre traite du pilotage financier de la DSI, et plus précisément de l'allocation de ses ressources aux besoins de l'entreprise. Il fait très logiquement suite à la première partie, et va s'appuyer sur ce que nous avons construit en termes de modélisation, d'évaluation et de comparaison des coûts informatiques.

Nous avons choisi pour la fiction qui illustre ce chapitre le moment de la validation des budgets informatiques car il est révélateur d'un ensemble de tensions. Ces tensions sont naturelles et structurelles, elles correspondent à des objectifs antagonistes, mais tous légitimes. L'enjeu de la « gouvernance du système d'information » est donc de construire un compromis « informé », d'éviter la diabolisation ou la personnalisation des conflits, et de savoir anticiper les conséquences de ces décisions (par définition, tout compromis entraîne des conséquences négatives).

La première tension qui s'exprime est celle entre la refonte (l'entretien) et l'innovation. Nous avons déjà critiqué dans le chapitre 2 les propos simplificateurs de ceux qui ne voient la création de valeur que dans les nouveaux projets – des propos qui se retrouvent fréquemment dans les brochures que le DSI reçoit dans sa boîte aux lettres, pour lui expliquer comment piloter le système d'information – il ne s'agit pas simplement de comparer des euros. Il s'agit d'une décision de management, parce que la valeur liée à l'innovation est associée à un plus grand risque, mais dans un avenir assez rapproché, tandis que la valeur liée à l'entretien du parc existant se construit sur une plus grande durée (elle est moindre à court terme mais elle a des effets plus importants à long terme). Très logiquement, le compromis signifie qu'il faut renoncer à certaines innovations et accepter de prendre des risques opérationnels en prolongeant des systèmes vétustes.

Une autre tension est celle qui s'exprime entre la mutualisation et la décentralisation du système d'information (une question qui est aussi ancienne que l'informatique et qui a fait couler beaucoup d'encre au gré des différentes époques de l'architecture : mainframe, client-serveur, etc.). Il s'agit également d'une question plus politique que technique : comment distribuer les responsabilités de telle sorte que l'agilité (liée à la vision locale) soit préservée, tout en se donnant les moyens d'investir pour le futur avec des projets liés à une vision globale ?

La section suivante s'intéresse de façon macroscopique au pilotage et à l'optimisation des dépenses informatiques, par nature de dépense. Nous allons reprendre et approfondir l'analyse et le modèle des dépenses esquissé dans le premier chapitre. Cette caractérisation permet de développer l'analyse dialectique sur l'évolution du parc applicatif et son renouvellement. Elle permet aussi d'éclairer la question de la gouvernance, à savoir qui est responsable de quelles décisions, en termes de budget informatique.

La seconde section rentre plus en détail sur le choix des projets informatiques parmi un portefeuille de demandes. Nous explorons un ensemble de dimensions de ce processus de sélection. La dimension temporelle est fondamentale car une partie des forces et faiblesses d'une stratégie ne se révèlent que sur un horizon de trois à cinq ans. La dimension « stochastique » (l'incertitude) rapproche la gestion du portefeuille des projets candidats de celle de produits financiers : l'incertitude fait partie de la vie de l'entreprise et doit être prise en compte. La pertinence du processus de sélection s'évalue par rapport à la capacité à livrer au bon moment les projets qui implémentent la stratégie de l'entreprise. C'est la dimension la plus subjective et la plus difficile à formaliser, comme nous l'avons vu dans le chapitre 2. Nous n'irons donc pas plus loin que quelques suggestions de bonnes pratiques de ce thème.

La dernière section traite de la gestion du patrimoine du système d'information, en particulier de son « maintien (en bonnes conditions) et de sa modernisation ». Les questions qui se posent, et les tensions associées, ne sont pas l'apanage de la conduite du système d'information. D'autres métiers de gestion de patrimoine, comme le patrimoine immobilier, doivent traiter des problématiques semblables.

8.3 LE « SOCLE » DES DÉPENSES INFORMATIQUES

8.3.1 Comprendre l'« usine à services »

Les dépenses informatiques peuvent être réparties de plusieurs façons. Nous allons utiliser la décomposition qui est mise en œuvre à Bouygues Telecom[1]. Nous décomposons les dépenses opérationnelles (qui s'appellent les OPEX, par opposition aux CAPEX, *operational* versus *capital expenses*) en trois catégories :

1. Le « socle » représente les dépenses nécessaires pour faire fonctionner le parc applicatif. Nous allons donner plus de détails par la suite, mais le principe est de ne conserver que les dépenses « obligatoires ». Par exemple, la maintenance corrective fait partie du socle. Le socle contient toutes les dépenses d'exploitation, dont les dépenses liées au parc matériel (maintenance et hébergement).
2. La catégorie « projets » contient toutes les dépenses afférentes, pour une année donnée, aux projets informatiques qui sont réalisés et mis en service. Comme nous raisonnons sur le coût complet des projets, cette catégorie contient les tests, les coûts de déploiement, etc. Pour éviter le problème de la différence entre un « petit projet » et une grosse maintenance, nous y rangeons également la « maintenance évolutive fonctionnelle », qui contient les petites évolutions fonctionnelles[2].
3. Les « adaptations » sont les dépenses électives qui servent au pilotage, au support interne et externe, et à certaines petites évolutions liées à la croissance de l'entreprise (ce que nous appelons la maintenance technique : elle n'est pas justifiée par des besoins fonctionnels, ni pour des raisons de corrections).

Nous allons repartir de la notion de l'« usine à services » qui a été introduite dans le chapitre 1 et illustrée par la figure 1.1. La figure suivante est un « zoom » sur cette figure. Elle illustre les composants de l'usine avec plus de détails et contient des légendes qui correspondent aux différents éléments du budget informatique. Le cœur de la figure est le parc applicatif (logiciel, mesuré en point de fonction). Il est supporté par deux autres ressources, le parc matériel (mesuré en TPMC pour la puissance, mais aussi en nombre de serveurs) et le parc progiciel (chaque projet est constitué d'une part de progiciel et de développements ou paramétrages spécifiques). En suivant la préconisation du chapitre 1, nous avons séparé les projets en trois groupes :

1. Il y a d'autres façons de décomposer, mais elles ont un certain nombre de points communs. Dans son livre *La société de la connaissance*, Jean-Pierre Corniou introduit la notion de TQC (tel que construit) pour représenter ce que nous appelons le socle.

2. Comme nous allons le voir plus loin, la différence entre la maintenance fonctionnelle et un projet est une question d'organisation et de gouvernance, pas de technique. Dans les deux cas, il faut réaliser des évolutions sur des systèmes, qui sont mutualisées sous forme de lots.

- les projets nouveaux, qui font augmenter le parc de façon directe (nouveau code),
- les projets d'amélioration de l'existant, qui font augmenter le parc parce que le code résultant n'est pas forcément nettoyé ou réorganisé,
- les projets de refonte, qui servent à remplacer un composant logiciel par un autre. Notre modèle utilise un taux de nettoyage applicatif qui est un paramètre (un pourcentage). Un taux de 100% correspond à une politique de remplacement strict (l'entreprise nettoie 100% des anciennes applications).

Ces deux formes de « nettoyage » du parc applicatif sont représentées sur la figure par les flèches qui partent du bidon central. Le flux d'entrée/sortie des serveurs est représenté de la même façon.

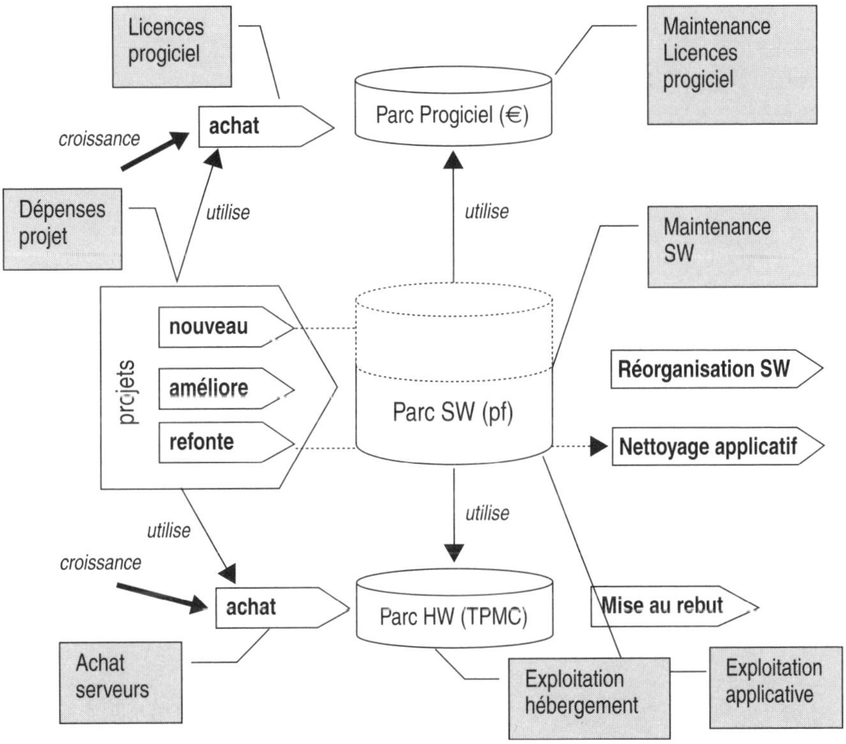

Figure 8.1 – Zoom sur la structure de l'« usine à services informatiques »

Il est maintenant possible d'être plus précis quant au contenu de la catégorie « socle » des dépenses. Elle regroupe les différentes légendes (encadrées) de la figure :

- l'exploitation des applications,
- la maintenance corrective des applications,
- le maintien en condition du parc matériel (hébergement des applications).

Pour comprendre et analyser le budget informatique, nous allons utiliser un modèle simple qui est décrit dans l'annexe I (et illustré avec les chiffres correspondant à MonEpargne.com). Ce modèle est une version abstraite et simplifiée d'un modèle que j'ai utilisé (en le raffinant de façon progressive) à Bouygues Telecom de 1998 à 2006. La version présentée dans l'annexe est plus simple et plus intéressante car elle n'utilise que des ratios (les prix unitaires) pour lesquels j'ai pu collecter des « valeurs de marché ». Ce modèle reprend les principes de dimensionnement présentés dans les chapitres 1 et 3, et ses équations sont expliquées en annexe. Nous allons l'utiliser dans ce chapitre pour illustrer certains principes du pilotage du budget informatique.

À titre d'exemple, la figure illustre trois scénarios possibles à long terme pour MonEp, qui correspondent à trois approches différentes du parc applicatif. Le scénario médian est le scénario probable (cf. la présentation en annexe), il est encadré par un scénario de réduction active du parc applicatif et un scénario de croissance importante. Pour que la comparaison ait un sens, nous avons joué avec les autres paramètres pour obtenir trois budgets sensiblement équivalents sur une période de cinq ans (une croissance « mesurée » et un budget final de 46M€ en 2010). Les unités respectives sont les M€, les années – la courbe du bas sur la figure – et les dizaines de milliers de points de fonction – la courbe du haut sur la figure.

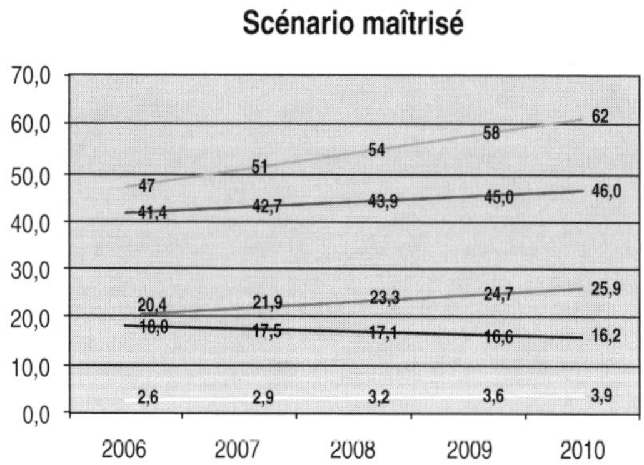

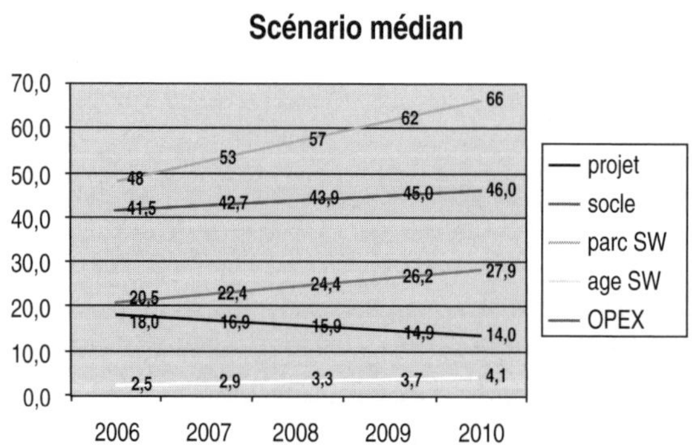

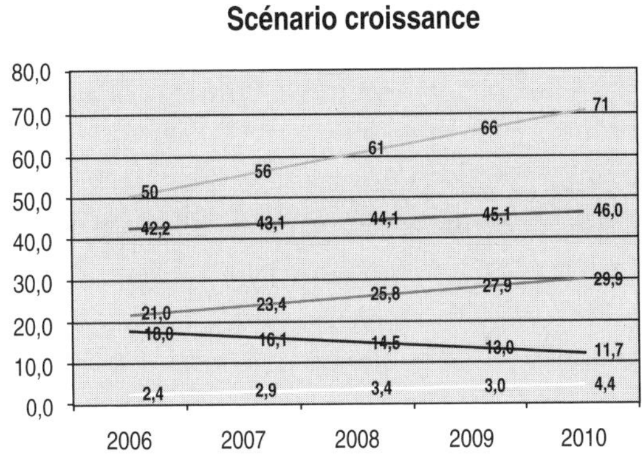

Figure 8.2 – Trois scénarios de dimensionnement du parc applicatif

Nous voyons que la taille du parc applicatif, parce qu'elle a un effet dimensionnant sur l'ensemble des autres dépenses, tend à « étrangler le budget » et à produire deux effets négatifs : une part projet qui diminue (parce que le socle est lourd) et un parc qui vieillit, parce que l'argent des projets est utilisé pour ajouter et non pour entretenir. À l'inverse, le scénario de maîtrise du parc produit une part projet plus importante, qui est utilisée pour l'amélioration et le renouvellement du parc.

8.3.2 Pilotage stratégique

Rappelons le principe énoncé dans le premier chapitre : la DSI est responsable des coûts unitaires tandis que l'ensemble des acteurs du comité exécutif est responsable des unités d'œuvre (UO). Nous allons approfondir ce second point dans cette section.

La responsabilité sur les unités d'œuvre se décline directement de deux façons : les unités d'œuvre applicatives, c'est-à-dire le pilotage du parc applicatif, et les unités d'œuvre matérielles liées, entre autres, au flux de renouvellement du matériel, parce qu'il faut arbitrer en termes d'investissement et de projets, entre la modernisation du matériel et les autres projets d'évolution du système d'information. Comme nous allons le voir par la suite, le pilotage du parc applicatif est le sujet majeur de la gouvernance, qui se décline de façon macroscopique, selon le modèle de la figure précédente, en trois leviers : la quantité de projets, la fraction de ces projets qui produisent de nouvelles applications et le flux de nettoyage applicatif. À l'inverse, l'évolution du parc matériel est souvent fonction de la croissance de l'entreprise et du parc applicatif, donc nous allons l'ignorer dans cette analyse simplifiée.

Il existe deux autres responsabilités qui sont indirectement associées à des unités d'œuvre et qui ont un impact sur les coûts : la qualité de service exigée pour les applications et le taux de renouvellement des applications, qui détermine l'âge moyen du parc. Nous y reviendrons dans la section 8.4.3 en proposant de traiter ces questions par subsidiarité. Il est en effet important de ne pas tout décider de façon globale : une bonne gouvernance informatique fait la part des choses et distingue ce qui doit être traité de façon centrale, au niveau du comité exécutif, et ce qui doit l'être localement avec chaque direction métier.

Comme pour la plupart des questions abordées dans ce livre, il n'existe pas de solution idéale ou unique indépendamment de l'entreprise. Cela dit, il est possible de faire quelques suggestions en termes de distribution de ces responsabilités (en adoptant la convention du RACI, due précisément à John Galbraith)[1] :

- La responsabilité globale de construire « le bon système d'information » en termes de taille et de périmètre est portée par le comité exécutif (R), et celui qui rend compte (A) est le directeur général. Le DSI qui souhaiterait prendre cette responsabilité devient un « dictateur » et n'est pas bien placé pour prendre les bons choix (cf. chap. 9) ni pour disposer des moyens de ses ambitions. C'est pour cela que la remarque de Ludovic Niège à sa présidente, qui s'étonne de ne pas avoir « la bonne fonction dans son SI » (la promotion des experts sur le portail), est pertinente.
- La responsabilité de la valeur délivrée par les services informatiques est sous la responsabilité directe des directions métiers (A), avec la co-responsabilité (R) de la DSI. Ici aussi, le DSI n'a que l'illusion de la responsabilité : il ne contrôle pas l'utilisation et la pratique des utilisateurs des systèmes (il y a donc une exception pour les systèmes purement techniques sans utilisateurs).
- Le respect de la qualité de service spécifiée dans le contrat de service est sous la responsabilité directe du DSI (A), il en rend compte aux directions métiers. Celles-ci sont, par ailleurs, co-responsables (R), puisqu'elles participent à la mise en œuvre du plan d'amélioration continue de la QoS (cf. chapitre 7).
- La constitution (et la réalisation) du portefeuille de projets qui vont faire évoluer le parc applicatif est sous la responsabilité (R) de l'ensemble des membres du comité exécutif, mais c'est le DSI qui coordonne et qui rend des comptes (A). En effet, nous y reviendrons dans la section suivante, il existe des exigences de cohérence, de mutualisation, voire de cohésion sur l'ensemble des projets qui exigent un rôle central. Autrement dit, le DSI ne peut pas se contenter de réaliser l'« ensemble des projets qui lui sont demandés ».

Cette répartition simplifiée permet d'apprécier une règle expérimentale : il n'existe pas de répartition idéale en matière de budget. Il existe de nombreux modèles, qui vont de la refacturation interne complète – la DSI est pensée comme une SSII interne – jusqu'à l'opposé, la DSI étant une direction avec son propre budget qui supporte les besoins de l'entreprise. La distribution des budgets favorise l'appropriation et la prise de responsabilité des directions métiers sur le système d'information. En revanche, elle rend plus complexe l'émergence de la vision globale et de son

1. On distingue 4 rôles : A(*ccountable*) est celui qui rend compte, c'est le responsable final qui est unique. R(*esponsible*) est (en fait) le maître d'œuvre de l'opération, c'est une partie prenante en termes de responsabilité, qui a donc des moyens d'action. C(*onsulted*) représente celui qui doit être consulté, tandis que I(*nformed*) représente les acteurs qui doivent être informés. On trouve également une variante qui utilise A pour *Approve*, ce qui n'est pas véritablement différent.

financement. Les projets d'urbanisation ou de consolidation deviennent difficiles à mettre en œuvre, dès lors qu'il est nécessaire de dépasser le cadre des « *quick-wins* », c'est-à-dire les projets dont le *payback* est rapide. L'organisation inverse ayant les avantages et les inconvénients inverses, il n'est pas utile de s'étendre. En revanche, il faut retenir que, quel que soit le modèle de financement, la nature complexe et imbriquée des responsabilités exige une forte collaboration/négociation entre la DSI et les directions métiers, et la conscience collective de l'intérêt général.

Une fois la question de la responsabilité posée, il reste la question des leviers disponibles pour exercer cette responsabilité. Pour résumer ce qui a été dit, nous pouvons distinguer les quatre leviers suivants :

1. Le volume global des investissements informatiques dans les projets, qui conditionne la taille globale du système d'information. Le chapitre 2 nous permet de conclure qu'il s'agit d'une décision « de management » et que nous n'allons pas creuser ce sujet davantage.
2. À volume financier donné, la taille du parc en fonction de l'allocation vers les nouveaux projets. Nous avons déjà vu les effets de ce levier dans la section précédente.
3. Pour un parc donné, le taux de renouvellement (ou, de façon duale, l'âge moyen du parc).
4. Le nettoyage des applications devenues inutiles, un sujet qui sera abordé dans la section 8.5.

Nous allons terminer cette section en illustrant les effets du troisième levier. La figure suivante est construite sur le même principe que la figure 8.2. Cette fois, nous imposons un budget équivalent et une fraction identique de projets nouveaux. Le scénario médian est identique au précédent scénario médian, le scénario de gauche met l'accent sur l'amélioration des applications sans les renouveler, tandis que le scénario de droite consacre 50% du budget projet aux refontes.

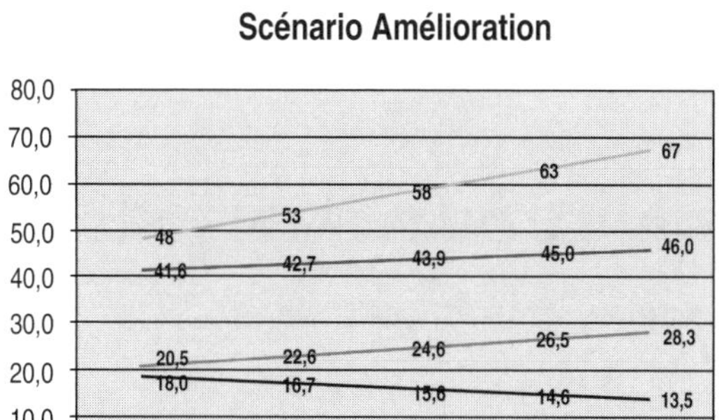

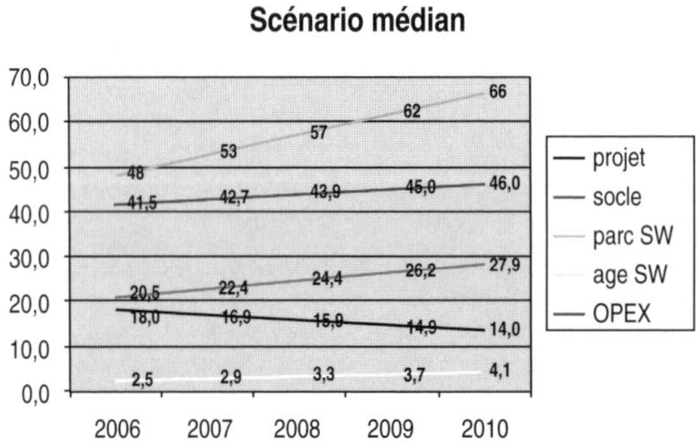

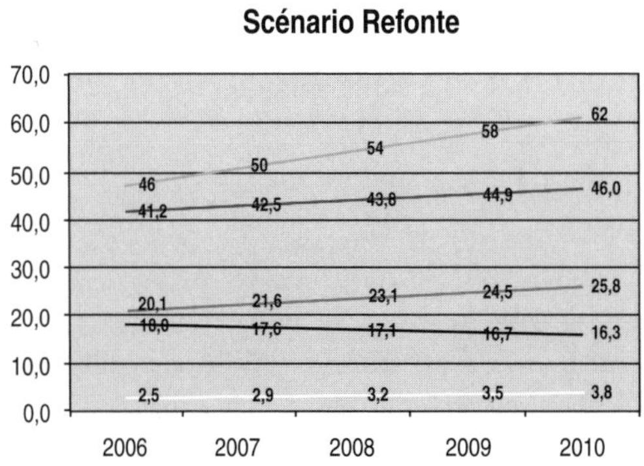

Figure 8.3 – Influence du taux de renouvellement (à budget et nouveaux projets constants)

Nous mesurons, sur ces courbes, l'influence des refontes et du renouvellement sur le socle. Cette influence est double : la refonte diminue l'accroissement de la taille du parc, et elle participe à son rajeunissement. Puisque nous sommes à budget constant, un socle plus bas se traduit par un volume de projets plus important.

Remarquons également que les différences, même si elles sont significatives, ne sont pas énormes. En revanche, si la courbe était prolongée sur dix ans, la différence entre les deux stratégies patrimoniales serait notable (cf. annexe I). C'est toute la difficulté de l'exercice d'arbitrage : il n'est pas facile d'équilibrer des impacts à court et à long terme.

8.4 GOUVERNANCE DU PORTEFEUILLE PROJET

8.4.1 Notion de portefeuille des demandes

Cette section traite de la gestion du « portefeuille » des projets informatiques. Cette notion de portefeuille occupe, depuis une dizaine d'années, une place importante dans la littérature car elle permet de mettre en valeur deux idées :

- L'ensemble des projets a une cohérence d'ensemble et doit être traité comme tel. Il ne s'agit pas simplement d'une « liste de courses ».

- Les projets existent à des stades différents de maturité, de risques en termes de bénéfices attendus et de probabilité d'être terminés avec succès, en fonction de leur complexité. L'approche du « portefeuille » est inspirée de la gestion des portefeuilles d'actifs financiers, à la fois en tant qu'outil de pilotage du risque et qu'outil de pilotage pluri-annuel.

Pour fixer le vocabulaire et analyser le processus de création d'un projet informatique, nous distinguerons les étapes suivantes, qui sont illustrées sur la figure suivante :

- La demande représente la première étape et correspond à la définition d'un enjeu métier : de quoi s'agit-il et quels sont les enjeux financiers.
- Une fois qualifiée, la demande permet de construire un avant-projet, qui associe un périmètre informatique de façon macroscopique. Un avant-projet peut être placé sur une architecture cible, il est décomposé en « macro-impacts » sur des systèmes existants ou à construire, et un « macro-chiffrage » peut lui être associé. Un avant-projet peut être plus ou moins détaillé selon l'horizon temporel. Il permet néanmoins d'évoquer les questions de faisabilité, de risque et de rentabilité.
- Un avant-projet, s'il est retenu, se transforme en projet, qui comporte deux étapes. La première étape est la phase d'étude qui doit qualifier le dossier d'avant-projet et le transformer en dossier d'engagement (le contrat de projet). Ce dossier contient un chiffrage, un périmètre, des éléments de rentabilité, etc.
- La dernière phase est la phase de réalisation, qui commence à l'engagement (le « go ») et se termine à la mise en service.

La figure 8.4 est une figure classique, qui représente un « entonnoir ». Elle peut être étendue en amont à la gestion des idées et des innovations. Le principe de l'entonnoir signifie que le nombre d'objets diminue à chaque étape, par sélection successive. Chaque passage d'une étape à une autre dans la vie du projet correspond à une sélection/validation. Il y a donc une double « perte en ligne », d'une part due au taux de sélection, d'autre part due aux changements et aux aléas du métier. Plus les projets sont dans une phase « amont », plus les conditions « métiers » de succès sont incertaines. Pour piloter le processus de gestion du portefeuille, il faut donc d'une part mesurer les taux de sélection et, d'autre part, mesurer les taux de non-concrétisation (un projet qui n'est pas lancé parce qu'il n'en vaut plus la peine ou parce que d'autres opportunités sont devenues plus urgentes) et les taux de non-réalisation (un projet lancé qui n'aboutit pas pour des raisons de faisabilité ou parce que le coût a été sous-évalué lors des études préliminaires).

Comme dans la gestion d'un processus d'innovation, il faut équilibrer la charge : si l'entreprise sélectionne trop, la non-réalisation et la non-concrétisation vont aboutir à une sous-charge. En revanche, plus la sélection est repoussée en aval, plus des frais d'étude inutiles seront engagés.[1]

1. Cet équilibrage stochastique de la capacité n'est pas sans rappeler le remplissage d'un avion. Fort logiquement, on y retrouve la technique d'« over-booking » : tolérer un sur-remplissage en amont pour tenir compte des pertes. Attention néanmoins à conserver l'agilité, c'est-à-dire la capacité de prendre des « passagers prioritaires » de dernière minute.

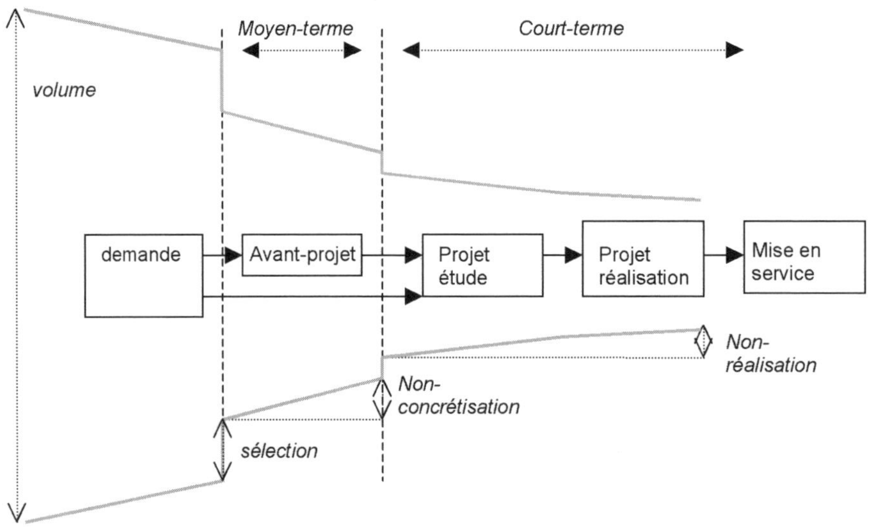

Figure 8.4 – Entonnoir de sélection des demandes et des projets

Le portefeuille est adapté à la gestion sur plusieurs horizons temporels différents. Il faut faire l'arbitrage entre le court- et le moyen-terme et éviter ainsi l'effet de « priorisation » lié à l'urgence (dont l'effet induit est de toujours remettre à plus tard ce qui n'est pas urgent, même si c'est important). Il faut également gérer la problématique de la transformation, c'est-à-dire le chemin qui conduit à une cible à partir d'une roadmap. Sur cette figure, nous avons identifié deux horizons temporels :

- le court-terme (6 à 18 mois, suivant le contexte de l'entreprise) sert à construire le plan opérationnel, c'est-à-dire la roadmap de réalisation des projets.
- le moyen-terme (2 à 5 ans) sert à construire le « schéma directeur », qui est une « macro-roadmap » contenant les avant-projets avec un lissage préliminaire de la charge, une prise en compte des contraintes de précédence et de capacité. Le schéma directeur est un outil de pilotage stratégique, ce n'est pas un planning technique détaillé. Il permet, au contraire, de raisonner sur les priorités de l'entreprise et faire apparaître les opportunités, par exemple en termes de mutualisation. Nous y reviendrons dans le prochain chapitre.

8.4.2 Gestion des évolutions et allocation de ressources

Nous avons dit dans la section 8.3.2 que la responsabilité du portefeuille de projets revenait au DSI, alors que les demandes, la priorisation et la sélection sont du ressort des directions métiers, et du comité exécutif en dernier ressort lorsqu'il faut arbitrer. Quel est donc le rôle du DSI dans ce processus ? Il doit exercer sur l'ensemble du processus, et le plus en amont possible, les deux vérifications de cohérence et de capacité :

1. Vérifier la cohérence d'un ensemble de projets du point de vue de la conception globale du système. La conception du SI est un sujet technique et complexe (en dehors du cadre de ce livre) mais qui est bien maîtrisé. En revanche, s'assurer de la future cohérence tandis que l'entreprise raisonne, dans les phases amont, sur des idées, des études, des avant-projets, est plus difficile et requiert une véritable collaboration entre la DSI et les métiers. C'est pour cela que la DSI doit animer une démarche d'« architecture d'entreprise » qui sert de support au schéma directeur. Il faut pouvoir, de la même façon que pour les projets, raisonner sur l'architecture avec différentes échelles de temps, différents niveaux de détails et de certitude.
2. De la même façon, vérifier la capacité à faire sur une liste finalisée de projets prêts pour l'engagement est également technique, mais sans surprises. Au contraire, cette vérification est plus problématique en amont, lorsqu'il s'agit d'évaluer des avant-projets. Non seulement les chiffrages et les impacts sont flous, mais la nature même des modifications qu'il faudra réaliser sur le système d'information est incertaine. Il est pourtant essentiel de réaliser, même de façon approximative, ce « *capacity planning* » avant le processus de sélection plutôt qu'après. Cela demande une double collaboration de la part des directions métiers : qualifier suffisamment les demandes puis les avant-projets pour permettre cette évaluation préliminaire, puis accepter l'imprécision qui est inhérente à cet exercice.

Le processus de construction et de mise à jour du portefeuille ne peut donc qu'être le fruit d'une négociation, et la dialectique de la construction est subtile. Si le DSI fait apparaître les contraintes de cohérence et de capacité de façon trop brutale (en particulier de façon trop tardive), il sera perçu comme un « dictateur » – ce qui engendre des commentaires du type « de toute façon, c'est l'informatique qui décide » ou « moi, je ne comprends rien à l'informatique » –. Si les contraintes sont cachées, cela créera, soit une déception (l'informatique ne tient pas ses promesses) soit une sous-performance (pour éviter les déceptions, le tunnel est calibré mécaniquement de sorte à produire des « portefeuilles sans contraintes »). L'utilisation optimale des capacités de la DSI repose sur le fait de pouvoir projeter les contraintes en amont, de façon claire et intelligible par les directions métiers.

La vision globale à long terme est en particulier obligatoire pour gérer les ressources matérielles du système d'information. Les choix de configuration, de partage d'infrastructures, de ressources support telles que les salles machines, se font sur une échelle de temps de plusieurs années. Ce qui signifie que pour pouvoir fournir des coûts complets d'exploitation pour les projets, il faut avoir quelques années de visibilité.

Dans le cas contraire, il est possible d'arriver à la situation paradoxale décrite par Caroline Raissac et illustrée par la figure suivante. Nous avons représenté l'« usine » de la figure du premier chapitre ; cette usine n'a pas une capacité fixe. Elle évolue en fonction de la productivité et de la progression des technologies, mais dans des limites fixées. En revanche, si nous sortons de l'enveloppe prévue en termes de capacité, le coût marginal pour adapter cette capacité est souvent plus élevé, ce qui est illustré par la partie droite de la figure. L'augmentation des coûts n'est pas seulement proportionnelle ; l'effet de coordination lié à la complexité, que nous avons évoqué dans le chapitre 4, milite en faveur de la modération (*small is beautiful*).

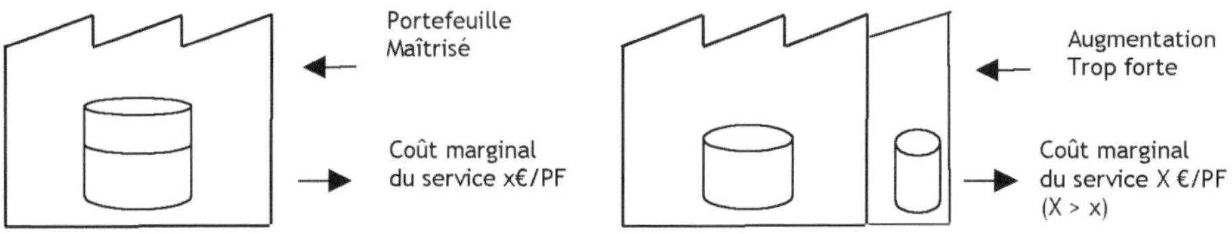

Figure 8.5 – Coût marginal du service en dedans et en dehors d'un cadre planifié

Ceci explique pourquoi les principes, de la gestion du portefeuille des projets d'une part, et de la gestion patrimoniale du SI d'autre part, sont importants : ils favorisent une vision globale par rapport à une vision incrémentale. C'est également pourquoi il ne faut pas se contenter de choisir l'ensemble des projets dont le ROI est supérieur aux objectifs de rentabilité de l'entreprise[1]. Chaque projet est évalué de façon marginale, et l'accumulation de nouveaux projets peut produire un changement d'échelle qui invalide cette analyse projet par projet.

8.4.3 Méthodes de gouvernance

Nous allons terminer cette section en évoquant le processus et les critères de sélection des avant-projets et des projets. Compte tenu de ce que nous avons dit précédemment, sur la difficulté intrinsèque et l'importance du jugement personnel, le titre est quelque peu trompeur. Il n'y a pas de méthodes, et je ne suis même pas sûr de pouvoir parler de « bonnes pratiques »[2]. Ce qui suit doit plutôt être rangé sous la catégorie des « éléments de réflexion ».

1. Sur le fait de juger un projet avec un unique indicateur financier, lire le commentaire savoureux de P. Drucker (page 120) dans son livre *Management Challenges for the 21st Century*. Il explique qu'il faut plusieurs indicateurs pour avoir une vue complète, en ajoutant que c'est un fait établi depuis 1930.
2. Face aux méthodes et processus de gouvernance, avec leurs structures et leurs critères, Didier Lambert, DSI d'Essilor, préfère ce qu'il appelle l'approche « FFI »: Fantaisie, Finesse et Intuition. Au delà de la boutade, je trouve cette formule très pertinente et elle résume admirablement ce que j'essaye de dire dans ce livre. La finesse traduit la difficulté de l'exercice, le fait qu'il existe un ensemble de facettes et d'objectifs contradictoires qui excluent les méthodes simplistes. L'intuition insiste sur l'importance du « jugement personnel » du manager, ce que l'on appelle aussi le « jugement avec ses tripes » pour reprendre l'expression de Jack Welch. La fantaisie est l'élément « aléatoire », la « sortie du cadre », qui est nécessaire pour sortir d'un cadre de recherche trop contraint et échapper à un « optimum local ». Tous les spécialistes de l'optimisation et de la recherche le savent : il faut injecter un peu d'aléas dans un processus de recherche pour améliorer les performances. La même idée est exprimée par les spécialistes du design industriel, par exemple chez IDEO : il faut de la fantaisie pour provoquer la créativité et produire de vraies innovations.

Une grande partie de ce qu'il faut retenir du « ROI » comme critère de sélection a déjà été exprimée dans le chapitre deux. Ceci est un résumé des points essentiels :

- Il ne faut pas mélanger l'évaluation selon des critères de ROI (les projets que l'entreprise fait pour gagner de l'argent) et des critères d'analyse de risque (les projets qu'elle fait pour éviter les crises). La vision unifiée est possible d'un point de vue théorique, mais elle est trop complexe (à gérer et surtout à renseigner) en pratique. Bien entendu, cela ne signifie pas qu'il ne faille pas prendre en compte le risque dans l'analyse des ROI.
- Le choix de l'échelle de temps (pour le calcul du ROI, ce qu'il faut faire car la pratique du « *payback* » est insuffisante) est fondamental. Il faut travailler sur trois à cinq ans, pour tenir compte des coûts complets d'opération. À titre d'exemple, un calcul de ROI sur deux ans devrait tenir compte des coûts de désinstallation des logiciels dans le SI pour être complet (cf. la discussion sur les *datamarts* chez MonEp).
- Il faut savoir traiter les ensembles de projets liés par des dépendances (qui justifient l'évaluation sous forme de portefeuille). Il faut trouver des formules simples qui permettent de redistribuer des bénéfices des projets finaux sur les projets intermédiaires. Le meilleur exemple est celui du nettoyage applicatif : pour supprimer un système (et donc obtenir des gains) il faut procéder à différents projets intermédiaires de « débranchement » dont le gain direct est nul.

En prenant plus de recul sur le processus de sélection, voici quelques principes qui peuvent aider à la mise en place des comités d'arbitrage :

1. Le premier principe est celui de subsidiarité : il ne faut traiter de façon globale que ce qui requiert une appréciation globale (au niveau de l'entreprise), et au contraire s'appuyer sur la distribution des responsabilités et des décisions. Par exemple, les questions de qualité de service ou de gestion de la durée de vie des applications peuvent être traitées par chaque direction métier en tant que « cliente » de la DSI. Ce principe peut se décliner de façon budgétaire : une partie des projets et des ressources associées sont directement discutés de façon locale. Plus le périmètre de ce qui est vu globalement est restreint, plus l'entreprise peut approfondir des sujets qui sont souvent complexes.
2. Le processus d'arbitrage est un processus continu. Les priorités et les opportunités changent de façon constante, il ne faut donc pas se laisser enfermer par un processus de planification[1]. Comme, de façon inverse, la planification, qu'elle soit pluri-annuelle (macroscopique) ou annuelle (détaillée), est un outil utile, il faut construire un compromis. Il consiste à introduire des réévaluations fréquentes, et à tenir compte des aléas dans la planification en termes de ressources. Il faut pouvoir dégager les moyens financiers pour engager des nouveaux projets « réactifs » et savoir dégager la « capacité à faire » (par réarbitrage ou par réservation).

1. Sur ce sujet, on peut lire l'excellent article de M. C. Mankins et R. Steele « *Stop making plans, start making decisions* » dans le numéro spécial de la Harvard Business Review consacré à la prise de décision (Janvier 2006).

3. Les décisions globales, celles prises au niveau du comité exécutif, relèvent du « jugement personnel » et sont « prises avec les tripes »[1]. Il faut savoir combiner des natures diverses: des projets tactiques engagés pour leur ROI, des projets défensifs (contre les risques), des projets stratégiques dont le ROI est incertain mais qui apportent des bénéfices « immatériels » en termes de flexibilité, simplification, image, etc. (cf. chapitre 2).
4. Tout comité de sélection (de projets, d'avant-projets, de produits, d'offres ...) doit profiter du principe de l'amélioration continue. Cela signifie que ce n'est pas parce qu'un processus de décision est difficile à formaliser qu'il est difficile à améliorer. L'amélioration continue suppose un minimum de continuité dans les acteurs du processus d'arbitrage, et le suivi sur la durée des décisions, en s'appuyant fort logiquement sur des métriques (taux d'atteinte des objectifs financiers associés aux ROI, taux d'abandon des avant-projets, taux de succès dans la réalisation des projets informatiques, etc.).

8.5 MAINTIEN ET MODERNISATION DU « SOCLE »

8.5.1 Piloter l'âge du socle

Nous allons terminer ce chapitre en approfondissant le sujet du « maintien en condition » et de la modernisation des parcs matériels et logiciels. Une idée simple à retenir qui a été exposée plusieurs fois est qu'un socle bien entretenu coûte moins cher, en particulier parce que l'entretien réduit la taille. Voici, pour résumer, les différents arguments qui ont été avancés jusqu'ici :

- Le renouvellement régulier des serveurs permet de profiter de la « loi de Moore ». L'annexe présente des courbes qui illustrent l'idée de la « loi de Moore pondérée » en montrant, fort logiquement, que l'impact positif de la loi de Moore est fonction du taux d'acquisition, lui-même fonction du taux de croissance et du taux de remplacement.
- La maintenance augmente avec l'âge, qu'il s'agisse de matériel ou de logiciel (cf. chapitre 1).
- Un grand nombre des coûts récurrents sont proportionnels à la taille, qu'il s'agisse du coût des opérations qui est proportionnel à la taille du parc applicatif, ou du coût d'hébergement des serveurs qui est proportionnel à la taille (physique) du parc matériel. Cet aspect est illustré plus en détail dans l'annexe I.
- Les gains liés à l'automatisation sont également fonction de l'âge, pour des raisons de compatibilité de versions et de générations de matériel/logiciel. Il existe (de façon plus modeste que la loi de Moore) une progression constante des outils de pilotage et surveillance des opérations, mais il faut également maintenir le parc « à jour » pour en profiter.

1. Pour reprendre une citation d'Amitai Etzioni dans un article « *Humble Decision Making* » de la Harvard Business Review (July-August 1989) : « *Decision making was never quite as easy as rationalists would have us think ... our brains are too limited* ».

L'annexe I contient des courbes qui illustrent les effets de la politique de renouvellement des serveurs. Les différences économiques ne sont pas spectaculaires et sont sensibles aux hypothèses de baisse des prix et de hausse des performances. Autrement dit, la politique de consolidation n'est pas forcément évidente, il faut faire un calcul précis. En revanche, les différences induites sur la taille du parc matériel sont très importantes (50% sur le nombre de machines au bout de cinq ans). Selon les capacités d'hébergement et la capacité à automatiser ou non, cette différence peut impliquer des différences de coût d'exploitation pour une entreprise donnée qui sont importantes et vont bien au-delà de ce que donne le modèle utilisé en annexe (qui est optimiste et linéaire).

La figure suivante représente l'effet du nettoyage applicatif, pour une même politique en termes d'acquisition (budget constant, ainsi que la fraction consacrée à l'acquisition de nouveaux logiciels). Le scénario médian suppose que 80% des projets de refonte (20% du budget projet) aboutissent au nettoyage applicatif de l'ancienne version, tandis que l'amélioration des applications existantes génère une croissance de 50% des points de fonction modifiés. Le scénario passif réduit le taux de nettoyage applicatif à 60%, et porte le taux d'accumulation de code à 70% (deux valeurs qui sont plus proches de la réalité de la majorité des entreprises). Le scénario actif suppose que 90% des refontes conduisent à un nettoyage, et que le taux d'accumulation est réduit à 30%. Les différences qui peuvent être constatées dans la figure 7.8 sont très importantes, compte tenu des variations entre les trois scénarios. Cela illustre l'importance de la taille du parc applicatif sur les coûts complets.

Scénario passif

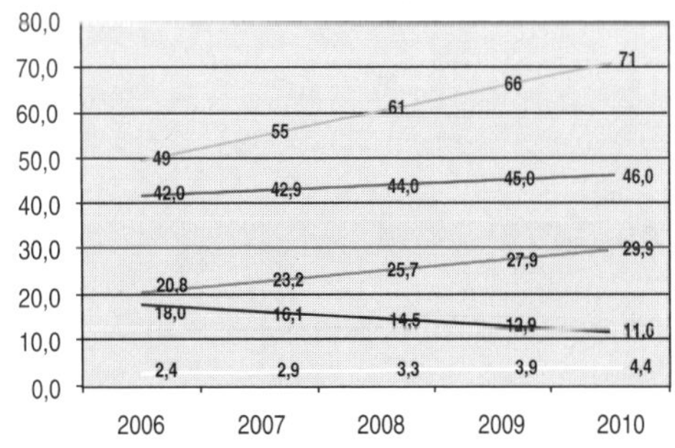

Scénario médian

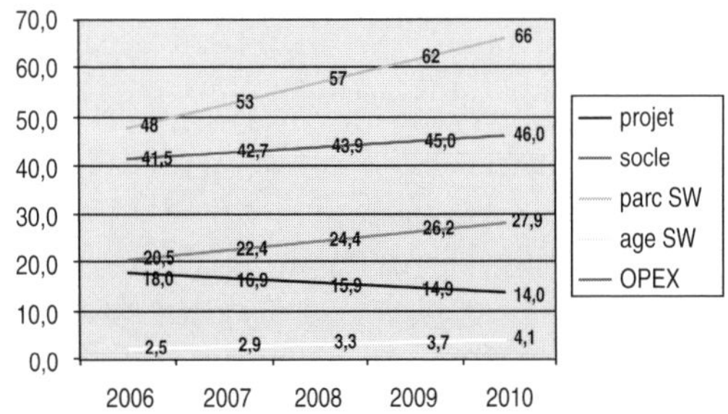

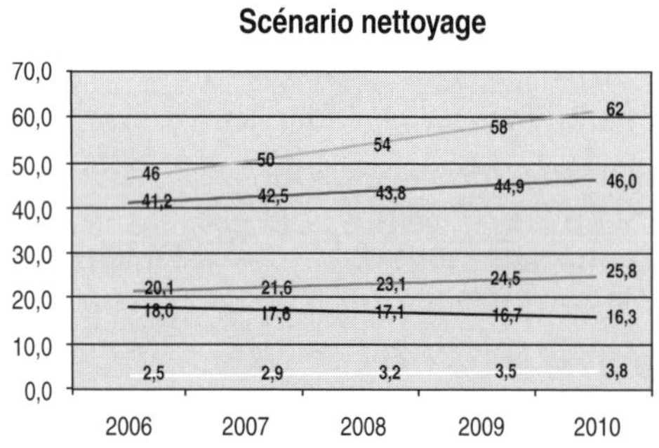

Figure 8.6 – Impact du nettoyage applicatif

Le nettoyage du parc applicatif et le renouvellement des serveurs sont des investissements : ils consomment des ressources (financières et capacité à faire) et demandent donc un arbitrage du comité de gouvernance du système d'information. Il faut faire les calculs de rentabilité adaptés à chaque entreprise (les figures présentées ici sont tirées de l'application d'un modèle générique à une entreprise théorique – chaque cas est différent) et construire sa propre « philosophie et discipline de l'entretien du socle ».

Il existe un corollaire intéressant de cette propriété évidente : il y a un effet d'hérédité et il est dangereux à long terme de faire des économies en baissant fortement le portefeuille projet par rapport à ce qu'il a été. Le dimensionnement du portefeuille projet dans le passé est, par construction, une indication de la taille du parc existant. Lorsqu'une entreprise décide de réduire significativement (30% ou 50%) ses « projets », il ne reste plus assez d'argent, une fois fait les arbitrages métiers, pour réaliser l'entretien nécessaire en termes de refonte ou de nettoyage.

8.5.2 Gouvernance du patrimoine

Une des idées clés de ce livre est qu'il faut gouverner son patrimoine informatique. Cette gouvernance est un principe actif puisque nous venons de voir qu'il faut investir pour entretenir et tirer le meilleur parti de son parc applicatif, exactement comme un gestionnaire le ferait pour un patrimoine immobilier. Cela passe par la combinaison de mécanismes simples (allouer des budgets d'entretien sous forme de maintenance) et une gestion contradictoire, mais consensuelle, des investissements les plus lourds. Nous allons conclure ce chapitre avec quelques principes qui résument les activités les plus importantes de la gestion du patrimoine :

1. Le pilotage du patrimoine est une responsabilité distribuée qui s'exerce de façon locale, sur des « régions » du système d'information, au travers d'un « comité de gouvernance » qui réunit des opérationnels « propriétaires » de cette partie du système d'information et les informaticiens qui assurent le développement et les opérations. Il doit exister une structure de coordination pour traiter des quelques sujets transverses, mais le plus gros du travail est fait

par des acteurs qui « vivent avec leurs applications » car les décisions patrimoniales exigent une connaissance concrète des sujets.

2. La qualité de service est une responsabilité partagée, comme cela a été expliqué dans le chapitre précédent. C'est une des composantes fondamentales du pilotage du patrimoine. Si la gestion régulière du contrat de service et des indicateurs est faite par ailleurs, la vision patrimoniale permet de prendre du recul sur la qualité de service, les investissements associés et la stratégie qu'il convient de suivre.
3. Le comité de pilotage du patrimoine est également le lieu pour avoir le débat contradictoire sur les unités d'œuvre (leur nombre et leur coût unitaire).[1]
4. Une des activités importantes du pilotage est de construire la *roadmap* de l'évolution du patrimoine, une synthèse des besoins d'évolutions selon les points de vue techniques et fonctionnels. La direction métier apporte le point de vue fonctionnel, selon l'usage des applications, la satisfaction et l'efficacité constatée, les enjeux métiers dans les années à venir qui vont demander de faire évoluer ces applications. La DSI apporte le point de vue technique, en fonction de l'âge des applications et des matériels associés, sur la nécessité de refondre, de porter sur des environnements plus performants, ou de remplacer. L'objectif d'un bon pilotage est de mutualiser les changements et d'aligner les deux points de vue.
5. Pour finir, cela a été évoqué en détail dans ce chapitre, le premier levier du pilotage du patrimoine est le nettoyage applicatif. Le comité patrimonial est l'occasion de réunir les trois responsabilités (celui qui paye pour les évolutions, celui qui opère le système et celui qui sait comment nettoyer) autour d'une même table. Nous avons également vu que le nettoyage s'applique au niveau global des applications (détecter des applications qui ne servent plus) mais également au niveau interne (détecter l'accumulation de « code mort » lorsque la succession des évolutions produit une application de plus en plus lourde, pour une utilité fonctionnelle constante).

Il n'existe pas de règles ou de « bonnes pratiques » universelles pour organiser ce pilotage du patrimoine. Il doit être mis en place selon la culture propre de chaque entreprise. En revanche, il s'appuie forcément sur une cartographie et sur des indicateurs. La cartographie du système d'information, qui renseigne sur la structure et permet d'agréger les indicateurs de mesure, est un outil fondamental du pilotage. La cartographie est la base d'une connaissance partagée, ne serait-ce que par le vocabulaire et l'accostage entre les visions métiers et informatiques des services et des processus. Nous ne rentrerons pas dans le sujet passionnant de la cartographie. Ce qu'il faut savoir, néanmoins, est qu'il est facile de faire une carte, mais qu'il est difficile de

1. On pourrait prendre également l'analogie avec la gestion d'une (grande) cave à vin. La DSI joue le rôle du caviste : une fois par an, le caviste présente l'inventaire, sa valorisation, les flux d'entrées (ce qui a été acheté), de sorties (ce qui a été bu) et propose des suggestions sur ce qu'il va falloir boire dans les trois années à venir (pour la DSI, « sortir » signifie nettoyer ou refondre). On note que c'est la direction métier qui est propriétaire de ses bouteilles.

la mettre à jour. Il faut donc modérer ses ambitions et soigner ses processus collaboratifs.

Les indicateurs (donc la mesure des grandeurs que nous avons utilisée dans ce livre : taille, âge, etc.) sont essentiels car le pilotage est un débat contradictoire. Ce sujet n'aurait aucun intérêt si les décisions étaient affaire de bon sens et de logique. Différents intérêts contradictoires sont en jeu et il convient de trancher et de décider. Par exemple, il peut être judicieux de laisser le parc vieillir pour mettre ses forces sur la construction d'un nouveau système. Mais il faut le faire en connaissance de cause (d'où les indicateurs) et avec l'assentiment de toutes les parties prenantes (d'où le débat).

8.6 RÉSUMÉ

– Le périmètre du parc applicatif est le premier facteur dimensionnant du budget de la DSI ; à budget projet constant, la maîtrise du périmètre change radicalement les dépenses récurrentes (8.3.1).

– La gouvernance informatique est un processus qui est partiellement décentralisé : il faut s'appuyer sur un principe de subsidiarité et déléguer au niveau local ce qui peut l'être (8.3.2 et 8.4.3).

– Le pilotage du portefeuille des demandes et des projets est une responsabilité partagée par l'ensemble des membres du comité exécutif (8.3.2).

– Le processus qui produit des projets en partant des demandes exige un pilotage global, en termes de cohérence et de gestion des capacités, qui est placé sous le contrôle du DSI (8.4.1 et 8.4.2).

– L'optimisation des ressources repose sur la capacité de la DSI de pouvoir formaliser et expliquer ses contraintes le plus en amont possible du processus de décision (8.4.2).

– L'évaluation d'un projet informatique doit se faire en prenant en compte les coûts complets, sur une échelle de temps assez longue pour intégrer le remplacement ou le nettoyage (8.4.3).

– Le processus de sélection de projets doit bénéficier d'une approche d'amélioration continue, ce qui suppose de faire des mesures sur une échelle pluriannuelle, comme par exemple la validation des ROI à posteriori (8.4.3).

– Le nettoyage applicatif est un des leviers importants pour la maîtrise du parc logiciel. Ce levier nécessite des investissements et une volonté partagée entre la DSI et ses clients (8.5.1).

– La cartographie du système d'information est le premier outil de pilotage du patrimoine applicatif (8.5.2).

9

Système d'information et ingénierie logicielle

9.1 ILLUSTRATION : « LA DSI EN COMPÉTITION AVEC LA START-UP »

Cette lumière de fin de journée, qui donne une couleur de miel aux vieilles pierres du village qu'on aperçoit depuis la terrasse, intensifie la beauté exceptionnelle du paysage. Le comité exécutif termine un séminaire de deux jours sur la stratégie de MonEp et a choisi de venir travailler près de Gordes, dans un hôtel installé dans un vieux mas du XVIIe siècle. Entre le bleu du ciel et des lavandes, la douceur de l'air et les arômes de thym et de pinède, le mas distille une atmosphère apaisante, qui a permis à l'ensemble des participants de prendre du recul et d'approfondir leurs réflexions.

Le dîner sera servi dans une heure, pour l'instant c'est l'heure de l'apéritif et les conversations sont animées, autour de cette grande table ronde, suffisamment large pour accueillir tout le monde même s'il faut tendre l'oreille pour entendre ce que dit le convive en face de soi.

« Caroline, j'ai une question pour toi, lance Armand Pujol. Mon frère possède une petite entreprise, qui importe et distribue des grands crus en Europe. Il est spécialisé dans le brassage œnologique européen : il vend des grands vins italiens aux CSP++ en France, des bordeaux et des bourgognes à Milan, et des vins extraordinaires qu'il trouve en Espagne aux Anglais. Il s'est fait faire par une petite start-up, C2O, spécialisée dans les produits de configuration, un outil pour « construire » une cave, une armoire à vin, ou même simplement une caisse de 12 bouteilles. On l'utilise sur le Web, on définit ses contraintes, ses préférences, son budget … et le système génère un arbre de décision pour trouver la solution personnalisée de ses rêves. C'est très amusant, en répondant à quelques questions, on obtient une collection de bouteilles équilibrée et parfaitement adaptée à ses goûts. Sais-tu combien il a payé pour ce système ? 60k€ ! Tout cela pour un projet réalisé en trois mois qui tourne parfaitement. Lorsque j'avais étudié le projet de configurateur pour nos produits financiers, nous étions partis sur un chiffrage à 500k€ et un délai de six à neuf mois. Comment expliques-tu cette différence ?

– Je ne vais pas gâcher la magie des lieux en t'imposant un cours sur les projets informatiques, et puis, c'est un sujet que nous avons déjà évoqué, répond Caroline avec le sourire. Un des points clés est l'intégration de cette application avec le reste du système d'information. Dans le cas de ton frère, comme il ne gère aucun stock physique, cette intégration est simple. Dans le cas de ton projet, il y avait une double intégration avec notre système pour utiliser les données clients et avec les systèmes partenaires pour assurer le *provisioning* automatique. Tout cela avec des hypothèses de volume différentes, du moins je le suppose. Ceci compte déjà pour un facteur deux. Le second facteur deux est l'exigence de qualité de service que ton équipe a imposée pour le configurateur de produits financiers. Une approche simple et des matériels bas de gamme permettent également de gagner un autre facteur deux. Pour finir, le prestataire informatique a eu un client idéal : une seule personne, avec peu de temps disponible, qui a confié une idée, voire une intuition, à une petite équipe qui a tiré le meilleur parti de ce qu'elle savait faire, sans allers-retours et sans expression de besoins complexes. Toujours en ordre de grandeur, cela doit peser un autre facteur deux. Après, tu fais le calcul, si c'est plus simple, cela va forcément plus vite ...

– Cela me fait penser au projet de 2004, notre configurateur de tarifs pour faire de l'analyse de scénarios par simulation Monte-Carlo, intervient Ravi. Lorsque le projet a été confié à la DSI, nous n'avions plus que six mois pour pouvoir synchroniser sa mise en service avec le lancement des offres de rentrée. Au bout de trois mois, la conception n'était pas terminée et Nicholas est venu me voir pour m'expliquer que ce serait un drame si nous ne pouvions pas développer un outil en moins de six mois. En fait, les débats internes pour se mettre d'accord au marketing avaient duré un an ... ».

Je ne savais pas que le « Baumes de Venise » pouvait jouer le rôle de sérum de vérité, se dit Caroline mi-amusée, mi-ironique. Elle se souvient du débat agité pour arriver à faire sortir un « petit outil », « tout seul dans son coin », en moins de six mois.

« Ton facteur deux pour la qualité de service, il me semble bien lourd, relance Paul Bellon.

– Bien sûr, c'est un chiffre symbolique, je ne sais pas vraiment de quoi on parle et quels sont les enjeux. Mais le plus souvent, avec une petite SSII de quelques personnes, la qualité de service est assurée par une superbe réactivité et un engagement exceptionnel ... au début. Lorsque les hommes changent et que le temps passe, cette réactivité peut s'émousser et la compétence peut disparaître. Quand je regarde ce que nous dépensons pour nous assurer que précisément, cette situation ne se produira pas, cela représente une part significative des coûts opérationnels. » Caroline reprend un peu de tapenade sur son pain. Cet échange commence à aiguiser son appétit.

Noémie Lagourd écoutait la conversation d'une oreille distraite depuis le début, ses yeux sont perdus dans la contemplation du Lubéron. Ses origines méridionales s'accommodent fort bien de la chaleur, mais cette belle journée d'été lui semble plus une invitation à la méditation qu'au débat. Elle intervient néanmoins au côté de Caroline :

« La direction des ressources humaines fait un gros effort sur la gestion des compétences à la demande de la DSI. Vous n'imaginez pas ce que nous faisons en termes de formation et de gestion des astreintes pour garantir que la bonne compétence est toujours disponible à n'importe quel moment. Contrairement à ce qui s'est passé avec le logiciel installé par Nicholas Spencer l'an dernier, nous assurons que les compétences critiques sont dupliquées.

– Nicholas a acheté un outil de *data mining*, complète Antoine Viener, auprès d'une start-up de la *Silicon Valley*, tellement performant que la start-up s'est fait racheter, les fondateurs sont partis au bout de six mois, et il n'y avait plus personne pour faire du support lorsque les modèles de *scoring* sont partis dans des boucles infinies de calcul.

– C'est pour éviter ce genre de situation que lorsque nous travaillons avec une start-up, nous la mettons en tandem avec un intégrateur qui a « pignon sur rue », et nous plaçons le code source en dépôt de garantie. Cela ne fait plaisir à aucune des parties et ce n'est pas la meilleure façon de faire une bonne négociation, mais c'est le prix de la tranquillité d'esprit.

– Je comprends ce que dit Caroline sur le coût complet des projets, mais je ne suis pas sûr que ce raisonnement s'applique dans tous les cas, et puisse expliquer les écarts de coûts en termes de développement, dit Antoine qui cache ses yeux derrière des lunettes de soleil spectaculaires, avec des verres orangés encadrés par une monture en magnésium. Un de mes amis m'a raconté qu'ils ont remplacé un système d'information confié à un grand intégrateur, et qu'ils ont divisé les coûts par 10 ! Ils utilisaient un système d'information géographique pour collecter les statistiques de vente de leur réseau de distribution, croisées avec des informations de géomarketing achetées à une société externe. Leur système est assez sophistiqué, et leur a coûté près de 3M€ de développement. Comme ils en avaient assez de payer la maintenance, ils ont demandé à une petite société spécialisée dans le Web 2.0 de leur faire un système équivalent. Le résultat est très proche, même s'ils en ont profité pour simplifier et ne conserver que les fonctions réellement utiles, mais l'ensemble du projet a coûté 400k€. Je n'ai rien compris à ce qu'il me racontait sur ce Web 2.0, mais j'ai bien compris qu'ils utilisent *Google Map* et qu'ils ont abandonné leur système propriétaire. Je ne crois pas qu'ils ont fait des économies sur les serveurs ou les opérations, mais diviser par 10 l'acquisition et la maintenance du logiciel, cela semble une bonne idée, non ?

– C'est sûrement une bonne idée, surtout si elle est présentée de cette façon. » Caroline s'interrompt, respire longuement et ferme les yeux. Puisque l'apéritif se transforme en partie de go, autant prendre son temps et choisir son rythme. Antoine la regarde avec surprise, ainsi que Paul et Armand, mais les autres convives sont plongés dans des discussions mieux appropriées à la beauté des lieux que l'analyse des coûts informatiques. « Pour répondre simplement, le Web 2.0 c'est un joli nom pour une tendance lourde, que nous regardons sérieusement et que nous avons déjà commencé à exploiter dans le développement de nos interfaces. Ceci dit, ce n'est pas une méthode magique, et ton exemple est moins spectaculaire que tu ne le penses. Dès qu'on décide de refaire une application informatique, en se concentrant sur les 80% les plus utiles, on divise les coûts de développement par deux, même en utilisant la même technologie. C'est une sorte d'axiome du métier : on fait toujours mieux et plus simple la deuxième fois. Puisque tu aimes la technologie branchée, tu peux te souvenir d'Ajax, cela permet effectivement de faire des interfaces beaucoup plus simplement. En revanche, il n'y a pas que les interfaces dans les systèmes, et une grande partie de nos systèmes, qui ont des contraintes transactionnelles de débit et de temps de réponses, ne sont pas encore prêts à être constitués par un simple assemblage de services du monde Web 2.0.

– Merci pour cette explication, je crois que nous avons assez parlé de systèmes d'information pour la soirée, commente Ludovic Niège.

– Savez-vous que Caroline va nous quitter pour quelque temps à la fin de l'année, demande Noémie en adressant un clin d'œil à Caroline.

– En effet, je vais partir pour quelques mois et je serai provisoirement remplacée par Gilles Kupper. Gilles est très sérieux, c'est un véritable expert de l'informatique qui a obtenu son doctorat à Paris VII et il connaît la DSI depuis la création de MonEp. Pour ma part, j'attends notre troisième pour le début de l'année prochaine.

– C'est donc pour cela que tu préfères le Coca Light au muscat, commente Paul, tu me rassures ...

– Tu passes dans la catégorie des familles nombreuses, cela devient un système complexe, ajoute Ludovic Niège avec malice.

– Je crois qu'il est temps de passer à table, conclut Noémie. Le dîner est servi. »

9.2 COMMENTAIRE

Ce dernier chapitre traite du coût des projets informatiques, de façon macroscopique et sous l'angle de la comparaison entre la DSI d'une grande entreprise et l'équipe d'une PME. Il fait donc suite au chapitre précédent sur les coûts du système d'information, en approfondissant la part des dépenses liées aux projets, puisque nous avons traité avec suffisamment de détail la part du « socle ».

Nous n'allons pas nous intéresser à ce sujet d'un point de vue technique, mais conserver une vision globale « de l'extérieur du système d'information ». En effet, la conduite des projets informatiques relève d'une double discipline technique : la conduite des projets et le développement informatique. Ces deux sujets sont traités amplement dans la littérature[1]. Pour les traiter correctement, il faudrait rentrer dans des détails qui sortent du cadre de ce livre. Nous allons, au contraire, essayer de comprendre les différences de coûts entre différentes approches du développement sans parler d'informatique mais en nous appuyant uniquement sur les fonctions et les services du système d'information.

L'idée principale de ce chapitre est que les coûts importants des projets sont liés à des degrés d'exigence élevés, dont il faut avoir conscience, et dont il faut savoir s'affranchir le cas échéant. Nous allons reprendre les idées évoquées dans la fiction qui nous sert d'introduction et les développer, sous la forme d'une « analyse de la valeur » des exigences. Nous nous appuierons sur les chapitres précédents pour qualifier les différences entre des systèmes simples et des systèmes complexes. Le principal intérêt de cette synthèse est la prise de conscience, parce que l'expérience montre la force des habitudes et de la culture. Il est fréquent de reprendre les exigences « non-fonctionnelles »[2] d'un projet sur l'autre, ou au moins de s'en inspirer. C'est ce qui explique que les « ruptures », en termes de projets informatiques, sont le plus souvent liées à des changements en termes d'exigence, plus qu'à des changements en termes de technologie.

Le second thème fédérateur de ce chapitre est la notion d'intégration, qu'il s'agisse de services ou de systèmes. Le débat fictif oppose deux visions : celle de la construction d'un composant logiciel, et celle de son intégration dans le système d'information. Il est donc intéressant de dépasser l'opposition et d'établir que ce qui simplifie le développement de composant est bon pour le système d'information, mais ne résout pas les difficultés propres à l'intégration. En poussant cette réflexion, je pourrais dire que ce livre est un livre sur l'intégration, et que construire un système d'information relève précisément de l'intégration. L'introduction a positionné le sujet de ce livre sur le « système global », par opposition aux systèmes composants, pour deux raisons. D'une part, il existe déjà de très bons ouvrages sur le logiciel, et d'autre part l'évolution de la technicité fait que le domaine du composant logiciel est de plus en plus externe à l'entreprise. Qu'il s'agisse d'externalisation en « offshore » ou locale, d'utilisation de progiciels packagés, ou de location de logiciel en tant que service, le « poids du corps » du métier de la DSI est de plus en plus dans l'intégration et de moins en moins sur le développement de composant[3].

---

1. Pour le lecteur qui souhaite poursuivre la lecture de ce livre en « rentrant plus dans le détail du développement », on ne peut que conseiller la lecture de *PeopleWare* (T. DeMarco & T. Lister) et *The Mythical Man-Month* (F. Brooks).
2. Dans la littérature informatique, on distingue les spécifications fonctionnelles, qui décrivent ce que fait le logiciel (quelles fonctions) des exigences « non fonctionnelles », qui décrivent le comment (contraintes de performance, d'exploitation, de sécurité, etc.). Il va de soi que, dans la pratique et d'un point de vue métier, ce terme est un leurre. En revanche, il existe une tradition académique informatique qui place les aspects « non fonctionnels » dans une position de moindre importance.
3. Sans tomber dans le piège consistant à croire qu'on peut intégrer ce qu'on ne comprend pas, et qu'il n'est plus nécessaire de disposer de compétences en développement logiciel (cf. chapitres 5 et 6).

La première section porte sur la différence entre un projet informatique (autonome) et un projet d'évolution du système d'information. Nous allons approfondir ce thème de l'intégration et établir quelques principes, en termes d'objectifs et de moyens. Nous nous intéresserons également au pilotage des projets d'intégration. La taille, mais surtout la complexité en termes de nombre d'acteurs et de composants, rend obligatoire l'adoption d'une discipline professionnelle, qui apporte de nombreux avantages mais n'est pas neutre du point de vue des coûts. Nous aborderons de la sorte une des différences évidentes entre les modes de développement des petites PME et des grandes entreprises.

La section 9.4 porte sur l'analyse des exigences et de leur impact sur les coûts. Nous reviendrons brièvement sur les impacts de la qualité de service et de la sécurisation, puis nous étendrons le concept de la « continuité de services » pour y inclure les préoccupations de gestion des compétences que nous avons évoquée dans le chapitre 6. La dernière section aborde de façon simple quelques sujets qui traitent de la construction du système d'information à partir de composants. Le terme « Architecture d'Entreprise » est apparu il y a quelques années pour désigner le cadre stratégique de l'architecture du système d'information, c'est-à-dire l'ensemble des sujets qui doivent être traités par l'ensemble des parties prenantes. Les sujets que nous allons aborder, tels que l'organisation des services du système d'information et la stratégie d'acquisition des composants, font partie du domaine de l'architecture d'entreprise.

9.3 LE SYSTÈME D'INFORMATION ET SES COMPOSANTS

9.3.1 Système d'information et système technique

La première explication proposée par Caroline Raissac pour comprendre le paradoxe du « facteur dix » de notre dialogue introductif est la différence entre un système (relativement) isolé et un système (fortement) intégré. Nous allons commencer par étudier la validité de cette explication, qui est par ailleurs dans la « ligne éditoriale » de cet ouvrage qui établit une différence entre le monde du logiciel et celui du système d'information. Pourtant, comme pourrait le faire remarquer Antoine Viener, tout composant est lui-même un système, avec ses propres sous-systèmes et ses propres challenges d'intégration interne[1]. Si le système d'information exhibe cette structure récursive, pourquoi existerait-il une différence de coûts en fonction de l'échelle ?

---

1. Antoine est un lecteur assidu d'*Urbanisation et BPM*, du même auteur, dans lequel est détaillée la structure fractale (i.e., récursive) du système d'information. Cette section est un bref résumé du contenu de ce livre en matière d'urbanisation. Nous y renvoyons le lecteur curieux pour approfondir cette réflexion et trouver les références nécessaires sur UML, XML, et les autres technologies de l'intégration de systèmes. Pour comprendre en détail ce qu'est l'intégration, lire le chapitre 12 du livre de J.-P. Meinadier *Ingénierie et intégration des systèmes*.

La différence entre l'intégration au niveau du composant et celle au niveau du SI global tient principalement en trois points :

- *La taille (et par conséquent la complexité) du SI.* Dans une vision théorique et idéale, la modularité et l'abstraction permettraient de rendre l'intégration des composants indépendante de leurs tailles. Dans la réalité, le poids de l'activité d'intégration dépend de la richesse fonctionnelle des composants.
- *L'hétérogénéité des technologies*, qui est nettement supérieure au niveau global, puisqu'il est rare que les composants aient été réalisés par les mêmes fournisseurs, tandis qu'inversement, un composant fonctionnel est le plus souvent réalisé par un fournisseur unique.
- *La pluralité des points de vue des « parties prenantes »*. Un système d'information répond aux besoins d'un plus grand nombre d'utilisateurs, représentant un plus grand nombre de directions métiers. Cette pluralité est « géographique » mais également historique : il est plus facile de changer un composant fonctionnel que l'ensemble du système d'information. Le SI, par conséquent, doit intégrer des composants qui correspondent à des époques et des conceptions différentes.

Ces différences se déclinent dans la pratique en de nombreuses sources de complexité :

- La gestion de modèles de données différents, qui pourtant doivent (en partie) représenter les mêmes réalités métiers. En matière de vocabulaire informatique, le terme de sémantique des données est employé pour désigner le sens métier associé à la donnée informatique. L'accostage sémantique est complexe : il est plus facile de décrire le format ou le modèle (structurel) de données d'un logiciel (ou d'un progiciel) que de décrire leur sémantique.
- La réalisation des interfaces entre composants, parce qu'il faut établir un « pont » entre des technologies et des formats de données différents.
- Le pilotage chronologique du déroulement des processus, c'est-à-dire la collaboration des différents composants pour créer de la valeur (cf. chapitre 2). La difficulté est double : fonctionnelle et technique. D'un point de vue fonctionnel, il faut s'assurer que la logique métier est distribuée de façon cohérente entre les composants. D'un point de vue technique, il faut coordonner et piloter les échanges, synchrones ou asynchrones, pour garantir le respect des exigences associées aux processus (cf. chapitre 7 sur les SLA).
- Le pilotage chronologique de l'ensemble du système – une plus grande échelle temporelle – consiste à assurer la cohérence des évolutions des composants (en termes de conception système, d'interfaces, etc.).

Il existe, fort heureusement, des méthodes pour alléger cette complexité et les traitements qu'elle impose. Pour fixer les idées, voici quelques-unes des pratiques les plus importantes et les plus efficaces :

- La définition d'un modèle de données unique et commun, souvent appelé modèle « pivot » ou modèle des objets métiers. Il existe différents formalismes de représentation, UML étant le plus répandu. En revanche, il n'existe pas, pour l'instant, de standard pour décrire la sémantique des données.
- L'utilisation d'un format unique et auto-décrit dans les échanges de données associés aux interfaces. Dans ce cas, il existe un standard, XML, dont l'adoption est un facteur d'efficacité.
- Le déploiement d'une ou plusieurs infrastructures d'intégration. L'infrastructure d'intégration, qui est souvent appelée le « bus », permet de découpler les systèmes et de mutualiser (en partie) les interfaces. Le découplage simplifie les évolutions puisque l'infrastructure masque les technologies et leurs changements. Chaque système se « contente » de se brancher sur l'infrastructure. Ce branchement peut être complexe, mais diminue de la sorte le nombre de liens (et toute la complexité qui découle du nombre de liens).
- Le pilotage des processus peut être fait de façon externe aux applications, en utilisant ce qui s'appelle un moteur d'orchestration de processus, ou de *workflow*. Rendre les processus explicites et sortir la logique d'enchaînement des activités des applications a un double avantage en termes de flexibilité et de pilotage.

Cette discipline de la maîtrise de la complexité du système d'information s'appelle l'urbanisation du SI. Ce sujet est traité dans mon livre *Urbanisation et BPM*. L'urbanisation évite les dérives non linéaires des coûts en supprimant certains symptômes qui conduisent à une complexité quadratique. En revanche, ce n'est pas une panacée pour deux raisons. Premièrement, il s'agit d'une discipline plus que d'une méthode, dont les effets portent sur le long terme. Deuxièmement, la linéarisation ne supprime pas les effets d'échelles associés à la complexité : un gros système urbanisé reste plus complexe à faire évoluer qu'un système plus petit.

Nous pouvons terminer cette section en donnant quelques ordres de grandeur des surcoûts rencontrés dans un projet d'évolution du système d'information qui sont liés à cette dimension d'intégration (un composant, nouveau ou modifié, avec les autres composants) et de complexité :

- Le développement est impacté sensiblement par l'importance de l'intégration. Dans une approche « non urbanisée » le développement des interfaces pèse facilement 50% de l'ensemble. Les techniques d'urbanisation permettent de réduire ce pourcentage à une valeur située entre 10% et 40%, selon le type d'infrastructure d'intégration.
- La phase de test d'un projet informatique (de 20 à 30%) laisse une part importante aux tests d'intégration. La part de ce type de test, qui vérifie le fonctionnement des échanges entre composants, peut être évaluée dans une fourchette qui va de 30 à 80% du coût complet des tests, selon la nature et la complexité du système d'information.

- La mise en service d'un projet intégré est plus complexe que celle d'un projet isolé. Cette affirmation est tellement évidente qu'il est difficile de la traduire par un ratio. Rappelons simplement que la mise en service peut peser jusqu'à 15% du coût complet du projet dans un SI complexe.

9.3.2 Le pilotage industriel des projets

Lorsque des collaborateurs qui sont passés d'une petite structure de développement à une grande DSI sont interrogés, il est frappant de constater que le grief qui revient le plus souvent est celui de la « bureaucratie » à respecter, des « formulaires » à remplir, des « procédures » à suivre. Le pilotage des projets d'une DSI est plus exigeant que ce qu'il est nécessaire de faire en termes de gestion de la qualité pour un projet isolé. Ce qui peut s'appeler le pilotage industriel des projets a de nombreux avantages, mais induit également des coûts, directs en termes d'« *overheads* » (les surcoûts liés au management et au pilotage) et indirects, parce que cette lourdeur peut entraîner une perte d'efficacité, voire de démotivation.

Il est difficile de donner des chiffres car il existe une grande variété de pratiques, mais les ordres de grandeur qui sont mentionnés varient de 5% à 20% du coût total du projet. Pourquoi ce pilotage industriel est-il nécessaire ? Il participe en premier lieu à la diminution des risques, mais également à l'amélioration de l'efficacité. Pour simplifier, quatre raisons peuvent être citées, qui sont propres à l'ensemble des projets d'une DSI, par contraste avec un développement isolé:

- Les projets sont plus complexes à cause du poids de l'intégration, parce qu'ils portent sur des systèmes plus vastes (en termes de points de fonction) et parce que, par conséquent, les projets durent plus longtemps[1].
- De façon parallèle, le nombre d'acteurs impliqués sur un projet est nettement supérieur, et pas simplement comme conséquence logique de l'accroissement de la taille. Un projet d'évolution du système d'information, le plus souvent, consiste à faire un grand nombre de petites modifications sur un ensemble de composants différents. Du point de vue de la coordination des acteurs, c'est plus difficile que la combinaison inverse (beaucoup de modifications sur peu de composants).
- Il existe, comme nous l'avons mentionné dans le chapitre précédent, différentes interactions entre les projets d'un portefeuille, en termes de partage de ressources, de mutualisation de sous-composants ou de services, de cohérence de conception. Ces différentes interactions exigent un suivi continu, et l'expérience montre que ce suivi augmente le niveau d'exigence en termes de pilotage.

1. Il est d'usage de recommander de limiter la durée des projets et de « lotir » le cas échéant. C'est effectivement une bonne pratique, mais il ne faut pas s'y tromper : il existe une limite à ce raisonnement et les grandes transformations du système d'information sont presque toujours des projets (ou programmes) pluriannuels.

- Les exigences « non fonctionnelles » sont plus importantes, et requièrent un pilotage plus formel. Ce sujet sera abordé dans la section suivante. Il est complexe, puisqu'il intervient dans la nature de ce qui est développé (par exemple des exigences de sécurité), dans la façon dont le logiciel est testé et intégré (par exemple, des exigences de performance) et aussi dans la façon dont le processus global est opéré (par exemple, l'exigence de continuité d'activité qui permet d'assurer la cohérence de l'évolution du système d'information malgré une rotation des équipes).

Cet ensemble de raisons conduit à prôner l'adoption d'une méthodologie commune à l'ensemble de la DSI, non seulement pour piloter mais pour réaliser les projets informatiques (les deux allant de pair). Il existe depuis quelques années une adoption lente de l'approche CMMI[1]. CMMI (*Capability Maturity Model Integration*) est en premier lieu une démarche d'amélioration continue, qui s'appuie sur une standardisation des activités et des processus. CMMI propose un ensemble d'indicateurs de maturités associés aux principaux sous-processus de développement, ainsi qu'un catalogue de bonnes pratiques. Chaque entreprise développe sa propre méthodologie de pilotage, en fonction de ses objectifs et de ses niveaux de maturité, en utilisant CMMI en tant que « colonne vertébrale » de son propre système de TQM (*Total Quality Management* : gestion de la qualité totale).

CMMI n'est pas une méthodologie pour construire ou transformer le système d'information. Comme toute démarche d'amélioration continue, elle vise à améliorer les performances sur ce que l'entreprise sait déjà faire. En conséquence, son intérêt ne se révèle que s'il existe une certaine forme de récurrence dans l'activité[2]. Il faut noter que l'adoption de CMMI n'est pas la seule façon de standardiser et de professionnaliser le pilotage des projets. Il existe de nombreuses autres approches[3], dont certaines sont plus spécialisées (telle que PMI ou SPICE).

Il ne faut pas non plus opposer de façon simpliste les petites et les grandes organisations sur le sujet du pilotage des projets. Ces méthodologies peuvent également être utilisées par de plus petites structures, pour lesquelles elles restent pertinentes (et forcément plus légères, car une grande partie du « poids » est liée à la coordination, c'est-à-dire au nombre d'acteurs). À l'inverse, il est possible de conduire des projets de façon très informelle et peu structurée dans une grande organisation. Ce qui distingue une grande DSI d'une petite équipe, c'est que l'approche industrielle est obligatoire pour une grande partie des projets.

1. On trouvera une présentation sommaire de CMMI dans le livre précédemment cité de F. Georgel, et une présentation complète dans l'ouvrage de référence *CMMI – Guidelines for Process Integration and Product Improvement* de M. Chrissis et al.
2. Pour comprendre ce point fondamental de l'amélioration continue, lire le chapitre 10 du livre de J. Liker déjà cité, qui présente ce que les Japonais appellent « *heijunka* », le lissage de charge.
3. Pour approfondir le sujet des méthodologies de développement de projet, lire le livre de Jacques Printz, *Productivité des programmeurs*, en particulier le chapitre un (« les bases de l'estimation ») qui expose le sujet du développement avec beaucoup de clarté (par exemple, les bases du triptyque délai-qualité-coût).

Tom DeMarco remarque d'ailleurs, de façon pertinente mais non sans malice, que plus le niveau d'exigence en termes de maturité CMMI est élevé, plus cela interdit d'aborder les projets risqués[1]. Autrement dit, ce n'est pas parce que la DSI doit aspirer à savoir réaliser des projets de façon répétable, méthodique, professionnelle, industrielle ... qu'elle doit perdre la capacité à faire des projets uniques, difficiles, dont le déroulement est une suite d'entorses aux « bonnes pratiques ».

Il n'est pas inutile, pour conclure, de reprendre ce qui a été dit dans le premier chapitre : la mesure de la performance (et donc de la productivité) en termes de projet n'est pas identique à celle du système d'information. Nous avons insisté sur l'utilisation des points de fonction comme unité macroscopique, parce que c'est la meilleure disponible et qu'elle permet de comprendre les coûts du système d'information avec une précision relative. Lorsqu'on change d'échelle et qu'on s'intéresse à un projet (par opposition à un SI), il est plus difficile de mesurer, comparer ou prévoir la performance. C'est pour cette raison que le pilotage des projets est en dehors du cadre de ce livre. La principale idée à retenir, qui est brillamment exposée dans le livre *Five metrics* de L. Putnam et W. Myers[2], est qu'il faut faire des mesures multidimensionnelles, parce qu'il n'existe pas de métrique unique qui permette de caractériser ce que produit un projet. Le principe de l'amélioration continue, tel qu'il est implémenté dans CMMI, suppose que des métriques qui couvrent l'ensemble des dimensions du sujet sont disponibles. Dans le cas contraire, c'est-à-dire si les projets sont évalués de façon trop simpliste (en jour-homme, en délai, en euros), la recherche de la performance se transforme en déplacements stériles autour de différents points d'équilibre du triptyque « délai-qualité-coût ». Plus précisément, cela produit des compromis à la place d'améliorations: tenir les délais en réduisant le périmètre, augmenter le périmètre au détriment de la qualité, etc.

9.4 LES CONTRAINTES ET LES EXIGENCES

9.4.1 Le coût de la sécurisation et de la QoS

Nous allons, dans l'ensemble de cette section 9.4, approfondir cette notion d'exigence et son impact sur les coûts, puisqu'elle représente une part importante de la différence de prix entre deux projets informatiques qui peuvent sembler proches.

Le premier facteur, que nous avons déjà abordé dans le chapitre 7, est celui de la disponibilité des applications. Les différentes techniques qui permettent d'augmenter la fiabilité en introduisant certaines formes de redondance, comme le partage de

1. Sur ce sujet, lire le chapitre 29 de *Peopleware*. Il se termine par cette citation : « *The projects worth doing are the ones that will move you DOWN one full level on your process scale* ».

2. Ce livre, qui complémente celui cité plus haut de J. Printz, contient une multitude d'exemples et de statistiques, qui permettent de mieux apprécier la thèse centrale des deux auteurs : le besoin de mesurer cinq dimensions du processus de développement : le temps global, l'effort (en jours-hommes), la productivité, la qualité et le périmètre fonctionnel.

charge ou la bascule sur différents serveurs, représentent des développements supplémentaires. Le surcoût de la qualité de service du point de vue de la disponibilité est évalué entre 10 et 30% dans le modèle COCOMO II (ce que nous avions indiqué dans le chapitre 2).

Plus généralement, pour améliorer la qualité des applications, il est d'usage d'imposer des normes de développement. Une norme de développement est un ensemble de « bonnes pratiques » en termes d'écriture de programme, qui sont issues de l'étude statistique des anomalies et ont pour but de les prévenir en évitant les usages trop complexes ou « abusifs ». Un parallèle simpliste peut être fait avec le Code de la route qui a pour but de prévenir les accidents. Ces normes de développement sont souvent vécues comme des carcans par les développeurs, et ne contribuent pas à la productivité en nombre de points de fonction par jour. En revanche, elles améliorent de façon statistique le nombre d'anomalies par point de fonction, de telle sorte que le surcoût est justifié sur le long terme. Cette efficacité statistique fait que la qualimétrie logicielle (la mesure du respect de ces normes de développement) devrait être également répandue et utilisée, indépendamment de la taille du projet ou de l'entreprise qui le réalise. Dans la pratique, il y a une corrélation avec la taille parce que les grandes entreprises ont plus souvent « les moyens » de faire cet investissement, et parce qu'elles en ont également un besoin plus aigu, pour des raisons d'interopérabilité. En effet, cette approche est adaptée à la prévention de problèmes de portabilité (faire « tourner » une même application sur deux environnements différents) et d'interopérabilité (faire collaborer des applications qui sont hébergées dans des environnements différents). Ces problèmes sont plus fréquents dans des systèmes d'information de grande taille.

Nous avons vu également que le test reste un outil indispensable pour réduire cette densité d'anomalies dans les systèmes installés en production. Les coûts de tests sur un projet typique d'une DSI varient de 20% à 30%, tandis qu'ils sont plutôt de 10% pour un projet isolé. Si nous nous reportons à la comparaison fictionnelle entre les deux projets de configuration, cette différence sur les tests serait vraisemblablement constatée, à cause de la complexité du scénario d'intégration requis pour le projet de MonEp.

L'impact des exigences en termes de performance s'exerce en premier lieu sur les investissements matériels (cf. chapitre 7). Il s'exerce aussi sur les tests, puisqu'il y a une nouvelle exigence à tester, et parce que les tests de performance sont complexes et demandent une véritable expérience pour être pertinents. Enfin, cet impact se mesure également sur le développement.

9.4.2 Le coût de la continuité temporelle

Parmi les surcoûts qui distinguent la DSI de MonEp et une petite PME, la gestion de la pérennité, qui consiste à s'assurer de la continuité des compétences dans le temps, est un facteur important qui se décline de nombreuses façons. Nous allons nous intéresser à trois aspects de cette gestion de la continuité dans le temps : la gestion des hommes et des compétences, la gestion des fournisseurs et des contrats, et la gestion des connaissances, en particulier la documentation associée aux projets.

La gestion de la continuité des compétences doit être une des priorités de la direction des systèmes d'information. Une des conséquences directes de la complexité du nettoyage applicatif et du renouvellement est le fait que l'âge du système d'information dépasse rapidement la durée de vie à l'intérieur de la DSI. Construire un système qui tourne « indépendamment des hommes » est probablement ce qui sépare le plus la DSI d'une grande entreprise d'une start-up[1]. C'est une responsabilité qui est partagée avec la direction des ressources humaines. Cette gestion s'exerce à l'échelle individuelle, de façon classique, en s'assurant qu'il y a une certaine redondance des « hommes clés » et que des schémas de remplacement sont disponibles. Elle s'exerce également à l'échelle collective en construisant une gestion de la connaissance qui permette la rotation des individus.

Ce dernier point s'illustre de façon particulièrement saillante sur le sujet de la documentation des programmes et des systèmes. Les exigences en termes de documentation d'une DSI d'une grande entreprise sont nettement supérieures à celle d'une petite structure, car la documentation constitue le « socle » de la « mémoire collective ». Différentes études citent des chiffres qui vont de 5 à 10% du coût total d'un projet. Cette exigence prend des formes multiples, depuis les commentaires qui doivent être laissés dans les programmes en respectant les normes de développement dont nous avons parlé, jusqu'aux manuels d'exploitation qui sont des instruments essentiels de la qualité de service. La documentation joue un rôle crucial dans la pérennité du SI, ce qui est illustré par de multiples anecdotes sur la difficulté de faire évoluer des composants mal documentés lorsque l'équipe « fondatrice » a quitté l'entreprise.

La gestion de la pérennité des fournisseurs est aussi importante pour assurer cette continuité de qualité de service dans le temps. Notre fiction illustre ce point par un débat sur la façon d'utiliser un partenaire dont la viabilité à long terme est incertaine, comme cela peut être le cas pour une start-up. Le sujet est plus général, et la question de la pérennité se pose pour l'ensemble des fournisseurs. C'est également une responsabilité partagée, avec la direction des achats et la direction juridique. Il faut concilier deux approches opposées. D'une part, il faut construire une relation contractuelle qui soit mutuellement bénéficiaire sur le long terme et qui engage le fournisseur dans une démarche d'amélioration continue. Il existe différents mécanismes, comme par exemple la gestion des bonus et des pénalités, mais cela passe aussi simplement par une rémunération du service qui permette au fournisseur d'entretenir la masse critique de compétences. D'autre part, il faut rester paranoïaque et penser que son fournisseur disparaîtra, et donc travailler sur ce qui s'appelle la

1. Cette affirmation n'est pas contradictoire avec la constatation, faite dans les chapitres précédents, que la réussite en matière de SI est une question d'hommes (et de femmes). La complexité du SI et l'immaturité d'un certain nombre de technologies font que les compétences font la différence entre le succès et l'échec. Une DSI se construit, par conséquent, sur le choix des individus, mais également sur le processus qui permet de tenir compte que les individus évoluent et qu'il faut construire une « mémoire collective ». Sur la grande variation de productivité, une des meilleures références reste *Peopleware* de DeMarco & Lister. (Il faut absolument lire le chapitre 8 avant de se lancer dans un projet de développement).

« réversibilité sortante ». Ici également, il existe différents mécanismes, en termes de logiciels et d'interfaces, ou en termes de propriété intellectuelle. Ce qu'il faut simplement retenir est que l'exigence de continuité a un coût dans la composante contractuelle. Notons que toutes les grandes entreprises techniques doivent résoudre ce problème, qui déborde donc le cadre des systèmes d'information.

9.4.3 Le coût de l'exigence

Nous pouvons maintenant résumer l'ensemble de cette analyse différentielle par la figure 9.1. Cette figure illustre de façon graphique la différence de prix entre la start-up fictive (C2O) et la DSI de MonEp, en faisant l'hypothèse (qui n'est pas celle du débat fictif de l'introduction) que le besoin de départ est identique d'un point de vue fonctionnel. Le même besoin produit des efforts de développement différents (mesurés ici en jour-homme), parce que les exigences en matière de normes, de documentation, de performance et de disponibilité ont un coût. En additionnant plusieurs augmentations de 10 à 30%, le nombre de jours-hommes peut doubler. La différence de coûts en termes d'intégration est également manifeste. D'une part, la modification d'un grand nombre de composants du SI augmente le nombre de tests. D'autre part, la phase de conception nécessaire pour valider l'architecture du système global a également un coût supplémentaire. Pour finir, nous avons également illustré les différences en termes de mises en services et les différents surcoûts évoqués dans la section précédente. Cette analyse conduit à une différence significative. Il ne s'agit pas d'un facteur dix, mais la combinaison de l'ensemble des facteurs peut expliquer un facteur trois ou quatre.

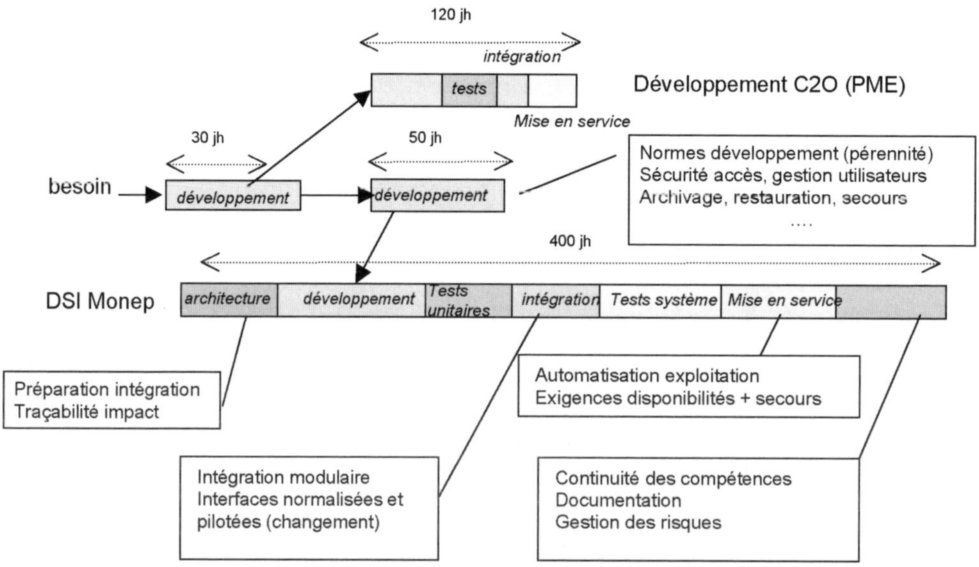

Figure 9.1 – Comparaison des coûts de projet entre MonEp et C2O

Deux conclusions différentes peuvent être tirées de cette analyse. La première est conservatrice et peut se formuler comme suit : les prix des projets de la DSI, qui peuvent sembler élevés lorsqu'ils sont comparés à d'autres références du développement logiciel, sont le plus souvent justifiés par le niveau d'exigence et la perspective globale du système d'information, c'est-à-dire la problématique d'intégration.

Il existe une autre conclusion plus radicale : il faut savoir développer des parties isolées et « jetables » du système d'information. Autrement dit, il faut savoir faire cohabiter différents niveaux d'exigence et ne pas se priver de l'efficacité et de la flexibilité propres à des développements conduits par des petites structures sur des domaines relativement indépendants du cœur du SI.

Cette deuxième conclusion est importante, c'est une des clés pour l'efficacité et l'agilité de la DSI. En revanche, elle est beaucoup plus facile à énoncer qu'à mettre en œuvre. Son application se heurte à trois types de difficultés :

- Il faut savoir **demander** du jetable, c'est-à-dire réduire ses exigences en termes de pérennité, de QoS, etc. Comme nous l'avons souligné précédemment, il existe un grand conservatisme dans les expressions de besoins en ce qui concerne les aspects non-fonctionnels. Il faut souvent une rupture extérieure pour pouvoir envisager une simplification radicale des exigences.
- Il faut savoir **réaliser** du jetable, ce qui n'est pas évident pour des équipes qui ne font que des projets « selon les normes ». Il y a un aspect culturel : il peut être difficile d'« oublier » des bonnes pratiques de développement et un aspect technologique, puisque les outils ne sont pas forcément les mêmes pour construire des applications jetables et des systèmes « haute disponibilité » et « haute performance ».
- Il faut savoir **opérer** des systèmes jetables, puisqu'il est clair que le relâchement des exigences implique un pilotage opérationnel plus léger. Si la DSI cherchait à piloter et obtenir un niveau élevé de qualité de service et de performance pour une application qui n'a pas été construite pour les fournir, elle n'obtiendrait que de la frustration et une explosion des coûts d'exploitation. Ici aussi, il existe une contrainte culturelle, puisqu'il n'est pas facile de faire faire un travail « médiocre » à une équipe habituée à l'« excellence ».

C'est pour cela qu'il peut être utile d'entretenir une « frontière » du système d'information, construite avec des systèmes réalisés par des intervenants extérieurs à la DSI[1]. La frontière est le lieu de la transgression des règles (en matière d'exigence et de pratique), qui permet d'innover et d'expérimenter. Il convient alors de réguler les flux d'informations et d'influence réciproque entre le SI et ces systèmes périphé-

1. Nous empruntons ici le terme de frontière à l'excellent livre *Une politique du système d'information* de L. Brisse & al (équipe d'OCTO). La « frontière » désigne une zone en périphérie du système d'information central, où les utilisateurs peuvent faire réaliser par des « mercenaires » des systèmes agiles qui sont faiblement couplés avec le SI. Ce qui justifie l'utilité de cet écosystème est le besoin d'innover et d'expérimenter, tandis que la DSI est, par construction, un lieu de conservatisme, dont une des obsessions est d'éviter les erreurs du passé.

riques, pour nourrir l'évolution de méthodes de la DSI (importer l'innovation) et irriguer les systèmes périphériques pour pouvoir traiter un périmètre plus vaste que des applications isolées[1].

9.5 ARCHITECTURE ET STRATÉGIE POUR LA CONSTRUCTION DU SI

9.5.1 Architecture d'entreprise et SOA

Nous allons conclure ce chapitre de façon symétrique en nous intéressant à ce qui peut, de façon structurelle, augmenter l'efficacité d'une DSI en charge d'un système d'information important. Les sections précédentes ont traité le « poids des exigences » et un certain nombre de désavantages liés à la taille et à l'intégration d'un nouveau composant dans un système existant. Il est pourtant naturel de se poser la question inverse : peut-on tirer parti de cet existant, précisément, pour pouvoir rendre de nouveaux services de façon plus efficace que s'il fallait créer un système autonome ? Réduire les coûts en profitant de la taille repose sur trois principes : la standardisation, la mutualisation et la ré-utilisation. La standardisation permet de transformer le nombre en avantage, en réduisant certains éléments de coûts, comme par exemple les coûts d'opération. La standardisation permet également de partager des compétences, et de développer un savoir-faire réutilisable, précisément en termes d'interface et d'intégration. La mutualisation, dont nous verrons qu'elle se décline sous de nombreuses formes, internes ou externes, permet de réduire les coûts en réduisant le nombre de composants logiciels à fonctionnalité égale. Par construction, il existe d'autant plus d'opportunités de mutualiser que le périmètre du SI est grand, mais, comme nous l'avons déjà dit, la complexité liée à la taille rend plus difficile la détection de ces opportunités. Enfin, la réutilisation consiste à construire un nouveau projet en réutilisant des services déjà construits pour des projets précédents. C'est, sur le papier, l'avantage principal d'un système d'information complexe pour fournir agilité et efficacité. La réutilisation est la vertu la plus recherchée en informatique, qu'il s'agisse de logiciel (composant) ou de système d'information, mais c'est une vertu difficile à obtenir.

Nous allons, en conséquence, terminer ce chapitre avec deux sections qui s'intéressent à ces trois propriétés. Cette section traite de l'architecture d'entreprise et, en particulier de ce qui s'appelle l'architecture orientée service (SOA : *Service Oriented Architecture*). L'architecture joue un rôle important en termes de standardisation, mutualisation et réutilisation. C'est en grande partie un sujet technique, pour les informaticiens, qui est donc en dehors du cadre de ce livre. Mais une partie des ques-

1. Pour reprendre l'exemple de Bouygues Telecom et les couleurs attribuées au SI (rouge pour le centre et bleu pour les applications isolées et jetables), nous utilisons le terme de « violet » pour représenter cette notion de « frontière ». Une application violette est une application dont les exigences sont relâchées pour pouvoir être réalisée de façon plus efficace, et qui s'interface avec le reste du SI au travers de « prises » qui sont normalisées.

tions d'architecture sont en fait des questions de stratégie et de métier, ce qui a conduit au terme d'architecture d'entreprise[1]. La section suivante traitera de la possibilité de mutualiser ses efforts avec l'extérieur de l'entreprise, au travers de progiciels, d'une utilisation intense des standards, voir d'externalisation d'une partie des services ou des composants.

L'architecture est l'épine dorsale de la stratégie de mutualisation et de la réutilisation interne dans l'entreprise. Ni la mutualisation ni la réutilisation ne peuvent survenir de façon fortuite : si les opportunités sont découvertes de façon dynamique, il est presque toujours trop tard. Mutualiser des besoins ou créer un service générique réutilisable prend plus de temps et coûte plus cher que l'approche spécifique et pragmatique. Il faut donc anticiper et investir pour construire un système d'information qui profite des opportunités de mutualisation et construit des éléments réutilisables (avec la même approche : ce sont les mêmes qualités de modularité, flexibilité et généricité qui se déclinent au présent pour mutualiser et dans le futur pour réutiliser). Ce double besoin permet de comprendre pourquoi il doit y avoir un échange et une appropriation commune entre la DSI et les directions métiers au sujet de l'architecture : il faut toute l'information sur la stratégie des métiers pour anticiper et le consensus est nécessaire pour investir (compte tenu de ce qui a été dit dans le chapitre 8).

La composante de l'architecture d'entreprise qui s'intéresse à l'écosystème des services proposés par le système d'information, leur évolution et leur utilisation porte un nom et s'appelle l'architecture orientée service. Dans le microcosme informatique, SOA désigne souvent la déclinaison locale (départementale) de ce concept.

Ce qui intéresse l'ensemble des parties prenantes de l'entreprise est, au contraire, la vision globale, qui concerne plus l'ensemble des services, leur structure et leur évolution que l'infrastructure d'intégration[2]. L'enjeu du SOA global est, par construction, d'augmenter la mutualisation et la réutilisation des services.

1. Rappelons que le terme « *Entreprise Architecture* » correspond à l'alignement de différents niveaux de réflexion. On distingue de façon traditionnelle deux niveaux informatiques, auxquels on rajoute deux niveaux métiers. Le principe de l'alignement stratégique se traduit également en termes d'alignement/cohérence des différents niveaux. Le principe de l'architecture d'entreprise est la construction des processus collaboratifs qui assurent la circulation des contraintes et des objectifs d'un niveau à l'autre. C'est donc, par construction, une collaboration entre la DSI et les directions métiers. Cette vision est particulièrement bien expliquée sous sa forme de « *Digital Business Architecture* » prônée par Forrester. On retrouve dans la notion de « *Digital Business* » les idées clés de la deuxième partie de ce livre, sur la collaboration, les processus, le partage client-informatique, la gestion des connaissances, les services, etc.

2. Pour accentuer cette différence, on pourrait dire que SOA à l'échelle départementale consiste à réaliser une architecture logicielle à base de services (l'objectif est l'architecture, le « service » est le composant unitaire), tandis que le SOA global s'intéresse au catalogue de services, présent et à venir, et s'appuie sur une structuration de ce catalogue que l'on désigne par architecture (l'objectif est l'optimisation et l'alignement du catalogue de services, l'architecture est un moyen).

Cette pratique partagée, au sein de la gouvernance du SI, de l'architecture de service, est assez récente et il est trop tôt pour tirer des leçons ou des « bonnes pratiques ». Les objectifs précédents permettent de déduire trois rôles pour ce dialogue sur le « patrimoine des services » :

- Le partage d'information sur les services existants est essentiel pour promouvoir la réutilisation et l'appropriation du sujet par l'ensemble des acteurs. Cela semble évident mais ce n'est simple qu'en apparence. Il est à peu près impossible de partager un catalogue de service si c'est une simple liste (très longue) et lui donner du sens est précisément l'objectif de cette démarche.
- Il est nécessaire de construire une structure en termes de visibilité et de partage, une forme de hiérarchie qui permet de comprendre quels services sont accessibles à qui[1]. Construire cette hiérarchie consiste à créer un consensus sur les services mutualisés de l'entreprise, qu'il s'agisse du niveau global, régional ou départemental. Il s'agit d'un problème d'optimisation économique : faire d'un service local un service partagé coûte cher, et crée des contraintes fortes en termes de mise à jour et d'évolution.
- Le partage de la vision stratégique des évolutions des métiers est, comme nous l'avons indiqué, indispensable pour piloter l'évolution du catalogue. C'est vrai de façon très générale, sous une forme d'alignement stratégique, mais également de façon précise avec la publication et le partage des roadmap de mise à disposition des services (cf. la remarque précédente sur l'anticipation).

9.5.2 Stratégie en termes de progiciels et de composants

Nous allons terminer ce chapitre en traitant le sujet de la « mutualisation externe », c'est-à-dire la capacité de partager des besoins avec des entreprises ou des partenaires extérieurs pour construire des composants ou des services qui représentent une forme de mutualisation. Nous allons tour à tour nous intéresser aux progiciels, aux Web Services (pris ici sous la forme générique de services logiciels, ce qui s'appelle SaaS – *Software as a Service*) et à l'externalisation complète de partie du système d'information sous la forme de BPO (*Business Process Outsourcing*).

Le progiciel est l'expression d'une stratégie de mutualisation des besoins. Le fournisseur mutualise les dépenses de R&D liées aux évolutions (génériques) du métier et aux évolutions technologiques, en particulier les évolutions des environnements informatiques. Cette mutualisation permet de partager le « coût du point de fonction » et de garantir une plus grande inter-opérabilité de la plate-forme logicielle. Créer un composant générique à partir des expressions de besoins d'un ensemble d'entreprises du même secteur est un art, et aboutit néanmoins à une

1. L'approche qui permettrait une réutilisation complète et sauvage de tous les services n'est pas plus pertinente que ne l'étaient les approches « spaghetti » – chaque application est connectée avec chaque autre – qui ont conduit à l'urbanisation des SI. Cela conduirait à créer des dépendances croisées dans trop de directions et à imposer des contraintes « d'éditeur de logiciel » sur l'ensemble des départements du SI.

complexification. Il faut donc un ensemble de clients suffisant pour que l'équation économique fonctionne (les bénéfices dépassent les surcoûts). Le choix d'un progiciel est un compromis entre les fonctions métiers qui sont disponibles sous leur forme générique et celles qu'il faut ajouter de façon spécifique. Le code spécifique est nécessaire pour créer les interfaces avec le système d'information, et pour « customiser » (le terme français est « adapter » mais le terme « franglais » est plus spécifique) le progiciel en fonction de ces besoins particuliers. Nous pouvons en déduire trois règles qui concernent le choix des progiciels (l'ensemble des trois permet de comprendre pourquoi ce choix est un engagement durable sur le long terme) :

1. La partie du code spécifique qui est produite lors de l'intégration du progiciel doit être aussi limitée que possible. Le code spécifique d'adaptation est rapidement plus compliqué qu'un développement « en propre », parce que le progiciel est complexe d'un point de vue fonctionnel (dès qu'il ne s'agit plus d'un simple paramétrage). En conséquence, le choix d'un progiciel est un choix métier : il faut adopter la « philosophie » du métier qui est représentée par le progiciel (en termes de concepts, de processus et de services).
2. Le progiciel fournit un niveau de qualité de service qui est fonction de son architecture interne et de sa qualité de fabrication, et qui n'est pas négociable. Il est extrêmement coûteux et peu productif de vouloir pallier ses défauts pour obtenir une qualité de service supérieure. Lorsqu'une entreprise a des exigences spécifiques qui dépassent celles de son industrie, il est le plus souvent préférable de revenir à un développement propre qui permet de contrôler l'architecture et la qualité, tout en réduisant la « surface » du logiciel (rappelons-nous que la complexité et le contrôle de la disponibilité font mauvais ménage).
3. Le besoin de partager les coûts sur un nombre suffisant de clients se traduit de deux façons : d'une part il est nécessaire de rester à jour sur les versions du progiciel (cf. chapitre un) et, d'autre part, il faut être prudent lorsque l'entreprise évalue un nouveau produit, d'un nouveau fournisseur.

La location et l'externalisation du progiciel sont des réponses à une partie des difficultés, et conduisent à la notion de services logiciels (SaaS)[1]. Les services logiciels sont nés avec l'apparition il y a dix ans des ASP (*Application Service Providers*) et sont devenus plus visibles depuis l'émergence du Web 2.0. Un ASP est une entreprise qui héberge un logiciel sur une « grosse » infrastructure pour le revendre « par appartements », c'est-à-dire louer sous forme de service des « tranches » de son installation. Le Web 2.0 est une appellation qui relève du marketing de l'innovation et qui donne un nom à un tournant de l'évolution du Web.

1. Comme le protocole des Web Services devient le standard pour l'utilisation des SaaS, il peut exister une certaine confusion. Elle n'est pas préjudiciable, compte-tenu du niveau de généralité de ce chapitre, mais il faut se rappeler que la notion de Web Service existe également à l'intérieur de l'entreprise où elle représente précisément l'application du même protocole pour l'exposition des services internes entre les différents composants du SI (cf. l'architecture SOA).

Cette évolution est multiforme, mais la partie du Web 2.0 qui nous concerne ici touche au large déploiement de deux innovations qui ont déjà quelques années : l'exposition de Web services et la génération de pages Web actives qui exécutent leurs propres scripts et sont donc capables d'embarquer une partie de la logique de traitement qui porte l'ergonomie. L'exposition de service est démontrée de façon spectaculaire par *Amazon* qui permet à n'importe quel site Web de vendre des livres ou des objets en utilisant son back-office, ou par *Google* qui permet à un site web, ou à une application métier, d'enrichir ses interfaces au moyen de services exposés par *Google Earth* ou *Google Map* (pour ne citer que deux exemples, le point étant précisément que les exemples peuvent être multipliés à l'infini). La deuxième évolution est non moins importante. Depuis dix ans, le monde du « client lourd » pouvait être opposé à celui du « client léger ». Le « client lourd » utilise une application métier déployée sur le PC pour offrir une interaction riche, tandis que le client léger passe par le navigateur Web, ce qui simplifie le déploiement (le poste client est banalisé et donc plus « léger ») mais standardise l'expérience en termes d'ergonomie. L'évolution qui est associée au terme Web 2.0 (ou à des noms plus ésotériques tels que AJAX) permet aux pages Web téléchargées par le navigateur d'invoquer des scripts qui pilotent l'interface utilisateur et qui peuvent faire appel à leur tour à des services Web. Il en résulte une amélioration de la fluidité (une partie des interactions est traitée de façon locale sans allers-retours vers le serveur) et de la richesse des pages (grâce aux services web exposés par d'autres entreprises).

Les contraintes de mise à disposition et d'appropriation des fonctions par les clients font que les services logiciels sont plus simples que les progiciels équivalents (ce qui est également logique compte tenu du positionnement économique de challenger). Cette plus grande simplicité permet une plus grande agilité, traduite par un rythme d'évolution plus rapide (avec des versions qui se succèdent rapidement). La technologie d'interface est unique et standardisée, ce qui possède le gros avantage de simplifier l'intégration, mais implique que la DSI ne peut pas s'attendre à ce que tous les problèmes de performances soient résolus. La maturité du concept n'est pas suffisante, aujourd'hui, pour énoncer des règles similaires à celles du progiciel, mais deux observations peuvent néanmoins être faites:

- Si le compromis qui est fait en termes de fonctionnalité est acceptable, il est presque toujours judicieux, d'un point de vue économique, de profiter des services logiciels.
- Cette approche n'est pas applicable à tous les besoins. On devra raisonner en fonction des contraintes de fonctionnement, en particulier en termes de performance.

La suite de la logique d'évolution qui va du progiciel au service est d'externaliser complètement un service informatique « sur-mesure » adapté à l'entreprise. C'est ce qui est désigné par le terme de BPO : *Business Process Outsourcing*. Le BPO se développe sur des périmètres autonomes du système d'information (les interactions avec le reste du SI sont peu nombreuses ou très formalisées), par exemple dans le domaine des ressources humaines ou de la gestion des finances de l'entreprise. Le BPO repose sur la standardisation des services rendus par le SI : c'est la condition nécessaire pour que, d'une part, les gains liés à la mutualisation s'appliquent et que, d'autre part, le déplacement physique (qui permet d'externaliser dans des pays offshore) ne soit pas une gêne. En conséquence, pour utiliser une approche BPO, il faut standardiser le domaine métier et, ce qui implique l'entreprise dans la durée, rester aligné sur ce standard par la suite. C'est forcément une décision métier et ce n'est pas une décision informatique ! Le choix du BPO est clairement un facteur d'économie intrinsèque (même si le SI était réalisé en interne) et l'externalisation offshore permet de toucher pleinement les bénéfices de cette décision métier[1]. La limite principale dans le déploiement, d'un point de vue technique, est la gestion des interactions entre les processus. Le BPO est probablement une tendance de fond, dont la pratique va s'étendre de façon progressive, mais ce que nous savons réellement faire aujourd'hui est l'externalisation de processus qui sont suffisamment autonomes pour pouvoir être traités comme des services externalisés. Le critère le plus simple pour vérifier cette affirmation est le suivant : qui contrôle les ressources informatiques nécessaires pour exécuter le « processus externalisé » ? Dans la plupart des cas de BPO aujourd'hui, c'est le fournisseur extérieur.

Pour conclure et en prenant un peu de recul, le rôle de la DSI est l'adaptation et l'intégration de composants logiciels. Il est probable que le développement des principaux composants se déplace géographiquement vers les pays offshore. Il est possible que l'exploitation se déplace également, sous forme de location de services logiciels (SaaS), mais il faudra du temps pour contourner l'ensemble des limites en termes de performance et de sécurité. L'intégration va, à mon avis, rester locale pendant de nombreuses années à cause de la complexité. Le travail d'adaptation évolue de façon continue et continuera à évoluer, en termes de niveau d'abstraction et d'outillage. Les composants sont de plus en plus flexibles et riches, et disposent de techniques de paramétrage qui permettent de passer de la configuration à la re-programmation. L'adaptation restera un travail de proximité en majeure partie, à cause des interactions nécessaires avec les utilisateurs, qui militent en faveur d'un processus itératif (cf. section 6.5.2).

1. Il existe un consensus sur le fait que l'externalisation vers des pays à faible coût de main d'œuvre est inévitable dès lors qu'elle est réalisable et pertinente, à cause de la pression économique. Sur ce sujet, voir le chapitre 6 du livre abondamment cité *The World is Flat* de T. Friedman.

9.6 RÉSUMÉ

– Le travail d'intégration est plus lourd, proportionnellement, à l'échelle du système d'information que pour un composant logiciel, parce que le premier est plus complexe et plus hétérogène que le dernier (9.3.1).

– Le pilotage industriel des projets est nécessaire dans une DSI, même s'il peut sembler lourd, pour réduire les risques et augmenter la régularité des performances (9.3.2).

– Le pilotage des projets doit s'appuyer sur un référentiel de processus, et sur une démarche d'amélioration continue. L'utilisation de CMMI est recommandée, mais elle n'est ni obligatoire ni suffisante pour réussir des projets (9.3.2).

– La qualité de service, et en particulier la haute disponibilité, est une propriété logicielle qui a un coût, qui se combine avec celui de la qualité du logiciel (le faible taux d'anomalies) (9.4.1).

– Garantir la pérennité des solutions conduit à une grande exigence en termes de gestion des fournisseurs, ainsi que de gestion des compétences internes (9.4.2).

– Il faut savoir introduire la diversité dans la culture de la DSI et apprendre à développer des applications jetables et isolées (9.4.3).

– L'architecture est l'épine dorsale de la stratégie de mutualisation et réutilisation interne dans l'entreprise. Il faut anticiper et investir pour construire un système d'information qui profite des opportunités de mutualisation et construit des éléments réutilisables (9.5.1).

– Le progiciel fournit un niveau de qualité de service, qui est fonction de son architecture interne et de sa qualité de fabrication, et qui n'est pas négociable. Il est extrêmement coûteux et peu productif de vouloir pallier ses défauts pour obtenir une qualité de service supérieure (9.5.2).

Épilogue

Ce livre peut être comparé, même si la métaphore est audacieuse, à un guide de voyage dans le « pays du système d'information, et de son management par l'entreprise ». À ce titre, la notion de conclusion semble peu appropriée. Il serait difficile de conclure, d'une part parce que ce livre est par nature subjectif et incomplet, et d'autre part parce que son objet est d'ouvrir la réflexion, voire le débat, et non pas de « traiter » les questions.

Chaque chapitre comportant son propre résumé, il n'est pas non plus nécessaire de terminer par un résumé du livre. Je vais me contenter de mettre en exergue trois idées importantes, que je vais exprimer de façon un peu plus tranchée et plus personnelle que je ne l'ai fait jusqu'ici :

1. Le système d'information et l'optimisation continue des processus sont irrémédiablement mêlés. Cela fait du SI un outil indispensable pour la transformation et la modernisation de l'entreprise. Ce n'est pas l'informatisation des processus qui crée l'opportunité de transformation, c'est l'exigence d'excellence, qui implique l'adoption d'une démarche de BPM qui elle-même impose de s'appuyer sur le système d'information.
2. La convergence entre la communication, la collaboration et le traitement de l'information fait du système d'information le système nerveux de l'entreprise en termes de coordination et d'optimisation des flux d'information. Cette révolution est tirée par la technologie (puisque l'utilisation des mêmes protocoles et des mêmes équipements supprime la frontière entre télécommunication et informatique) mais elle se manifeste de façon concrète dans les modes de travail de l'entreprise.
3. L'importance de ces deux enjeux est telle que la DSI ne peut prendre ni l'initiative ni le contrôle de ces transformations et doit forcément rester en position de support. La volonté de transformer les processus, d'optimiser le pilotage et la conduite des activités ne peut venir que de la direction générale et des directions opérationnelles. On retrouve ici l'idée de l'appropriation du SI par les directions métiers, maintes fois exprimée dans cet ouvrage.

Tout au long de ce livre, nous avons vu que la gouvernance du système d'information n'est pas une science exacte, que la plupart des principes ont une applicabilité limitée, et qu'ils peuvent même être considérés comme discutables dans certaines situations. Cette tension naturelle a deux conséquences :

- La gouvernance en tant que telle est souvent dévoyée et remplacée par un fourre-tout de « bonnes pratiques ».[1] La gouvernance devrait être un discours « hors du cadre » sur les règles qui décrivent l'activité à l'intérieur du cadre. En fuyant la difficulté et le débat contradictoire, et en remplaçant cette négociation par une épaisse couche de normes, standards et procédures, la capacité de transformation apportée par le système d'information se trouve amoindrie.
- La confiance entre les parties est fondamentale. Sur des sujets complexes comme l'architecture d'entreprise ou la pertinence des services, la formalisation et la rationalisation ont leurs limites. La DSI ne peut pas réussir sur ses seuls mérites.

Le principe de l'appropriation du SI par les directions métiers conduit à une petite digression sur l'évolution du DSI, un sujet qui fait couler beaucoup d'encre chez les analystes (Gartner, Forester, etc.). Sans être exhaustif, on trouve fréquemment les réflexions suivantes.

- Il n'y aura plus de DSI dans le futur parce que la technologie du système d'information est partout et devient complètement banalisée[2].
- La disparition des DSI est également prévue suite à l'externalisation quasi-totale du système d'information.
- Cette externalisation irait de pair avec une transformation progressive mais irrémédiable, du DSI « informaticien » vers le « généraliste métier ». Ce profil « métier » varie considérablement selon les sources, il va de l'homme polyvalent (marketing, achat, juriste, opérations, technologue) à une sorte d'« honnête homme du XXIe siècle » qui comprend le fonctionnement de son entreprise.

Je n'ai pas de boule de cristal et je ne sais pas ce que l'avenir nous réserve, y compris en matière de progrès technologique, mais j'ai tendance à réfuter ces trois affirmations :

---

1. Cette thèse est empruntée à Christophe Legrenzi, un des spécialistes du sujet en France, dont les propos peuvent être facilement trouvés sur Internet (commencer par www.acadys.com).
2. En utilisant les désignations anglo-saxonnes, cette idée se décline de la façon suivante : il n'y aura pas plus besoin de CIO (*Chief Information Officer*) que de *Chief Electricity Officer*. Tout le monde, dans chaque direction, utilise l'« énergie informatique », fournie à la demande par un prestataire externe.

- Même si nous en sommes assez loin aujourd'hui, on peut imaginer à terme que la fourniture des ressources informatiques (puissance, stockage) se conformera à un modèle de « *utility* ». En revanche, la transformation de cette « énergie informatique » en service va rester une problématique complexe et globale, qui exige un véritable pilotage au niveau de l'entreprise[1].
- Le travail du DSI n'est pas tellement différent selon que ses équipes sont à 50% internes, ou au contraire pilotent 80% d'exécutants dans un pays en offshore. Les vraies responsabilités se situent en termes d'alignement stratégique du SI, de qualité de service, de pertinence et de valeur produite par les investissements. Bien entendu, la structure de la DSI ne serait pas du tout la même dans ces deux hypothèses, mais le rôle de « gardien du patrimoine » ne s'affaiblit pas lorsqu'on a recours à l'externalisation.
- La standardisation, l'externalisation en offshore, le recours à des services Web, l'utilisation de nouveaux outils et méthodes pour construire le système d'information, changent la nature du travail de la DSI, mais ne suppriment pas la composante « technique » de ce travail. Ces transformations accompagnent un changement d'échelle, de niveau d'abstraction : la DSI est de moins en moins un participant de l'industrie logicielle et de plus en plus dédiée à l'ingénierie des systèmes. Si l'on pensait que cette transformation se fait à périmètre fonctionnel fixé, on pourrait croire que ce travail sera de plus en plus facile, de plus en plus standardisé et normalisé. Si, au contraire, on souscrit aux deux premières affirmations de cet épilogue, il est clair que le système d'information va traiter un périmètre fonctionnel de plus en plus complexe. Sur cette base, je pronostique que les compétences techniques seront toujours aussi importantes pour la DSI de demain[2].

1. Autrement dit, s'il existait entre les différentes sources de consommation d'électricité dans l'entreprise le même réseau de contraintes qu'il existe en termes de SI – contraintes techniques de partage, dépendances et opportunité de mutualisation – il y aurait très probablement un *Chief Electricity Officer*.
2. Il s'agit bien entendu des compétence d'une équipe et non d'une personne. Dès aujourd'hui, il faut un très grand nombre de compétences pour piloter une DSI, ce qui dépasse les capacités d'une personne (le fameux mythe du « DSI polyvalent »). C'est pour cela qu'il existe de très nombreux profils de DSI qui réussissent, avec des parcours et des centres d'intérêts très variés: ce qui compte, c'est de rassembler une équipe polyvalente.

Le fondement du travail de DSI est la maîtrise de la complexité[1], et c'est un travail de professionnel[2]. Ce rôle disparaîtra lorsque la technologie permettra de rendre le système d'information simple, ou au moins lorsque cette complexité sera apprivoisée.

Les sceptiques penseront qu'il s'agit d'une pirouette, et que cela n'arrivera jamais. Je vais terminer avec une idée provocante, issue du courant de biomimétique évoquée dans le chapitre7 (dont l'« *autonomic computing* » fait partie) : la complexité sera maîtrisée lorsque le SI sera devenu vivant. Le terme « vivant » doit être compris dans le sens proposé par Kevin Kelly[3] : « la vie est une propriété émergente, contingente à l'organisation de parties inanimées, mais qui les transcende ». Cette définition, très discutable d'un point de vue philosophique, est adaptée à l'étude conjointe des systèmes complexes biologiques et artificiels. La thèse de Kevin Kelly est que l'étude des systèmes biologiques va permettre de réaliser des systèmes complexes hybrides (des « *vivisystems* ») qui mélangent les propriétés construites et les propriétés qui « naissent » par émergence. En affirmant que le système d'information idéal ne peut pas être construit mais doit émerger, je place les systèmes d'information dans cette grande famille des systèmes complexes. L'analyse de Kevin Kelly conduit à l'idée que le « bon fonctionnement » des systèmes complexes (la qualité de service dans le cas du système d'information) est précisément une propriété émergente, au niveau global, et non pas une propriété construite, au niveau des parties. Dans ce sens, le SI idéal est un « *vivisystem* » qui mélange des propriétés construites de façon intentionnelle (au travers de l'architecture des systèmes) et des propriétés de stabilité qui apparaissent par auto-régulation et adaptation à l'environnement[4].

---

1. Je ne fais qu'emprunter cette idée à d'autres. Parmi ceux-ci, John Kotter l'exprime admirablement dans son article repris dans *Managing People and Organizations*, édité par J. Gabaro. Plutôt que de paraphraser médiocrement, je préfère reprendre une citation assez longue : « *Management is about coping with complexity. Its practices and procedures are largely a response to one of the most significant developments of the twentieth century : the emergence of large organizations. Without good management, complex enterprises tend to become chaotic in ways that threaten their very existence. Good management brings a degree of order and consistency to key dimensions such as the quality and profitability of products. Leadership, in contrast, is about coping with change. Part of the reason it has become so important in recent years is that the business world has become more competitive and more volatile* ». L'essentiel est dit.
2. On trouve dans le livre *The World is Flat* de T. Friedman, cette citation de Jeff Wacker (« futuriste » chez EDS): « *There will still be a CIO, but the chief information officer will be replaced with a chief integration officer … The IT organization will move away from technology to the integration of business processes.* »
3. Parmi tous les livres qui se trouvent dans la bibliographie, *Out of Control* de Kevin Kelly est mon livre préféré. Il est impossible de le résumer en quelques lignes, disons simplement qu'il étudie de façon exhaustive et passionnante toutes les formes d'intelligences collectives, émergentes ou organisées, biologiques ou artificielles. Selon sa propre expression, son livre traite du mariage de ce qui est né et de ce qui est fait (« *born and made* »). Pour une introduction en français au sujet des systèmes complexes, lire le livre de Hervé Zwirn *Les systèmes complexes*.
4. Je vais terminer cet épilogue au goût prononcé de science-fiction par une citation de Kevin Kelly sur la notion de « contrôle intelligent » en tant que propriété émergente : « *Investing machines with the ability to adapt on their own, to evolve in their own directions, and grow without human oversight is the next great advance in technology. Giving machines freedom is the only way we can have intelligent control.* »

ANNEXES

Système d'information et modélisation

Cette annexe fournit des éléments de modélisation, sur trois sujets qui ont été abordés dans ce livre :

1. Les coûts informatiques et le budget de la DSI.
2. La propagation des informations en fonction de l'organisation.
3. La gestion des « pyramides » de ressources humaines,

Les trois sujets sont traités avec une maturité et un niveau de détail différent. L'objectif n'est pas de fournir des modèles indiscutables et « prêts à l'emploi », mais plutôt d'alléger le corps du livre de détails trop techniques, et de fournir des pistes de réflexion et d'investigation pour le petit groupe de lecteurs qui s'intéressent à la modélisation.

I

Modèle « Coûts du système d'information »

I.1 INTRODUCTION

Le modèle de coût qui va être présenté reprend la structure et l'analyse faites dans les chapitres 1 et 8 de ce livre. Il repose entièrement sur le « modèle de l'usine » décrit dans la figure 8.1. Le système d'information est caractérisé par son parc matériel et son parc logiciel, et les coûts sont déduits à partir des unités d'œuvres présentées dans le livre et de coûts unitaires moyens.

Ce modèle est une version légèrement simplifiée du modèle que j'ai utilisé à Bouygues Telecom pour comprendre et prévoir les coûts informatiques. J'ai commencé à travailler sur ce sujet dès 1998, à la demande de Philippe Montagner, et j'ai poursuivi lorsque je suis devenu le DSI de Bouygues Telecom en 2001. Le modèle utilisé entre 2002 et 2006 a été raffiné de façon progressive, en le simplifiant et en ayant recours le plus possible à des unités d'œuvres qui sont comparables par benchmarking. La principale différence entre le modèle présenté dans cette annexe et celui de Bouygues Telecom est la simplification de la nomenclature du budget, et le calibrage des paramètres par benchmarking (au lieu de le calibrer sur l'analyse statistique du passé).

Ce modèle a un intérêt particulier s'il est comparé aux modèles similaires que l'on peut trouver dans la littérature[1] : il a été construit à partir de données réelles, et a été calibré (et modifié) durant de nombreuses années pour refléter ce qui était observé « sur le terrain ». Dans sa « macro » structure, il est semblable aux modèles employés par Peter Keene ou Michel Volle, et, par conséquent, les résultats sont

1. Une partie des auteurs cités dans la bibliographie ont eu recours à la modélisation pour expliquer la structure de coût du système d'information. C'est par exemple le cas de J.-L. Peaucelle ou de P. Keene. On trouve également une modélisation des coûts dans le livre de M. Volle *De l'informatique – savoir vivre avec l'automate*.

semblables au premier ordre[1]. La différence vient de la modélisation plus fine du parc logiciel et de son évolution. Cela permet de faire des analyses de sensibilités plus précises (parce que les leviers sont plus nombreux et parce que la calibration a été faite).

I.2 PRÉSENTATION

La figure suivante représente le modèle du budget sous la forme d'un tableur, appliqué au cas virtuel de MonEp. La DSI de MonEp fonctionne avec un budget d'environ 40M€ d'OPEX pour 200 collaborateurs.

Le tableau présente le budget suivant les catégories qui ont été introduites précédemment : les projets (nous allons raisonner en coût complet, y compris pour le coût d'achat exprimé en €/PF), le socle et une troisième catégorie « Adaptation » qui contient des dépenses de support interne et de maintenance technique (petites adaptations aux évolutions d'environnement).

Le dimensionnement se fait à partir des parcs matériel et logiciel, pour le parc logiciel nous distinguons le progiciel (licences) des développements spécifiques (composant ou intégration des progiciels). Chaque parc est caractérisé par une grandeur dimensionnante (TPMC, PF ou M€), un âge moyen et un taux de nettoyage/renouvellement.

La caractérisation de la politique de gestion du patrimoine se fait au travers de trois paramètres supplémentaires :

- le taux de nouveaux projets (cf. chapitre 1),
- le taux de nettoyage applicatif, qui précise ce qui arrive au « vieux code » après une refonte : 100% signifie que tout code remplacé par une refonte est nettoyé, 0% signifie que les vieilles applications sont conservées « dans un coin »,
- le taux d'accumulation, qui caractérise la croissance des logiciels pendant leur phase de maintenance : 0% signifie que toute maintenance iso-fonctionnelle est faite à périmètre constant, 100% signifie que la maintenance consiste à ajouter des lignes de code sans en enlever.

On remarquera également la ligne « clients » qui représente le nombre de clients actifs de MonEp et qui nous sert à dimensionner les besoins en termes de puissance de calcul. Pour un lecteur qui voudrait appliquer cette approche à sa propre entreprise, il est souvent utile d'ajouter une grandeur qui représente l'« activité » du client moyen. Par exemple, dans le cas de la téléphonie, j'utilise le nombre de tickets de facturation émis par les équipements réseau, par client.

1. Par exemple, les répartitions du chapitre 6 du livre de P. Keene (répartition projet/socle en fonction de l'investissement), ou les courbes du chapitre 15 du livre de M. Volle (part des nouveaux développements dans les projets) sont facilement reproductibles en utilisant ce modèle. Le chapitre 4 du livre *Informatique rentable et mesure des gains* de J.-L. Paucelle contient une présentation et un enrichissement du modèle de Keene.

		2001	2002	2003	2004	2005	2006
Clients		200	800	1500	2400	3000	3300
Projets	M€	20	23	25	19	20	18
	PF	80	105	109	90	100	95
	nouveau(kPF)	100%	80%	60%	40%	20%	20%
	refonte(PF)	0%	0%	0%	20%	20%	20%
Parc SW	kPF (EOY)	80	185	289	363	433	492
	Nett Applicatif (%)				50%	60%	70%
	accumulation (%)		100%	90%	80%	70%	60%
	âge moyen	0	0,4	0,9	1,5	2,0	2,5
Parc HW	kTPMC	112	1054	3156	6473	9844	12544
	taux remplact	0%	0%	0%	10%	20%	20%
	âge moyen	0	0,1	0,4	0,7	1,0	1,4
	parc serveurs	5	65	178	322	430	489
	achat serveur		60	112	162	173	144
	investissement (M€)		7,1	11,8	15,3	14,8	11,1
	Amortissement	0,0	2,4	6,3	11,4	14,0	13,7
Progiciel	Achat	2	2,3	2,6	2,0	2,1	1,9
	Parc	1,5	3,8	6,4	8,2	10,0	11,6
	Nettoyage	0%	0%	0%	10%	12%	14%
	Amortissement	0,7	1,4	2,3	2,3	2,2	2,0
Adaptation	Adaptation & support	0,3	0,9	1,5	2,2	2,7	3,1
Socle	Total	1,8	5,8	10,2	14,8	18,1	20,9
	maint SW	0,0	1,4	3,0	5,3	6,5	7,9
	Hébergement	0,0	0,4	1,1	2,0	2,7	3,2
	Exploitation	1,8	4,0	6,1	7,5	8,8	9,8
OPEX	M€	22,1	29,6	36,7	36,0	40,8	42,0
Amortissements		0,7	3,8	8,6	13,7	16,2	15,7
total	M€	22,7	33,4	45,3	49,7	56,9	57,7

Figure I.1 – Modèle des coûts sur un tableur

Ce tableau représente les valeurs collectées pour le passé. L'objectif du modèle est bien sûr de pouvoir extrapoler pour les années suivantes. Cette extrapolation se fait à partir d'équations et de paramètres. Les équations formalisent les règles de dépendances que nous avons proposées dans le chapitre 8. Nous allons les commenter dans la section suivante. Les paramètres sont les coûts unitaires qui ont été évoqués dans la première partie : coût d'achat des projets (à partir des points de fonction), coût d'achat des serveurs (en fonction des TPMC), coût d'hébergement, coût d'exploitation et coût de maintenance.

Pour une véritable utilisation du modèle, il faut collecter ces valeurs chaque année pour une entreprise donnée, et en déduire les valeurs prévisionnelles (avec la méthode statistique de son choix). Pour l'entreprise virtuelle MonEp, j'ai pris le problème à l'envers : j'ai retenu des « valeurs de marché » – cf. les explications du chapitre 1 – et j'ai reconstruit un historique virtuel représenté par le tableau suivant. On notera que les maintenances logicielle et matérielle sont calculées à partir d'un taux, qui est majoré par un coefficient (identique) en fonction de l'âge moyen. Le taux de maintenance SW est de 7%, le taux de maintenance HW est inclus dans le coût d'hébergement par serveur.

		2001	2002	2003	2004	2005	2006
Paramètres	Achat (€/FP)	250	220	230	210	200	190
	Achat (€/TPMC)	10,0	7,5	5,6	4,2	3,2	2,4
	kTPMC/serveur	13	15,6	18,7	22,5	27,0	32,3
	Herbergement (k€/serveur)	6	5,9	5,8	5,6	5,5	5,4
	progiciel(%)	10%	10,1%	10,2%	10,3%	10,4%	10,5%
	TPMC/kclient x kFP	7	7	7	7	8	8
	exploitation(€/FP)	22	21,6	21,1	20,7	20,3	19,9
	maintenance SW	7%	taux base				
	taux de vétusté	15%	par année				
	taux A&Support	15%	vs socle				

Figure I.2 – Paramètres du modèle

I.3 EXPLICATIONS

I.3.1 Principes de modélisation

Voici, de façon simplifiée, la liste des équations qui constituent le modèle. Ces équations permettent de construire le budget prévisionnel sur les années à venir. Ce modèle s'appuie sur deux grandeurs en entrée : le nombre prévu de clients et le budget souhaité en termes de projets. Toutes les autres valeurs sont calculées de la façon suivante :

- Le besoin en TPMC est extrapolé à partir du produit nombre_de_clients × taille_du_parcSW
- Le nombre de serveurs à acheter est le ratio du besoin nouveau en TPMC (le chiffre précédent, moins le parc HW actuel diminué par l'application du facteur de renouvellement) sur la puissance moyenne d'un serveur[1].
- On en déduit la puissance du parc HW installé, le nombre de serveurs, ainsi que l'âge moyen.
- Le budget projet permet de déduire le nombre total de points de fonction représenté par l'ensemble des projets, en partant du coût d'achat en €/PF. Une très légère tendance aux gains de productivité est introduite (-2% / an).
- Ce nombre brut de nouveaux points de fonction est ventilé en nouveaux projets, refontes et amélioration, ce qui permet de construire la taille du nouveau parc logiciel, en utilisant la décomposition qui est expliquée dans la section suivante. Le taux de refonte permet également de calculer l'âge moyen des applicatifs. Par défaut, le modèle utilise des taux d'accroissement (nouveau) et de remplacement (refonte) constants, mais il est facile de faire varier ces taux pour étudier leurs conséquences, ce que nous avons fait implicitement dans le chapitre 8 et qui sera explicité dans la section suivante.
- Les achats en progiciels sont extrapolés à partir des montants des projets (en tant que fraction des dépenses). L'exemple décrit ici utilise un ratio quasi-constant, mais il serait facile de simuler l'impact de l'augmentation de la part des progiciels.
- La maintenance logicielle (corrective & maintenance progicielle) est obtenue comme le produit de la taille du parc par un taux de maintenance qui varie en fonction de l'âge (cf. tableau précédent : 7% × (1 + 15% × âge))[2].

1. Nous extrapolons la puissance moyenne des serveurs, ainsi que leur prix d'achat, en fonction des tendances constatées dans le passé, qui suivent la loi de Moore, avec un léger amortissement (pour cet exemple : gain de 20% en puissance pour une baisse de prix de 25% par an).
2. Le chiffre de 15% peut sembler élevé, mais c'est une approximation linéaire d'une fonction en escalier. La maintenance (progicielle ou matérielle) est très peu chère durant les premières années, puis augmente par paliers importants lorsqu'on sort des périodes de « GA » (*General Avalability*), puis de la période de support.

- Les coûts d'exploitation sont séparés en deux parties : l'exploitation des logiciels et celle des serveurs (l'hébergement). Les 15% indiqués dans le chapitre 1 se répartissent approximativement en 10% et 5%. Les coûts de production liés aux logiciels sont proportionnels au parc applicatif, en incorporant une hypothèse de gain de 2% par an.
- Les coûts d'hébergement sont proportionnels au nombre de serveurs. Nous avons fait ici l'hypothèse que les serveurs sont homogènes, et que leurs TCO sont connus[1]. Nous appliquons la même décote de vétusté que précédemment : le taux de base d'hébergement baisse à cause des gains de productivité, mais une augmentation de 15% pour chaque année d'âge moyen du parc est appliquée.

I.3.2 Modèle du parc logiciel

La ventilation des projets dans les catégories nouveau/refonte/amélioration est complexe puisque la plupart des projets sont hétérogènes. Un projet de refonte, par exemple, contient à la fois du remplacement et de la nouveauté. Il est cependant essentiel d'utiliser l'historique de l'entreprise pour comprendre quelle est sa typologie de projets. Si la ventilation type est stable (c'est souvent le cas), on peut à la fois comprendre le passé et prévoir l'évolution du parc. Dans la pratique, on part des taux des deux premières catégories (plus faciles à mesurer) pour en déduire le troisième. Notons que cette catégorie (amélioration) incorpore les petites évolutions (MEF, cf. 1.4.2).

L'équation différentielle de l'évolution du parc applicatif peut être résumée comme suit (cf. la figure suivante), en séparant progiciel et développement spécifique:

- Les points de fonctions correspondant à la fraction « nouveau » des projets sont simplement ajoutés.
- Les points de fonctions correspondant aux projets de refonte doivent remplacer ceux des applications qui sont refondues, modulo un certain pourcentage de non-nettoyage.
- Le pourcentage restant, qui correspond aux projets d'amélioration, se traduit par une substitution, plus une augmentation due à deux phénomènes. D'une part, on observe une complexification progressive : la nouvelle fonctionnalité « améliorée » est plus complexe que celle qu'elle remplace. D'autre part, le « code mort » (correspondant à des fonctions qui ne sont plus utilisées) n'est pas nettoyé et reste présent dans l'application.

1. Cette hypothèse est vérifiée : il est facile d'obtenir des indications de coût par serveur, comme cela a été indiqué au chapitre 2. En revanche, nous n'avons pas pris en compte l'évolution des coûts de l'énergie, ce qui invalide probablement l'utilisation à long terme. Urs Hoelzle, de Google, pense que les coûts électriques deviendront à terme le facteur le plus important dans la gestion d'un data center. Dès aujourd'hui, la consommation électrique liée à un PC (y compris la climatisation) atteint au bout de quatre ans 50% de la valeur d'achat.

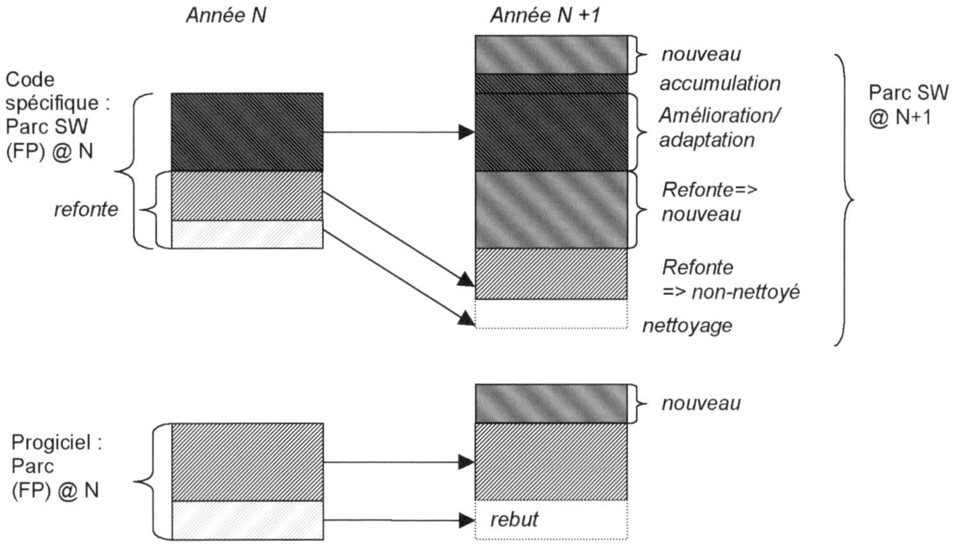

Figure I.3 – Cycle de vie du parc applicatif d'une année sur l'autre

Le taux d'accumulation s'obtient également par observation statistique. Il est d'autant plus important que les applications qui constituent le parc applicatif sont importantes, et également fonction de la rigueur de l'équipe de développement. La caractérisation de l'évolution du parc applicatif au travers de la répartition nouveau/amélioration/refonte et du taux d'accumulation de code est l'acte principal (et le plus difficile) de la modélisation, le reste étant obtenu de façon quasi-mécanique.

I.4 EXEMPLES

Nous allons terminer cette présentation en montrant quelques applications de ce modèle qui ont permis de produire les courbes présentées dans le chapitre 8.

I.4.1 Scénario de dimensionnement du parc applicatif

Nous allons commencer par décrire les trois scénarios qui permettent de produire les courbes de la section 8.2. Il s'agit de comparer les effets des stratégies de croissance du parc applicatif. Dans les trois cas, nous supposons que le taux de nettoyage est de 90% (du code remplacé par des refontes), mais que le taux d'accumulation est de 50%.

1. Scénario croissance : correspond à un facteur « nouveau » de 40%, avec un taux de refonte de 10%. Attention, ce taux signifie que 10% du montant des projets est affecté à des refontes, pas que 10% des applications sont refondues.

2. Scénario médian : (représenté sur 11 ans) suppose que le taux d'accroissement est de 20%, ainsi que le taux de renouvellement.
3. Scénario maîtrise : taux d'accroissement de 10%, et un taux de renouvellement de 40%.

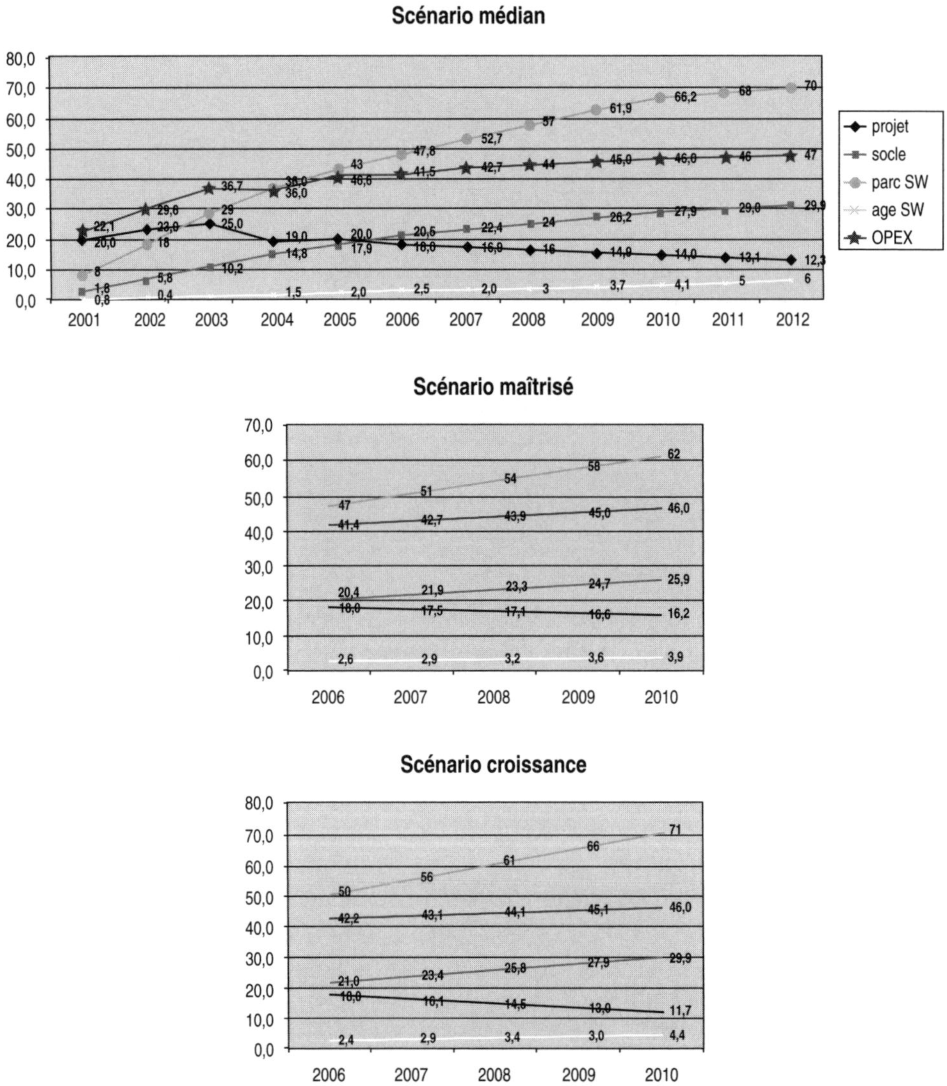

Figure I.4 – Trois scénarios de dimensionnement du parc applicatif

On remarque que dans les trois cas, l'âge moyen augmente. En effet, pour stabiliser l'âge moyen à la valeur de n années, il faut renouveler une fraction $1/n$ du parc, ce qui peut représenter une part très importante du budget affecté aux projets, en particulier si le budget a été plus élevé dans le passé. Dans un scénario idéal (en dehors de la croissance, sans accumulation et avec un budget stable), l'équation du modèle est stable dans le sens où le parc applicatif mesure précisément *n* fois le volume produit par la refonte, donc on peut choisir n'importe quel taux de refonte, qui devient le taux de renouvellement et détermine l'âge moyen.

Dans la réalité, le taux d'accumulation provoque un vieillissement, mais surtout le budget projet varie. Si le parc est important parce qu'il reflète de précédentes « années fastes », le taux qu'il est nécessaire d'affecter à la refonte peut attendre 100% de l'enveloppe projet (voire le dépasser si le budget projet est trop réduit). Cela rejoint une remarque nous avons déjà faite : réduire le budget informatique en réduisant l'enveloppe projet est une stratégie à court terme.

I.4.2 Scénarios de renouvellement (influence de l'âge du parc)

L'étape suivante est la comparaison de trois scénarios en termes de renouvellement, ce qui correspond aux courbes présentées dans la section 8.3.2. Dans ces scénarios, la part consacrée aux nouveaux projets est constante, et l'enveloppe projet est ajustée de telle sorte que le total des OPEX en 2010 soit le même (46 M€).

1. Scénario amélioration : le taux de refonte est de 10%.
2. Scénario médian : le taux de refonte est de 20%, ce qui correspond au scénario médian présenté plus haut.
3. Scénario maîtrise : le taux de refonte est de 50%. Rappelons (cf. la section précédente) que cela ne signifie pas renouveler 50% des applications mais utiliser 50% du budget. Nous sommes ici dans un scénario (commun) de maîtrise des coûts, qui se traduit par un budget projet en baisse.

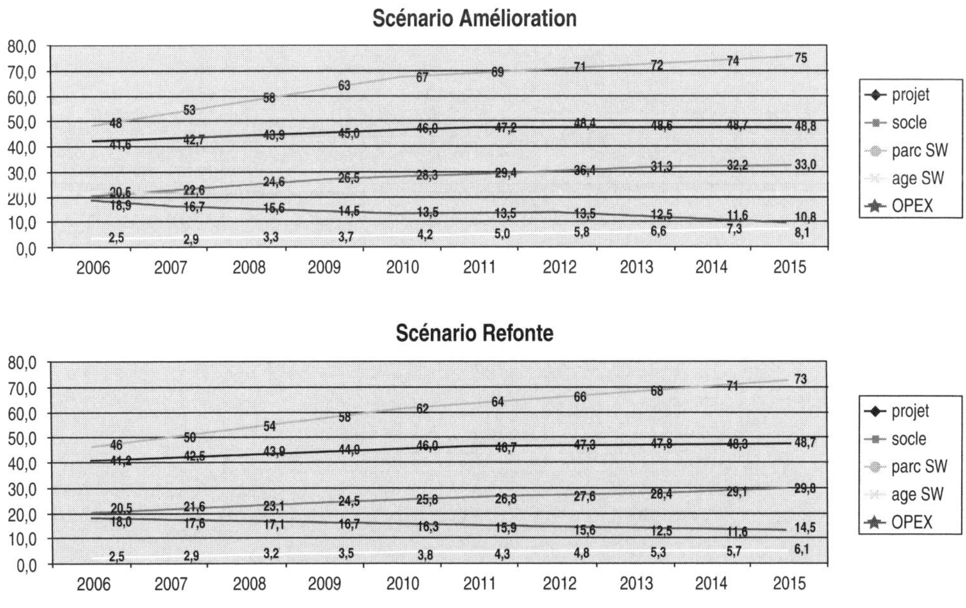

Figure I.5 – Influence du taux de renouvellement (à 10 ans)

On voit que, compte tenu des hypothèses d'accumulation de 50% de code mort, un taux de 50% de projets de renouvellement n'est pas suffisant pour compenser le vieillissement du parc. En prolongeant la courbe de la section 8.3 sur 10 ans, la différence entre les deux stratégies devient plus importante. La première approche conduit à un étouffement du budget projet.

I.4.3 Scénarios de nettoyage applicatif

Cette section compare les scénarios qui ont servi à produire les courbes de la section 8.5.1. Rappelons les trois scénarios :

1. Scénario croissance : le taux de nettoyage applicatif est de 60% et le taux d'accumulation est de 70%.
2. Scénario médian : le taux de nettoyage est de 80% tandis que le taux d'accumulation est de 50%
3. Scénario maîtrise : le taux de nettoyage est de 90% et le taux d'accumulation est de 30% (rappelons qu'en théorie, on s'attendrait à 100% et 0%).

Nous reproduisons ici les courbes de la figure 8.6 :

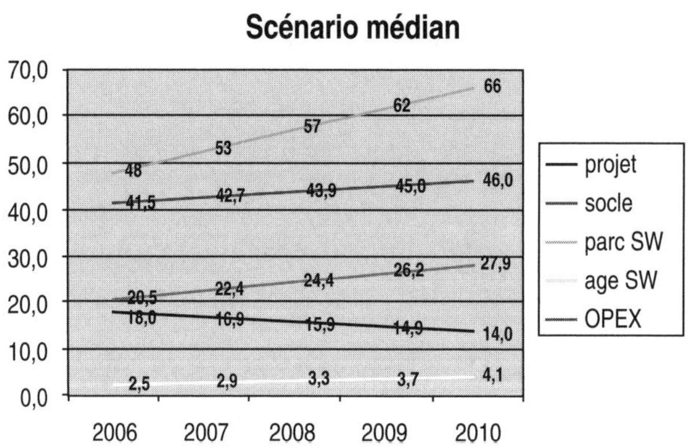

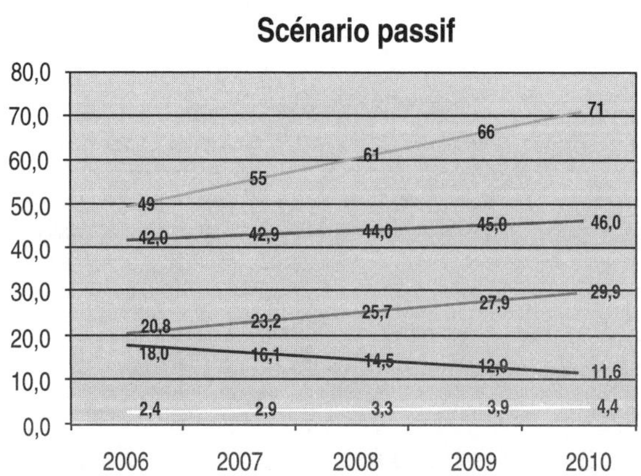

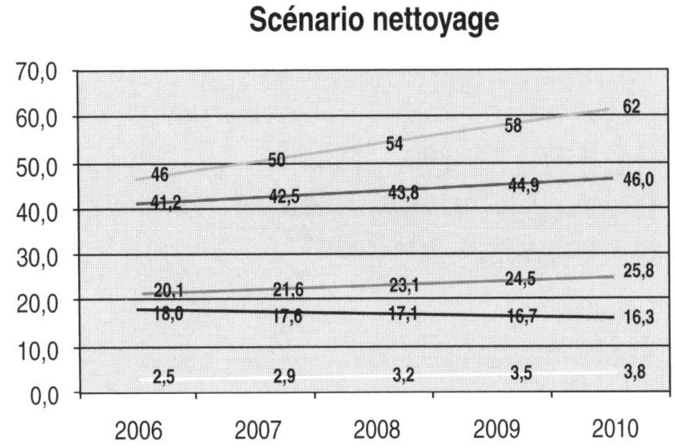

Figure I.6 – Impact du nettoyage applicatif

I.4.4 Scénarios de gestion du parc matériel

Nous allons terminer en comparant trois scénarios de gestion de parc matériel. Les trois scénarios correspondent au scénario médian qui a servi comme point central pour cette annexe, et nous ne faisons varier qu'un paramètre, le taux de renouvellement des serveurs. Dans le scénario médian, le taux de renouvellement est de 15%, le scénario actif porte le taux de renouvellement à 25%, tandis que le scénario passif utilise un taux de renouvellement à 5%.

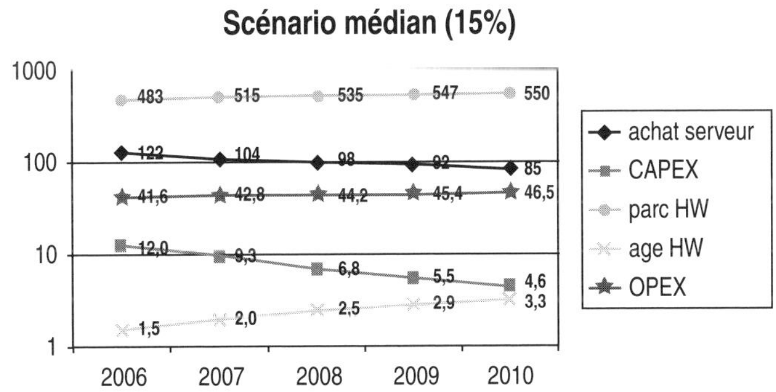

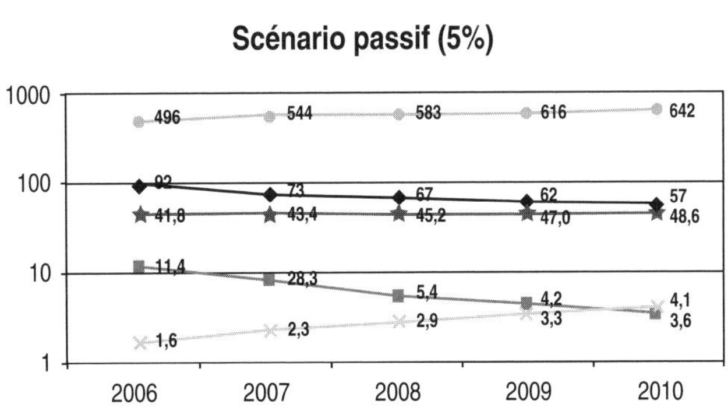

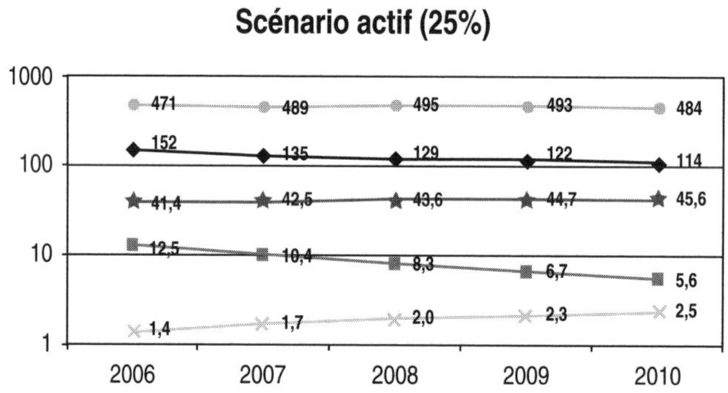

Figure I.7 – Impact du taux de renouvellement matériel

Avec les valeurs de TCO que nous utilisons dans ce modèle, on voit que les scénarios à 15% et 25% sont sensiblement équivalents, et supérieurs au scénario passif (une démonstration de l'affirmation que la « loi de Moore n'est utile que si l'on s'en sert »). Le calcul précis du taux idéal de remplacement exige d'avoir des TCO précis, et serait donc complètement ridicule en partant d'un modèle générique avec des ratios moyens.

II

Modèle « Architecture d'entreprise et flots d'information »

II.1 INTRODUCTION

Une partie importante de l'action sur l'organisation a pour but d'augmenter la réactivité et la flexibilité. Ces points ont été développés brièvement dans le corps de ce livre, mais ils sont le centre de nombreux ouvrages de management, dont une partie est citée dans la bibliographie.

Ce sont deux qualités essentielles, tout le monde en conviendra, mais qui sont :

1. difficiles à mesurer,
2. encore plus difficiles à valoriser.

Pour reformuler de façon plus claire, si une nouvelle organisation permet de réduire de 10% le temps de propagation de l'information, quel est le gain économique pour l'entreprise ? Il est, pour l'instant, très difficile de répondre à cette question, même pour une entreprise donnée.

Ce paradoxe rend la modélisation/formalisation des questions d'organisation et d'optimisation de l'entreprise difficile, voire vouée à l'échec. Nous aboutissons à la même difficulté que celle relevée dans le chapitre 2 sur la valorisation de la flexibilité. Une façon de lever cette difficulté est de s'appuyer sur la simulation[1], mais cette

1. À titre d'exemple, une grande partie du travail théorique sur les réseaux sociaux d'interaction est fait avec des simulations sur ordinateurs. Nous évoquerons un peu plus loin le travail de Duncan Watts sur les « petits mondes » et les « six degrés de séparations ». Une excellente introduction au domaine de l'analyse des réseaux d'interaction est proposée en ligne par Alain Degenne : http://www.liafa.jussieu.fr/~latapy/RSI/Transparents/degenne.ppt.

approche est en dehors du champ de cet ouvrage, parce qu'il manque le corpus de données expérimentales qui permettraient de valider les résultats des calculs[1].

L'objectif de cette annexe est de proposer quelques éléments de modélisation (principes et équations) qui permettent de réfléchir et d'approfondir ce qui a été dit dans la deuxième partie de cet ouvrage. Comme nous ne ferons aucune hypothèse sur la « rentabilité » des gains de temps et des gains de réactivité, il reste à chacun à se forger sa conviction sur les enjeux qui sont associés à l'optimisation des canaux de communication.

II.2 DIVERSITÉ ET COMPLÉMENTARITÉ DES CANAUX DE COMMUNICATION

De façon implicite, le sujet principal est l'optimisation du temps, qui est la ressource finie et mesurable que chacun doit gérer. En matière de communication, nous avons évoqué plusieurs outils, que nous allons regrouper en quatre types de canaux (avec un certain degré de simplification[2]):

- Le canal synchrone, qui regroupe toutes les communications entre deux personnes, en face-à-face, par téléphone, messagerie instantanée, etc.
- Le canal asynchrone, qui regroupe les communications asynchrones de type e-mail, SMS, courrier, dépose d'un message ou document sur un blog, site web, etc.
- Le canal « réunion », qui représente l'utilisation de réunions planifiées.
- Le canal « hiérarchique », qui représente les transmissions d'informations en face-à-face, lors de points planifiés entre un manager et ses collaborateurs.

Cette décomposition n'est pas complète (nous ne traitons pas par exemple les réunions inopinées) et elle est quelque peu schématique, mais elle va permettre un premier niveau d'analyse simplifié. Une des premières questions qui se posent est l'arbitrage de son temps entre les différents canaux de communication. Pour mesurer la pertinence d'un canal, on peut le juger sur trois critères :

- Le débit, c'est-à-dire la quantité d'information que ce canal est susceptible de transporter en un temps donné. Le débit dépend de caractéristiques intrinsèques (cf. les indications sur les vitesses de lecture, d'écriture, d'écoute et

1. Les lecteurs curieux pourront se référer au blog de l'auteur sur le sujet « Architecture organisationnelle ». Le niveau de détail fourni dans cette annexe va frustrer les lecteurs qui chercheraient à effectuer un travail de modélisation en vue d'une simulation. Je me contenterai de faire quelques remarques dans les notes.

2. Par exemple, je ne sépare pas les communications physiques et électroniques (coup de fil versus point particulier, réunion versus *conference call*). Cela revient soit à négliger les temps de déplacement, soit à considérer que les progrès que les communications électroniques vont faire permettent de « faire comme si » tous les acteurs étaient co-localisés.

d'élocution) et les capacités à mutualiser (un émetteur pour plusieurs récepteurs).

- La latence, c'est-à-dire la vitesse de propagation d'une information donnée. En fait, nous pourrions prioriser les informations, et ce qui nous intéresse est véritablement la latence associée à la transmission des informations prioritaires (le signal plus que le contenu, en termes de théorie de l'information).
- L'efficacité, c'est-à-dire la fidélité du message reçu par rapport à celui qui est transmis. Le problème ne se pose pas simplement en termes de perte d'information (cas classique de la théorie de l'information) mais en termes de richesse (« *bandwidth* ») de la communication (cf. les remarques du chapitre 5 issues du domaine CMC)[1].

À défaut d'une modélisation des canaux, le tableau suivant fournit quelques principes pour décrire les qualités des différents canaux selon ces trois critères[2].

Tableau II.1 — …

	Débit	**Latence**	**Fidélité**
Synchrone	Référence : 100 mots par minute, sauf dans le cas d'une communication synchrone par écrit (IM).	Cela va être le sujet de la section suivante (2.3) : la latence dépend de la « joignabilité », et donc du taux d'occupation des deux parties	Elle dépend du médium de communication synchrone. Si la référence est la communication en *one-to-one*, la fidélité diminue lorsqu'on passe à une communication vocale, et encore plus lorsqu'on passe à l'écrit.
Asynchrone	Asymétrique : plus lent pour l'émetteur, plus rapide pour le lecteur (au détriment de la fidélité). Importante opportunité de mutualisation.	Le découplage entre émission et réception diminue la sensibilité au taux d'occupation (par rapport à une communication asynchrone). La latence est cependant une donnée culturelle, qui dépend de la fréquence de la lecture de sa boîte électronique.	La fidélité est variable et médiocre, comme nous l'avons indiqué dans le chapitre 4, pour deux raisons : l'utilisation de l'écrit (cf. plus haut) et le caractère asynchrone qui supprime le feedback (cf. la notion de « bandwidth »).

1. La modélisation de la fidélité en vue de la simulation est complexe. On peut introduire une probabilité de perte d'information, ou, ce qui est plus réaliste, un taux de réémission : un canal peu fidèle va nécessiter l'émission de plusieurs messages pour faire passer la même information. On est de toute façon très loin de la réalité de la différence entre les canaux selon que l'intonation de la voix, la posture corporelle, l'expression du visage est disponible pour le récepteur ou non.
2. Je ne m'intéresse ici qu'à l'aspect « transfert d'information » de la communication. Par exemple, la communication écrite a d'autres avantages en termes de traçabilité et d'archivage.

	Débit	Latence	Fidélité
Réunion	Le débit est semblable à celui de la communication synchrone, mais on profite de la démultiplication liée à la réunion (dès lors que les « bons participants » sont rassemblés)	Cela va être le sujet de la section 2.4: la latence est relativement indépendante du taux d'occupation mais dépend de la structure du système réunion et en particulier du diamètre réunionnel. En théorie, elle est supérieure à celle des canaux synchrones & asynchrones, mais en cas de surcharge, ce n'est plus forcément vérifié (lorsqu'il faut une semaine pour trouver « cinq minutes » avec un interlocuteur).	La fidélité est bonne puisque la réunion permet un contact physique et une réactivité (feedback = ajustement continu au retour de l'interlocuteur). La fidélité diminue (comme la latence) lorsqu'il faut plusieurs réunions pour transmettre une information (cf. section 2.4)
Hiérarchique	Le canal hiérarchique offre par construction un très bon taux de mutualisation lorsqu'il est utilisé de façon descendante. Le débit « montant » est par construction faible puisqu'il faut utiliser plusieurs interlocuteurs intermédiaires.	Comme pour les systèmes de réunions planifiées, la latence est indépendante du taux d'occupation. La latence est d'autant plus faible que la hiérarchie est plate (2.5)	La fidélité diminue avec le nombre d'interlocuteurs intermédiaires, elle est donc meilleure si la hiérarchie est plate.

Même si ce tableau est très simplifié, il permet néanmoins de justifier les trois affirmations suivantes qui font implicitement partie des messages de la deuxième partie du livre :

1. Chaque canal est utile car aucun ne domine les autres. En fonction des critères, on voit que chaque canal peut être le plus approprié.
2. L'optimisation est propre à chaque entreprise, puisque les performances de chaque canal dépendent de la culture de l'entreprise, et que les objectifs (la pondération des critères) sont également propres à chaque entreprise.
3. La seule approche possible est l'amélioration continue, à partir d'expériences pratiques. La difficulté à modéliser les objectifs (cf. introduction) et à mesurer les performances (ex : la fidélité) rend irréaliste une approche d'optimisation purement analytique.

II.3 TAUX DE RÉUNION ET RÉACTIVITÉ

On peut également déduire du tableau précédent deux principes antagonistes :

- Le « système réunion » est utile car il a un bon débit et une bonne fidélité (en particulier il domine clairement les points individuels sur le critère du débit et l'usage du mail sur le critère de la fidélité).
- Le meilleur canal pour la réactivité est le canal synchrone (le coup de téléphone ou le point personnel), suivi de près par le canal asynchrone.

L'antagonisme vient du fait que plus on utilise le système réunion pour favoriser le débit du transfert d'information, plus le taux d'occupation augmente et réduit l'efficacité des canaux synchrones/asynchrones en termes de temps de latence.

La figure suivante reproduit les temps de latence (en heure), en fonction du taux d'occupation, pour les trois activités suivantes : lire son e-mail, passer un coup de fil, monter une réunion improvisée à quatre personnes[1]. Pour construire cette figure, nous avons fait l'hypothèse de réunions par blocs d'une heure, et d'une fréquence de lecture des mails de deux fois par jour. Bien entendu, si les mails sont lus en continu sur un blackberry , la latence est très différente[2].

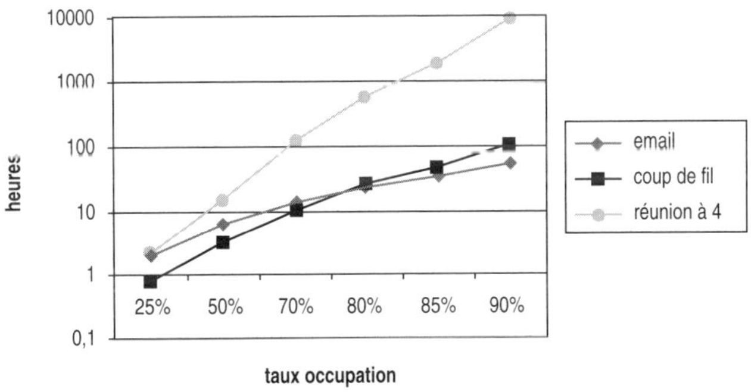

Figure II.1 – Temps de latence en fonction du taux d'occupation

Cette courbe permet également de comprendre l'intérêt et l'importance du système de réunions planifiées (attention à l'échelle logarithmique). En termes de

1. J'utilise un modèle grossier, issu d'une modélisation d'ordonnancement de file d'attente avec des blocs temporels de longueur d. Pour simplifier si x est le taux d'occupation (entre 0 et 1), et $\bar{x} = (1 - x)$, le temps qu'il faut pour placer un nouveau bloc acceptable pour k participants est $d \times (1 - \bar{x}^k)/(\bar{x}^k)$. Cette formule (approchée) s'obtient facilement par récurrence (considérer deux cas : le créneau suivant est libre pour les k, ou on passe au créneau suivant, en supposant l'indépendance de chaque créneau horaire).
2. On peut même aller plus loin et qualifier le blackberry de dispositif faiblement intrusif à très faible latence, ce qui s'applique également au SMS.

latence, il est rapidement plus efficace d'utiliser des réunions planifiées, même si quatre participants parmi les huit sont concernés, plutôt que d'organiser une réunion ad hoc[1].

Il serait tentant d'essayer de poursuivre cette analyse pour déterminer un taux de réunion optimal. Hélas, cela suppose de savoir caractériser la valeur de la réactivité et reste donc un sujet ouvert. En revanche, on peut en déduire une règle de bon sens :

- Pour qu'une entreprise soit réactive, il faut limiter le taux d'occupation, c'est-à-dire conserver du temps libre.

II.4 DIAMÈTRE RÉUNIONNEL ET EFFICACITÉ DES COMMUNICATIONS

Nous allons maintenant nous intéresser au système réunion en tant que canal de communication, essayer de caractériser sa latence et en déduire quelques propriétés qu'un système de réunion devrait avoir dans une entreprise moderne. Si l'on prend le point de vue d'une personne, le système réunion se caractérise de trois façons :

- L'emprise temporelle, c'est-à-dire le temps total passé en réunion, que l'on peut représenter comme une fraction T du temps total de travail. Cette fraction participe au taux d'occupation que nous avons évoqué précédemment[2].
- Le nombre de personnes rencontrées au cours des réunions (le diamètre réunionnel).
- La distribution des fréquences de contact sur l'ensemble de ces personnes. Il y a plusieurs façons de caractériser cette distribution. On peut par exemple, segmenter le diamètre réunionnel en plusieurs sous-ensembles : les personnes que l'on rencontre une fois par jour (en moyenne), celles que l'on rencontre une fois par semaine, et les autres.

La figure suivante offre deux vues très simplifiées sur le système réunion en tant que canal de réunion. La vue de gauche représente l'ensemble des réunions planifiées auxquelles assiste un individu donné. Chaque réunion est un sous-ensemble de

1. Nous ne parlerons pas ici du « bon nombre » de personnes en réunion, car c'est, à mon avis, plus un sujet de sociologie et de psychologie (cf. chapitre 4 et le livre de C. Morin) que d'analyse de flux. Notons cependant que du point de vue de l'optimisation du canal, le nombre de personnes idéal dépend (a) du nombre de personnes concernées – le principe de la mutualisation – (b) du besoin de réserver des zones de « présence simultanée » en fonction du taux moyen d'occupation des personnes.

2. Une « bonne pratique » de la gestion personnelle du temps consiste à observer la corrélation entre le taux total d'occupation (que l'on peut observer de façon statistique dans l'agenda électronique) et le taux de réunions programmées (le paramètre T). On en déduit ainsi la valeur maximal T_{max} qui permet d'éviter de saturer le taux d'occupation global. On peut aussi faire une chrono-analyse d'un mois type et déterminer T_{max} par différence.

personnes[1]. La taille de l'union de ces réunions est ce que nous avons appelé le diamètre réunionnel (nous ferons un abus de langage en appelant Dr à la fois l'ensemble et sa taille, c'est-à-dire le nombre de personnes rencontrées en un cycle de réunions). C'est un sous-ensemble de l'ensemble des personnes vers qui il est nécessaire d'émettre de l'information, dont la taille peut être qualifiée de diamètre informationnel (Di). Nous représenterons, avec la même liberté, à la fois le nombre et l'ensemble par R.

La vue de droite est une abstraction de la figure du chapitre 6, c'est-à-dire le graphe d'interaction associé au système réunion. Chaque arête représente le fait qu'il existe une (ou plusieurs) réunion commune, l'étiquette associée à l'arête représente la fréquence de contact (une fréquence 1/100 signifie que les deux personnes passent une heure en réunion toutes les 100 heures).

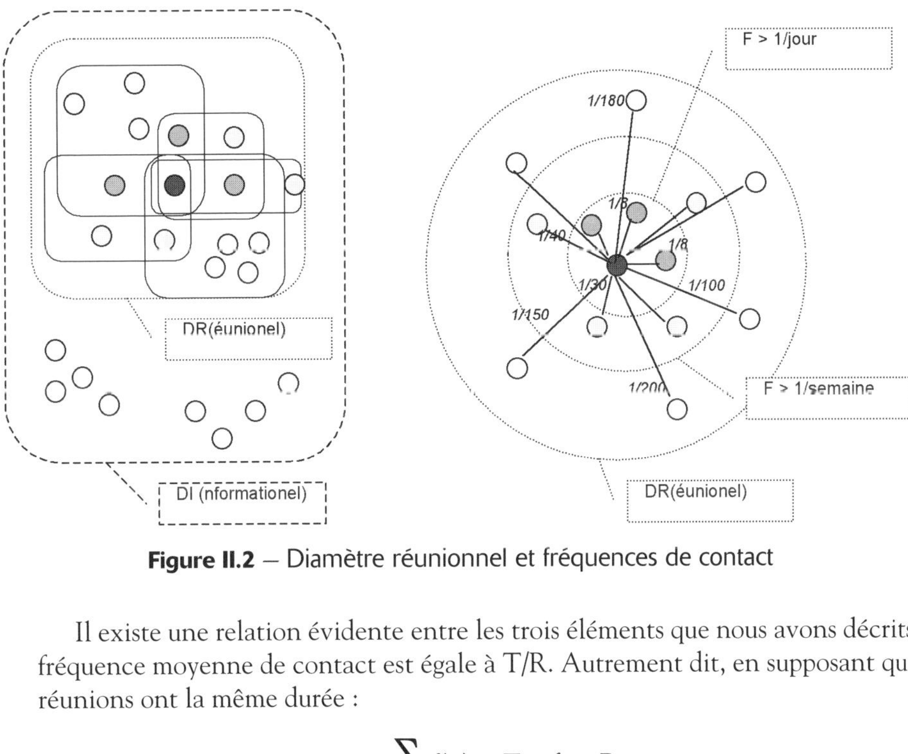

Figure II.2 – Diamètre réunionnel et fréquences de contact

Il existe une relation évidente entre les trois éléments que nous avons décrits. La fréquence moyenne de contact est égale à T/R. Autrement dit, en supposant que les réunions ont la même durée :

$$\sum_{x \in R} f(x) = T = f_m \text{ x R}$$

La constitution d'un système réunion consiste à faire deux compromis : la taille de Dr par rapport à Di (nous allons voir où se situe le compromis plus loin) et la dis-

1. Pour les lecteurs ayant des affinités mathématiques, on remarquera que l'étude du système réunion est semblable à l'étude des réseaux sociaux, en passant des graphes (d'interaction) aux hypergraphes (chaque réunion est une « hyper-arête »). Nous utilisons implicitement un plongement de la structure d'hypergraphe dans celle d'un graphe, par exemple pour construire un graphe d'interaction étiqueté avec les fréquences de contact.

tribution à l'intérieur de Dr (voir tout le monde peu souvent, ou favoriser des noyaux plus connectés et des zones à diffusion lente).

Nous allons maintenant essayer de caractériser la latence du transfert d'information par le canal des réunions. En première analyse, c'est le produit de deux facteurs :

- Le nombre de réunions nécessaires pour aller de la source à la cible, le degré de séparation dans le système réunion. Il s'agit du chemin le plus court, donc même si Di = Dr, le chemin peut emprunter plusieurs réunions.
- Le temps de latence propre à une réunion, qui est en première approximation la moitié de l'inverse de la fréquence (si la réunion a lieu une fois tous les 10 jours, le temps pour que la réunion arrive à partir d'une date choisie aléatoirement est de 5 jours en moyenne).

Le sujet des « degrés de séparations » est un sujet passionnant qui est le centre de beaucoup d'attention depuis quelques années[1]. Comme nous l'avons remarqué dans une note précédente, le calcul de la latence est une variante plus sophistiquée du calcul du degré de séparation, mais on y retrouve tous les concepts importants. Par exemple, l'analyse des réseaux sociaux fait émerger l'importance des acteurs « fortement connectés »[2]. On va retrouver le même rôle dans l'analyse du système réunion, qui peut être joué par un manager ou un chef de projet.

Commençons par faire deux hypothèses fortes : (1) la fréquence de contact est uniforme, (2) le graphe réunionnel vérifie l'hypothèse des « petits mondes », puisqu'il s'agit d'un réseau social, et que les réseaux sociaux vérifient cette hypothèse le plus souvent (nous reviendrons sur ce point).

Dans ce cas, le degré de séparation est $\log(D_i)/\log(D_r)$, la fréquence d'une réunion est T/R et la latence global du canal (le produit du degré de séparation par l'inverse de la fréquence) est $\log(D_i)/\log(D_r) \times R/T)$.

1. Suite aux recherches effectuées en 1967 par le psychologue social Stanley Milgram, différents chercheurs se sont penchés sur l'hypothèse des « six degrés de séparation », qui stipule que nous sommes tous en contact avec n'importe quel individu de la planète, en utilisant une chaîne de « connaissances » de moins de 6 maillons (où chacun connaît le suivant). Parmi ces chercheurs, Duncan Watts et Steve Strogatz ont caractérisé la notion de « *small worlds* », qui est un des concepts les plus importants dans l'analyse des réseaux sociaux (cf. plus loin). Voir à ce sujet le livre de D. Watts : *Six Degrees : The Science of a Connected Age*. Si le réseau social était aléatoire, en supposant que nous connaissons tous 100 personnes, les six degrés de séparation seraient une simple conséquence du fait que 10^{12} est plus grand que le nombre d'habitants de la planète. Mais c'est évidemment loin d'être le cas (il y a beaucoup de doublons dans mes amis et les amis de mes amis). La structure de petit monde se produit lorsque le regroupement naturel des « amis » en « tribus » est compensé par quelques connexions qui font que le diamètre est proportionnel au logarithme de la taille du monde.

2. cf. les références du chapitre 5, en particulier à « *The Tipping Point* » de Malcom Gladwel. Le rôle a été formalisé avec la notion de degré d'intermédiarité, due à Linton Freeman. Freeman est l'inventeur du concept de centralité, qui peut précisément être étendu à des graphes values, donc à des calculs de temps de latence. Lire, sur ce sujet, « *Centrality in valued graph : A measure of betweenness based on network flow* », in Social Networks, vol. 13, 1991.

Autrement dit, dans ce cas de figure, il faut choisir une petite valeur de Dr pour favoriser la latence[1], c'est-à-dire favoriser les petits groupes de personnes qui se voient souvent.

Si nous relâchons la première hypothèse et supposons, toujours pour simplifier, qu'il existe trois classes de fréquence (comme ce qui est indiqué sur la figure), le calcul de la latence revient à minimiser la longueur des chemins dans le graphe étiqueté associé au système réunion. Sans rentrer dans le détail des calculs, on s'aperçoit qu'il vaut mieux choisir des chemins qui utilisent des arêtes de fréquence élevée.

En fait, la formule précédente, même s'il s'agit d'une approximation, se vérifie de façon expérimentale lors de simulations numériques, indépendamment des hypothèses restrictives que nous venons de faire.

En revanche, la multiplication des étapes intermédiaires dans la propagation réduit la fidélité. Un système réunion qui reposerait uniquement sur des petits groupes fortement connectés n'est donc pas optimal. Ceci nous conduit à postuler que doivent coexister, à l'intérieur du diamètre réunionnel, des liens à fréquence élevée pour un petit diamètre, et des liens à basse fréquence qui permettent justement d'étendre ce diamètre. Cette approche permet, de plus, de favoriser l'émergence de la structure de « petit monde ». En effet, les expériences de D. Watts montrent qu'on construit cette structure précisément en ajoutant quelques liens « aléatoires » sur une structure de connexion régulière. Notons par ailleurs que l'inverse d'une structure de « petit monde » est, dans le cas qui nous intéresse, ce que l'on appelle une organisation en « silos », c'est-à-dire un graphe avec des structures fortement connectées mais trop peu reliées les unes aux autres.

Pour résumer et conclure, nous pouvons rappeler les règles que nous avons énoncées dans le chapitre 5 :

1. Il faut faire attention au temps total passé en réunion : maintenir T en dessous d'une valeur qui est compatible avec les attentes de réactivité des canaux synchrones et asynchrones.
2. Il faut utiliser un diamètre réunionnel large pour s'assurer de la fidélité de la transmission d'information, et pour favoriser l'émergence d'une structure de « petit monde ».
3. À l'intérieur du diamètre réunionnel, il faut favoriser l'existence de petits groupes fortement connectés (avec une fréquence élevée) qui améliore la latence des transferts d'information à haute priorité.

II.5 HIÉRARCHIES PLATES ET RÉACTIVITÉ

Le cas du canal hiérarchique est un cas particulier du système réunion, avec un graphe qui est représenté par la figure suivante. Pour être cohérent, nous allons appeler H le temps passé par chaque manager (sous forme de fraction) sur l'ensemble

1. La composante linéaire domine le logarithme inverse.

de ses réunions « hiérarchiques » : points avec le supérieur et les collaborateurs, comités de direction. Nous allons nous intéresser à un arbre régulier et équilibré de profondeur P et de taux de branchements N (chaque manager a N collaborateurs directs). Si nous supposons qu'il y a M managers, P vaut (log((1 + M × (N – 1)) / log(N)) – 1), ce que nous allons approximer par log(M)/log(N) (N étant petit devant M).

Notons tout de suite que le temps passé par un manager avec son collaborateur se décompose en un temps partagé (le comité) et un temps individuel (le point face-à-face). La répartition est fonction du type d'information qui circule et de l'opportunité ou non de mutualiser. Nous pouvons donc décomposer la fraction H en HP+HC : HP est le temps passé en points (N collaborateurs et un supérieur) et HC est le temps passé en comité.

La régularité de la structure (nous ignorons le cas du PDG et des collaborateurs « feuilles » de l'arbre) fait qu'il est facile de calculer les fréquences de contact sur les deux types de relation (manager–collaborateur et pair–pair, lors d'un comité de direction).

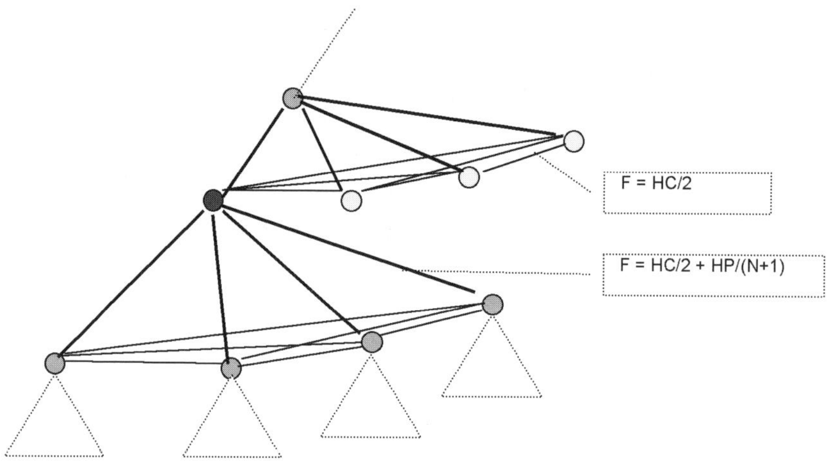

Figure II.3 – Une hiérarchie régulière

Le calcul de la latence est également un calcul de degré de séparation. Pour être un peu plus réaliste, on peut distinguer trois types de chemin :

- la remontée hiérarchique d'information (exemple : alerte, besoin d'arbitrage).
- la descente hiérarchique (exemple : consigne stratégique, repriorisation).
- transfert indéterminé (décomposé en une remontée et une redescente).

Nous n'allons pas ici rentrer dans les détails des calculs, mais il est clair que ces trois latences moyennes sont proportionnelles à la profondeur P de l'arbre. Il se trouve de plus que la fidélité et la latence évoluent de la même façon : plus la profondeur est faible, plus le degré de séparation est faible, plus la latence est faible et plus le nombre de répétitions est faible, donc plus la fidélité est élevée. En multipliant la fréquence par le degré de séparation, on obtient : log(M) / (log(N) * (HC /2 + HP/ (N + 1))).[1]

Cette vision théorique démontre de façon claire l'intérêt des hiérarchies plates (autrement dit, on minimise la latence en maximisant N). Dans la pratique, il faut nuancer pour deux raisons :

1. La remontée d'information n'est pas un travail de « porteur de seaux ». Chaque manager apporte une valeur ajoutée, ne serait-ce que la priorisation et le filtrage. La capacité de traitement dépend, au contraire, de la longueur de la chaîne. Une hiérarchie trop plate peut produire trop d'alertes, ou trop d'arbitrages.
2. Une partie importante du temps « hiérarchique » est utilisée pour des communications de type III (point à point). Si ces sujets sont traités en comité, peu de participants sont intéressés; si ces sujets sont traités en points individuels, plus N est grand, plus la fréquence est faible. Si, au lieu de raisonner en latence, on raisonne en débit, on s'aperçoit que pour une communication de type III, le débit vaut HC/2 × N pour un comité et HP/N + 1 pour un point. Il est donc d'autant plus faible que la hiérarchie est plate.

Ce deuxième point peut être reformulé de la façon suivante. Si nous qualifions les transferts de type III de transferts uniques (d'un manager à un autre, sans exploiter la capacité de mutualisation de la structure hiérarchique), le débit est inversement proportionnel au facteur de branchement N de l'organisation.

Nous pouvons donc conclure de ce petit exercice de modélisation qu'il y a un compromis à faire entre le débit et la latence. Une organisation réactive doit favoriser la latence et réduire la profondeur, mais cela diminue automatiquement le débit unique. Cela nous conduit naturellement au corollaire qui a été développé dans le chapitre 4 : une hiérarchie plate doit être complétée par des dispositifs transverses qui rétablissent une capacité à faire circuler plus d'information (des chefs de projets, des comités, etc.) et qui évitent de faire fonctionner le canal hiérarchique de façon sous-optimale sur des transferts uniques.

1. On remarque donc que l'aplatissement du canal hiérarchique n'est intéressant que du point de vue des comités. Pour ce qui est des points individuels, la baisse de la fréquence engendrée par l'augmentation de N domine la diminution de la profondeur.

III

Modèle « Pyramide des âges, positions et qualifications »

III.1 INTRODUCTION

Cette dernière partie de l'annexe contient quelques éléments de modélisation qui correspondent au chapitre 6. Il ne s'agit pas de rentrer dans une modélisation complexe, mais plutôt d'utiliser quelques équations simples, et de commenter les déductions qui peuvent être faites.

La section A.3.2 porte sur la pyramide des âges, tandis que la section A.3.3 porte sur la « pyramide des qualifications » telle qu'elle a été définie dans la section 6.4. Qu'il s'agisse de l'une ou l'autre de ces pyramides, il est plus facile de décrire leur évolution que de la caractériser de façon analytique. En conséquence, je vais me contenter d'un niveau d'analyse sommaire, en renvoyant le lecteur qui souhaite approfondir à l'utilisation d'une simulation numérique.

III.2 PYRAMIDE DES ÂGES

III.2.1 Formes et stabilité de la pyramide des âges

Comme cela a été expliqué dans le chapitre 6, il est intéressant de se poser la question de la forme cible de la pyramide des âges. La pyramide des âges est un objet « mobile » qui évolue au cours du temps, et elle n'est pas nécessairement stable. En revanche, il est utile de la considérer comme la somme d'une forme stable et d'un vecteur correctif qui se déplace[1]. L'existence d'une forme stable est nécessaire pour éviter des coûts de fonctionnement qui augmentent ou un vieillissement qui devient incompatible avec la distribution des postes.

La forme stable sous-jacente exprime un compromis entre :

- les besoins de l'entreprise, en fonction des types de qualifications associées aux postes. Il est possible de calculer une pyramide idéale correspondant à l'organigramme. Elle est souvent fortement instable (elle ne contient pas de débutants et très peu de seniors).
- l'effort nécessaire en termes de politique de ressources humaines pour maintenir cette forme. L'effort de recrutement (et d'allègement) s'obtient en faisant la différence entre la pyramide et sa translatée, comme cela a été vu sur la figure 6.1.

La forme qui minimise l'effort est une pyramide plate (un « tube »)[2]. Plus précisément, l'effort pour chaque classe d'âge est proportionnel à la pente (la dérivée) de la courbe. Si la courbe est ascendante, il faut recruter chaque année, si elle est descendante, il faut alléger. On peut donc lire la politique de gestion des ressources humaines implicite sur la forme stable sous-jacente de la pyramide des âges.

La figure suivante illustre cette idée sur trois formes types de pyramides. Sur chacune des illustrations, nous avons représenté la même courbe décalée d'une année, ce qui permet de « lire » la politique de ressources humaines nécessaire pour assurer la stabilité. La première courbe représente une entreprise de type « cabinet de consultants »[3] qui embauche des jeunes puis les encourage à partir avec une politique de promotion sélective. La seconde courbe représente une entreprise de type secteur public, qui est faiblement attractive sur ses niveaux de rémunération mais retient ses salariés par un niveau confortable de retraite. La troisième courbe correspond à une entreprise qui souhaiterait se concentrer sur une population « déjà formée au moment de l'embauche, et au maximum de sa productivité. En raccourcissant la base, la hauteur augmente et il faut nécessairement gérer un flux complexe d'embauches et de départs.

1. Le « vecteur de correction » est l'équivalent du « bruit » dans le rapport signal/bruit. Il correspond à un ensemble de petites spécificités qui sont là pour des raisons historiques et qui ne nécessitent pas forcément de corrections, parce qu'elles sont « petites ».
2. Cet effort est, approximativement, l'intégrale de la valeur absolue de la dérivée de la courbe, qui est minimisée en minimisant le maximum de la pyramide. Puisque la surface représente la population totale, la courbe qui présente la hauteur minimale à surface constante est la bande de hauteur constante.
3. Les étiquettes que je donne aux trois courbes sont des grosses caricatures, pour rendre les dessins plus parlants.

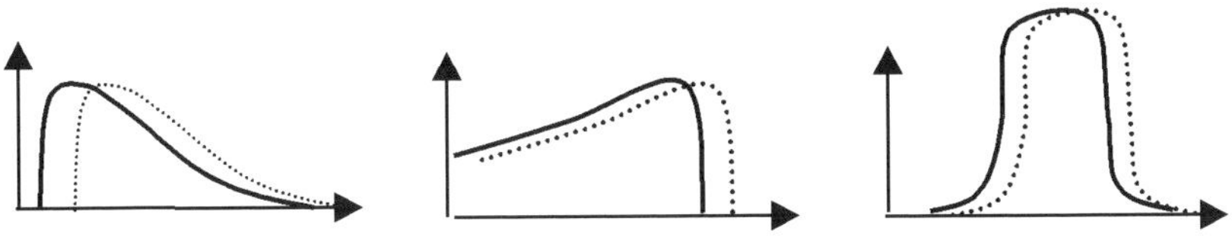

Figure III.1 – Trois formes de pyramide des âges

Nous avons vu dans le chapitre 6 que l'évolution de la pyramide des âges est facile à prévoir de façon approximative. L'évolution au bout de K années s'obtient en additionnant la courbe obtenue par une translation de la pyramide originale de K unités et un « vecteur de correction » qui représente la résultante des flux entrants et sortants pendant ces K années. S'il est difficile de piloter précisément ce flux, il est par contre facile de le borner (avec un intervalle), qui permet d'apprécier quelles sont les trajectoires possibles.

Le flux entrant est composé de deux parties, les remplacements (liés au turn-over) et la croissance. Une partie des remplacements est nécessairement « localisée » dans le sens où les collaborateurs embauchés doivent avoir approximativement le même âge et la même qualification que ceux qu'ils remplacent. Nous appellerons τ le taux de remplacement « poste pour poste » (de l'ordre de 50%), le complément pouvant permettre d'embaucher des collaborateurs plus jeunes et de jouer sur la promotion interne.

Le flux sortant est également composé de deux parties, les départs liés aux turn-over et les départs en retraite. On peut supposer pour un calcul de premier ordre que le turn-over est équi-réparti sur la pyramide, même si dans la réalité certaines classes sont plus touchées que d'autres.

Nous pouvons en déduire la formule qui nous permet d'approximer le nombre de collaborateurs qui se trouveront dans la tranche d'âge [X, X + Δ] dans K années, en fonction de :

- la pyramide π ($\pi(n)$ = nombre de collaborateurs d'âge n),
- T = taux de turn-over, (τ = taux de remplacement),
- G = taux de croissance,
- R = âge de la retraite,
- N = population totale,
- En posant $\pi(X,\Delta) = \sum_{x = X}^{x = X+\Delta} \pi(x)$ (population entre les âges X et $X + \Delta$)

La formule donne le résultat sous la forme d'une somme, le premier terme est la valeur de la translation, le second est un intervalle [min, max], où min est la réduction maximale et max est l'augmentation maximale.

$$N(X,X + \Delta) = \pi(X - K,\Delta) + [-(1 - \tau)T \times p(X - K,\Delta), N \times (G + (1 - \tau)T) = \pi(R - K,K)]$$

III.2.2 Exemple du chapitre 6

Nous allons appliquer cette formule à l'exemple de MonEp et la situation décrite dans la fiction du chapitre 6. La figure suivante représente la pyramide des âges en 2005.

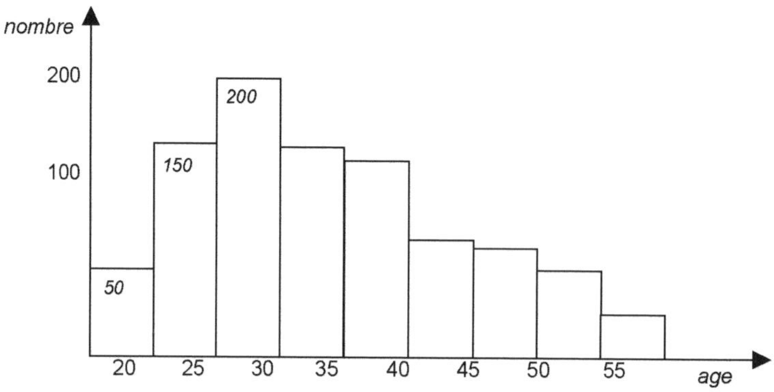

Figure III.2 – Pyramide des âges de MonEp

La population de MonEp est d'environ 1000 personnes, avec un turn-over de 5%. Sur deux ans, on peut donc escompter un flux de 100 personnes. Compte tenu de la forme de la pyramide des âges, les départs en retraite ne comptent que pour 10 à 20 postes (également sur deux ans).

Il n'est pas réaliste de penser que l'ensemble de ces départs peut être remplacé avec des débutants. Si un effort volontariste est fait, il est possible de recruter entre 40 et 60 jeunes collaborateurs (ce qui correspond à un paramètre τ entre 60% et 40%).

Il va de soi (comme le montre l'équation précédente) que si MonEp était encore en phase de croissance, les choses seraient différentes. Ici nous supposons que la croissance est quasi-nulle et qu'il n'est possible de rajouter que 20 collaborateurs supplémentaires.

Le « vieillissement » naturel de la pyramide fait que la catégorie des moins de 30 ans perd naturellement 60 collaborateurs en deux ans (2/5 × 150). Pour tenir les objectifs annoncés par Noémie Lagourd, il faudrait donc ajouter 110 nouveaux jeunes collaborateurs (60 pour compenser + 50 pour passer de 25% à 30%). On est donc loin du compte des 80 maximum (60 + 20) qui peuvent être embauchés.

III.3 PYRAMIDE DES QUALIFICATIONS

III.3.1 Modèles des flux

Nous allons dans un premier temps reprendre le raisonnement de la section 6.4 et nous intéresser à la pyramide des promotions (reproduite sur la partie gauche de la figure suivante).

Nous avons indiqué que l'analyse des flux permet de caractériser la « forme » de la pyramide, c'est-à-dire sa pente. Plus précisément, nous allons nous intéresser au rapport Y/X, où X et Y sont respectivement les nombres de collaborateurs au niveau de qualification N et N + 1. La partie droite de la courbe représente la distribution des durées nécessaires pour passer d'un niveau de qualification à l'autre.

La forme de la « pyramide » peut être arbitraire, une bureaucratie avec un avancement à l'ancienneté se traduirait par un cylindre. En revanche, dans la pratique, on constate une forme de triangle (Y < X), qui représente le fait que la promotion a un sens fort. Même si ce n'est pas une règle absolue, c'est une conséquence logique de deux principes :

- Comme cela a été expliqué au chapitre 6, il y a un lien entre les qualifications et les positions hiérarchiques, ce qui explique que le nombre de places diminue pour les qualifications les plus élevées.
- La gestion des rémunérations, qui a pour but de donner un sens concret au terme de « promotion », repose également sur la pente de la pyramide pour pouvoir accentuer la différence de salaire d'une qualification à l'autre.

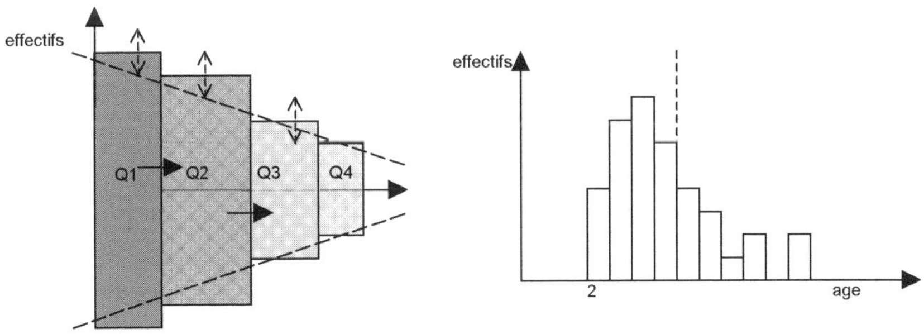

Figure III.3 – Pyramides des qualifications et histogramme des âges de promotion

La distribution de l'âge des promotions (à droite) permet de comprendre pourquoi la représentation sur la gauche n'est qu'une abstraction. Nous allons cependant faire un premier raisonnement simple en utilisant un « âge moyen de promotion », avant de reprendre cette question de façon plus précise dans la section suivante.

Le raisonnement sur les flux entrants et sortants (cf. chapitre 6) permet d'écrire que, dans un régime stationnaire, le taux de promotion est le complémentaire du turn-over effectif α, calculé sur la durée moyenne de l'attente m, soit :

$$Y = X \times (1 - \alpha)^m$$

Le taux de turn-over effectif α vaut T × (1 – τ), en utilisant les mêmes conventions que précédemment (la fraction T × t du turn-over est remplacée avec le même niveau de qualification).

Dans le cas de MonEp, on peut admettre que l'objectif de Noémie Lagourd correspond à m = 4, puisque la population des non-promus peut compenser les « promotions rapides » obtenues exceptionnellement en 2 ou 3 ans. Puisque Y = X/2, on en déduit que α vaut 10%, ce qui conduit à un turn-over de 15%, si le taux de conservation est estimé de façon conservative à 33%. Le raisonnement d'Armand Pujol est donc exact au premier ordre, et il est clair que MonEp serait mal avisée de faire une promesse de promotion tous les quatre ans[1].

III.3.2 Modèle Markovien des promotions

Le calcul précédent est d'autant plus approché qu'il repose sur une abstraction de la « carrière » (la séquence de promotions) qui n'est pas réaliste. Le passage d'une qualification à une autre est un processus qui s'effectue sur plusieurs années et qui est plus précisément caractérisé par deux paramètres :

- une durée minimale dans un niveau de qualification,
- puis un taux de promotion pendant un certain temps (une chance d'être promu).

Ce type de processus se modélise simplement par une chaîne de Markov, c'est-à-dire un graphe d'états reliés par des transitions qui représentent les probabilités de passer d'un état à l'autre.

La figure suivante représente une chaîne de Markov, dont les états sont les différentes anciennetés dans la qualification N. Les flèches horizontales représentent simplement le vieillissement, les flèches verticales descendantes représentent le turn-over, tandis que les flèches ascendantes représentent la promotion vers la qualification N+1. Nous distinguons deux valeurs de turn-over : le turn-over effectif α (même définition que précédemment) et le turn-over « de déception », qui traduit l'augmentation des départs liés à la non-promotion que nous appellerons β.

Dans cette section, $\underline{X}$ représente le taux annuel d'entrée dans la qualification N, et $\underline{Y}$ le taux équivalent pour la qualification Y. Il est clair, en régime stable, que le rapport $\underline{X}/\underline{Y}$ est le même que le rapport X/Y (= 2 pour MonEp).

1. Pour approfondir ce sujet, lire « *In Praise of Hierarchy* » de E. Jacques, dans « *Managing People and Organizations* ». Cet article traite de la pyramide des qualifications et des différences entre « ce qui est prévu » et la réalité des promotions.

Cette modélisation est également une simplification, puisque le taux de promotion baisse après quelques années, mais (1) cela va rendre l'exposé plus simple, (2) cela ne change pas fondamentalement le résultat.

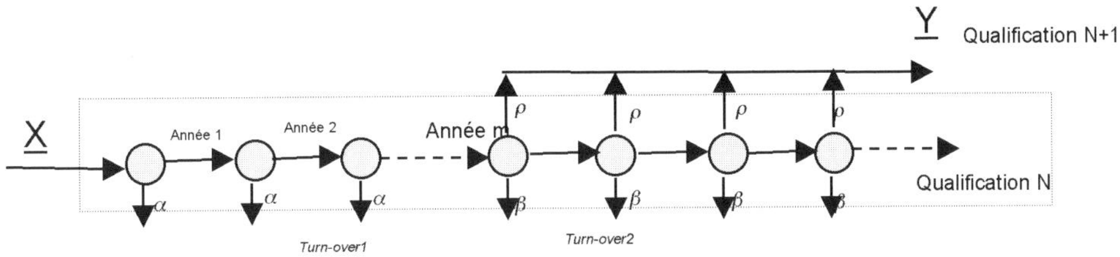

Figure III.4 – Chaîne de Markov de la promotion N/N + 1

L'intérêt de cette modélisation est de pouvoir calculer simplement

- le lien entre input/output :

$$Y = X\left[\frac{p(1-\alpha)^m}{p+\beta}\right]$$

- L'âge moyen de promotion :

$$A = m + \frac{(1-p-\beta)}{p+\beta}$$

Si le ratio Y/X = r est connu, on en déduit :

- le taux de promotion :

$$p = \frac{r\beta}{(1-\alpha)^m - r}$$

- l'âge moyen (par substitution).

La formule qui donne le taux de promotion est intéressante à plusieurs titres :

1. Elle implique que $(1-\alpha)^m$ est plus grand que r ! Le cas d'égalité signifierait que tout le monde est promu au bout de m années.
2. L'importance du turn-over, qui apparaît dans la modélisation simple de la section précédente, est confirmée avec une modélisation plus fine (cf. le tableau suivant).
3. Le paramètre β est particulièrement important : c'est la variable d'ajustement des collaborateurs face au système et ses contraintes.

Pour illustrer ces formules, nous allons les appliquer à MonEp suivant quatre scénarios :

- Le scénario normal correspond à la promesse de Noémie Lagourd (m = 2) avec une hypothèse réaliste de turn-over effectif (α) à 5%. Pour ce qui est du turn-over en cas de non-promotion, nous prendrons la valeur β = 7%.

- Le scénario « fort turn-over » suppose que α et β valent respectivement 10% et 12%.
- Le troisième scénario correspond aux mêmes hypothèses que le premier scénario mais une augmentation de β à 10%. Nous avons établi cette valeur pour que l'âge moyen de promotion reste compatible avec ce qui est annoncé par MonEp. En quelque sorte, il s'agit d'une simulation pour trouver la réaction probable des collaborateurs.
- Le quatrième scénario joue sur la valeur de m : nous avons calculé m pour que la valeur minimale et la valeur moyenne de l'« âge de promotion » soit du même ordre de grandeur (moins de 50% de différence). La plus petite valeur qui satisfait cette contrainte est 6 !

Tableau A.2 – Quatre scénarios de règles de promotion

	Nominal	Fort T.O.	réaliste	Allongement
Taux promotion	9%	19%	12%	15%
Âge moyen de promotion	7,4	4,2	5,5	9,6

Il est intéressant de constater que cette étude plus fine corrobore le calcul précédent et les intuitions d'Armand Pujol. On voit qu'en l'absence d'un fort turn-over, il faut être prudent sur les promesses en termes de rythme de promotion. Dans le cas inverse, le système s'ajuste de lui-même avec une augmentation du « turn-over de déception ».

Dans ce qui précède nous avons supposé que l'entreprise était stable. Comme cela a été mentionné dans le chapitre 6, les choses sont très différentes dans une entreprise en expansion. Si l'on désigne par γ le taux de croissance (en nombre de collaborateurs), le rapport des flux de sortie sur les flux d'entrée n'est pas simplement Y/X (les valeurs de X et Y augmentent chaque année). Si l'on reprend le calcul approché de la section précédente, la valeur cible de Y au bout de m années n'est plus X × r, mais $X \times r \times (1+\gamma^m)$, ce qui revient à retrancher le taux de croissance du taux de turn-over effectif. C'est un impact très significatif, ce qui explique que ces problèmes de gestion des pyramides de qualification n'existent pas dans les entreprises en forte croissance.

Bibliographie

AMBLARD H., BERNOUX P., HERREROS G.,LIVIAN Y-F., Les nouvelles approches sociologiques des organisations, Editions du Seuil, 2005.

AWAD E. M., GHAZIRI H. M., *Knowledge Management*. Prentice Hall, 2004.

BERNSTEIN P. L., *Against the Gods, The Remarkable Story of Risk*. Wiley, 1996.

BASS L., CLEMETS P., KAZMAN R., *Software Architecture in Practice*. Addison Wesley, 2003.

BAUDRY P., *Français et Américains : l'autre rive*. Village Mondial, Paris, 2004.

BATTAIL G., *Théorie de l'information*. Masson, 1997.

BOEHM B., ABTS C., WINSOR BROWN A., CHULANI S., CLARK B., HOROWITZ E., MADACHY R., REIFER D., STEECE B., *Software Cost Estimation with* COCOMO *II*, Prentice Hall, 2000.

BOLMAN L. G., DEAL T.E., *Modern Approaches to Understanding and Managing Organizations*. Jossey Bass, 1991.

BOLMAN L. G., DEAL T.E., *Reframing Organisations – Artistry, Choice and Leadership*. Jossey Bass, 2003.

BOSSIDY L., CHARAN R., *Execution : The Discipline of Getting Things Done*. Crown Business, 2002.

BRISSE L., CABOT J., LABORDERIE G., PEZZIARDI P., THIBAULT C., *Une Politique pour le Système d'Information*. Octo Technology, 2006.

BRONGNIART O., *Comment réduire vos coûts informatiques*. Demos, Paris, 2004.

BROOKS F. P., *The Mythical Man-Month*. Addison Wesley, 1995.

BURLTON, R.T., *Business Process Management*. Sams, Indianapolis, 2001.

CARR N. G., *Does IT matter ? Information Technology and the Corrosion of Competitive Advantage*. Harvard Business School Press, Boston, 2004.

CASEAU Y., *Urbanisation et BPM*. Dunod, Paris, 2e Edition, 2006.

CHAMFRAULT T., DURAND C., *ITIL et la gestion des services – Méthodes, mise en œuvre et bonnes pratiques*. Dunod, Paris, 2006.

CHRISSIS M. B., KONRAD M., SCHRUM S., CMMI *– Guidelines for Process Integration and Product Improvement* . Addison-Wesley, 2003.

CHRISTENSEN C., *The Innovator's Dilemna.* Harvard Business School Press, Boston, 1997.

CHRISTENSEN C. M., ANTHONY S.D., ROTH E.A., *Seeing What's Next.* Harvard Business School Press, Boston, 2004.

CORNIOU J.-P., *La société de la connaissance – nouvel enjeu pour les organisations.* Hermes – Lavoisier , 2002.

CROSS R., PARKER A., *The Hidden Power of Social Networks – Understanding how work really gets done in organizations.* Harvard Business School Press, Boston, 2004.

CUMMINS F., *Enterprise Integration : An Architecture for Enterprise Application and System Integration.* Wiley Computer Publishing, 2002.

DELEHAYE J.-P., *Information, complexité et hasard.* Hermes, Paris, 1999.

DEMARCO T. *Why Does Software Cost so Much – and Other Puzzles of the Information Age.* Dorset House Publishing, 1995

DEMARCO T., LISTER T., *Peopleware, Productive Projects and Teams.* Dorset House Publishing, 1999

DEMARCO T., LISTER T., *Software State-of-the-Art: Selected Papers.* Dorset House Publishing, 1990.

DUPUY F., *Sociologie du changement.* Dunod, Paris, 2004.

DRUCKER P., *The Essential Drucker.* Collins Business, 2005.

DRUCKER P., *Management Challenges for the Next Century.* HarperBusiness, 1999.

FERRARY M., PESQUEUX Y., *Management de la Connaissance – Knowledge Management, Apprentissage Organisationnel et Société de la Connaissance.* Economica, Paris, 2006.

FRIEDMAN T., *The World is Flat.* Farrar, Straus and Giroux, New York, 2006.

FUSTEC A., GHENASSIA B., *Votre informatique est-elle rentable ?.* Editions d'Organisation, Paris, 2004.

GABARRO J. (ED), *Managing People and Organizations.* Harvard Business Review Press, 2005.

GALBRAITH J., *Designing Organizations.* Jossey-Bass, Wiley, 1998.

GIBBONS R., *Game Theory for Applied Economists.* Princeton University Press, 1992.

GLADWELL M., *The Tipping Point*, Abacus, 2000.

GENELOT D., *Manager dans la complexité.* INSEP Editions, 1998.

GEORGEL F., *IT Gouvernance.* Dunod, 2005.

GERSTNER L., *Who Says Elephants can't Dance ?.* Harper Business, 2002.

GROUARD B., MESTON F., *L'entreprise en mouvement – Conduire et réussir le changement .* Paris, Dunod, 1998.

JEAN G., *Urbanisation du business et des SI .* Paris, Hermes, 2003.

JONES C., *Applied Software Measurements.* McGraw Hill, 1996.

JULIEN F., *Conférence sur l'efficacité.* Presses Universitaires de France, 2005.

JULIEN F., *Traité de l'efficacité.* Bernard Grasset, Paris, 1996.

KÉFI H., KALIKA M., *Evaluation des Systèmes d'Information: une Perspective Organisationnelle*, Economica, 2004.

KEEN P., *Shaping The Future – Business Design Through Information Technology*, Harvard Business School Press, 1991.

KOTLER P., ARMSTRONG G., *Principles of Marketing.* (11th edition), Prentice Hall, 2006.

LANDAUER T. K., *The Trouble with Computers.* The MIT Press, 1995.

LAWLER E., *From the Ground up : Six Principles for Building the New Logic Corporation.* Jossey-Bass, 1996.

LIKER J. K., *The Toyota Way*, Mc Graw Hill, 2004

MARCUS E., STERN H., *Blueprints for High Availability*, Wiley, 2003

MEINADIER J.-P., *Ingérierie et integration des systèmes*, Hermes, Paris, 1998

MESSERSCHMITT D. G., Szyperski C., Software Ecosystem – Understanding an Indispensable Technology and Industry. The MIT Press, 2003.

MESTON F., NORA H., ROSÉ P., *Mirages et miracles des technologies de l'information*, Village Mondial, Paris, 2003

MICHEL J. (& E. SUTTER), *Pratiques du management de l'information: Analyse de la valeur et résolution de problèmes*, ADBS, Paris, 1992.

MOREL C., *Les décisions absurdes.* Folio essais, Gallimard, 2002.

MORRIS L., *Managing the Evolving Corporation.* Van Nostrand Reinhold, 1995.

MORENO J.-L., *Fondements de la Sociométrie*, Presses Universitaires de France, 1954.

NADLER D., GERSTEIN M., SHAW R. AND ASSOCIATES, *Organisational Architecture*, Jossey Bass (Wiley), 1992.

PORTER M., Competitive Strategy – Techniques for Analyzing Industries and Competitors. The Free Press, New York, 1980.

PORTER M., Competitive Advantage – Creating and Sustaining Superior Performance. The Free Press, New York, 1985.

PERRY W., Effective Methods for Software Testing. Wiley & Sons, 1995.

PEW R. W., MAVOR A.S. (ED), Modeling Human and Organizational Behavior – Application to Military Simulations. National Academy Press, 1998.

PRAHALAD C. K., RAMASWAMY V., *The Future of Competition – co-Creating Unique Value with Customers*, Harvard Business School Press, Boston, 2004.

PRENSKY M., "*Don't Bother Me Mom – I'm Learning*", Paragon House, 2006.

PRINTZ J., DEH C., MESDON B., TRÈVES N., *Coûts et durée des projets informatiques.* Paris, Hermes, 2001.

PUTNAM L. H., MYERS W., *Five Core Metrics – The Intelligence Behind Successful Software Management*, Dorset House Publishing, 2003

REIX R., *Systèmes d'information et management des organisations.* Vuibert, 2004.

ROWE F., *Faire de la recherche en systèmes d'information.* Vuibert, 2002.

SCHMIDT, K., *High Availability and Disaster Recovery.* Springer-Verlag, Berlin, 2006.

SEHIAUD, O., *DSI.con « L'informatique m'a tuer ».* Editions 2020, 2004.

SENGE, P., *The Fifth Discipline.* Currency Doubleday, 1995.

SMITH H., FINGAR P., *Business Process Management: The Third Wave.* Meghan-Kiffer Press, Tampla, 2002.

SUROWIESCKI J., *The Wisdom of Crowds.* Anchoir Books, New York, 2004.

SUSSAN R., *Les utopies posthumaines*. Omniscience, 2005.
SHAFRITZ J. M., OTT J.S., *Classics of Organisation Theory*. Wadsworth, 2001.
TUFTE E. R., *The Cognitive Style of Powerpoint*. Graphics Press, 2003.
VOLLE M., *De l'informatique – Savoir vivre avec l'automate*. Economica, 2006.
WATTS D., *Six Degrees: The Science of a Connected Age*. Norton, 2003.
YANG K., *Designing for Six Sigma for Services*. Mc Graw Hill, 2005.
ZWIRN H. P., *Les Systèmes complexes*. Odile Jacob, 2006.

Index

P

Q

R

S

T

U

50596 - (II) - (1) - OSB 100° - STY - CDD

Achevé d'imprimer sur les presses de
SNEL Grafics sa
Z.I. des Hauts-Sarts - Zone 3
Rue Fond des Fourches 21 – B-4041 Vottem (Herstal)
Tél +32 (0)4 344 65 60 - Fax +32 (0)4 286 99 61
mars 2008 — 44425

Dépôt légal : février 2007, suite du tirage : avril 2008

Imprimé en Belgique